KB264921

# 재무설계사를 위한 개인재무설계 컨설팅 I

제프리 H. 래티너 지음

김선호 · 이형종 · 김사헌 옮김

서울엠

이 도서의 국립중앙도서관 출판시도서목록(CIP)은 e-CIP홈페이지(http://www.nl.go.kr/ecip)에서
이용하실 수 있습니다. (CIP제어번호: CIP2005001610)

JEFFREY H. RATTINER

# GETTING STARTED AS A FINANCIAL PLANNER

BLOOMBERG PRESS

PRINCETON

# GETTING STARTED AS A FINANCIAL PLANNER

나에게 인간이 가질 수 있는
가장 위대한 영감을 불어넣어 준
나의 가족 — 아내 로셸, 아이들 브랜든, 케리, 매슈 — 에게
이 책을 바칩니다.


그리고 항상 제가 최선을 다하도록 격려해준
부모님, 로널드와 에스더 님께 이 책을 바칩니다.

　나는 블룸버그 출판사에서 『재무설계사를 위한 개인재무설계 컨설팅 I』을 집필해 달라는 부탁을 받고 "재무설계 서적이 또 필요합니까?"라고 반문했다. 하지만 블룸버그 출판사는 조사를 통해, 더 많은 미국인이 살아가면서 재무적 문제를 제대로 관리하고 싶어하며, 개인적·직업적 목표를 달성할 수 있도록 도움을 받고 싶어한다는 결론을 내렸다. 대중에게 재무설계 문제에 관해 조언을 제공하는 산업은 21세기 초반 개인 컨설팅 분야, 특히 이 전문 분야에 매우 성공적으로 진입한 사람들에게 가장 수익성 높은 분야가 되었다. 재무설계사는 1990년대에 축적한 경제적 부를 통해 형성된 커다란 시장에 진입할 것이다. 미국인은 풍족한 생활을 갈망하고 있으며, 앞으로 다음 세대에게 약 6조 달러로 추정되는 부를 이전할 효과적인 전략을 세워야 할 것이다. 나는 성장하는 시장 기회와 연방정부의 금융서비스산업 규제완화를 배경으로 이 책을 저술했다.

　나는 전문 재무설계사가 되고 싶은 사람은 고객의 이익을 먼저 생각한다는 사실을 경험을 통해 깨달았다. 이런 미래지향적인 재무설계사는 기존의 재무설계사가 오랫동안 기본적인 영업방식으로 삼았던 거래 위주의 방식에서 탈피해, 고객의 재무목표를 달성하도록 도와주는 종합적인 니드 접근방식으로 전환하고 있다. 역사적으로 볼 때 기존의 재무설계사는 장기적인 관계를 확립하는 것보다 '상품' 판매가 주된 목표였다. 그래서 나는 종합 재무설계 서비스를 제공하는 데 도움이 되는 논리적이고 이해하기 쉬우며 자동화된 시스템을 제공해, 새로운 세대의 재무설계사가 설계과정에서 자신의 관점을 펼칠 수 있도록 도움을 주기로 결심했다. 그 결과 개인재무설계에 대한 일괄 접근방식을 개발했으며, 바로 그것이 이 책의 핵심 내용이다.

나는 내 자신의 경험과 재무설계협회(Financial Planning Association: FPA), 캘리포니아 공인회계사교육재단, 미국공인회계사협회(American Institute of Certified Public Accountant: AICPA) 등의 저명한 회원들, CFP 보드(CFP Board of Standards) 이사회 구성원들, 다양한 대학 동료들을 비롯해 큰 성공을 거둔 유명한 재무설계사의 경험을 적절히 조화시키기로 마음먹었다. 만약 처음부터 다시 시작한다면 재무설계를 지금과 같은 방식으로 접근할 것인지, 어떤 것을 다르게 해보고 싶은지, 성공적인 재무설계사가 되려면 무엇을 배워야 한다고 생각하는지, 자신의 사업과 직업을 발전시킬 방안은 무엇인지, 경쟁 환경이 어떻게 변화할 것이라고 예측하는지, 무엇보다 새로운 세대의 재무설계사에게 무엇을 조언하고 싶은지를 동료들에게 물어봤다. 그러자 모두들 가장 먼저 신입 재무설계사가 사업을 시작하려면 미리 사업계획을 준비해야 한다고 지적했다. 그들이 신입 재무설계사에게 충고한 추진계획은 고객을 확보하기 전에 갖춰야 할 중요한 사업기반에 대한 의사결정사항을 포함한다(이것은 이 사업에 진입한 많은 재무설계사가 선택한 시행착오적 접근방식과는 다르다).

나는 독자에게 개인재무설계의 전반적인 분야에 대해 입문에서 완전정복 단계에 이르기까지 명확하고 세부적인 실천내용을 전달하기 위해 이 책에 귀중한 정보를 많이 포함시켰다. 거래를 통한 상품판매 접근방식에서 벗어나 고객의 니드·상황·자원을 충분히 이해하는 고객관리 접근방식으로 변화를 추구하는 사람들— 증권거래인, 보험영업사원, 회계사, 변호사, 은행가, 신용협동조합 영업사원 등 — 을 대상으로 『재무설계사를 위한 개인재무설계 컨설팅 I』을 집필했다.

이 책은 재무서비스 전문가와 재무교육을 받지 않고 이 분야에 입문한 사람에게 상품판매 위주의 사업모델에서 탈피해 단계적으로 과정을 밟아나가는 사업방법을 제시한다. 재무설계사가 폭넓은 '고객우선' 접근방식으로 고객에게 필요한 것을 이해하고 더 훌륭한 계획을 준비할 수 있다는 점을 설명한다. 이러한 방향전환으로 고객은 지금까지 인식하지 못한 중요한 사항을 이해하게 되고, 결과적으로 더 우수한 서비스를 제공받게 된다. 결국 고객과 재무설계사 모두에게 더 많은 이익을 가져다줄 것이다. 본 입문서는 서비스 기반이 한정된 재무설계사가 광범위한 재무설계 서비스 기반을 마련할 수 있도록 기본적인 방법을 제공한다. 또한 나는 새롭게 변신하려는 재무상담사가 성공적으로 변신하는 데 도움을 주려고 이 책을 집필했다.

『재무설계사를 위한 개인재무설계 컨설팅 I』은 사업성장주기에 따라 논리적으로 구성되어 있다. 그리고 개업부터 사업계획서 작성, 마케팅, 고객관리까지 신입 재무설계사가 반드시 해결해야 할 핵심 문제의 해결방법을 다룬다.

이 책은 재무설계사라는 직업을 간략하게 설명하면서 시작한다. 1장에서는 어떤 사람이 이 분야에 매력을 느끼는지 살펴보고, 향후 10년 동안 창출될 사업의 최신 동향을 설명하며, 재무설계의 기원에서부터 오늘날 변화된 모습까지 대강 훑어본다. 2장에서는 적합한 법인형태의 선택에서부터 조언자 발굴과 전문분야 선택에 이르기까지, 사업기반을 성공적으로 확립하는 데 필요한 10대 '필수과제'를 설명한다.

재무설계사가 일단 사업형태를 설정하면 종합재무설계 프로그램을 쉽게 운영할 수 있는 검증절차가 필요하다. 3장에서 그러한 검증시스템에 대해 설명한다. 재무설계사는 PIPRIM이라는 고객관리시스템으로 철저한 고객컨설팅 서비스를 제공할 수 있고, 재무목표를 달성하기 위한 장기투자 과정에서 고객의 충성도를 높일 수 있다. 4장에서는 다양한 재무설계 분야를 간략하게 설명하고, 각 분야에서 고객의 관심사와 이를 만족시키는 전략을 상세하게 설명한다. 또한 대부분의 고객이 당면한 딜레마를 확인하고, 이런 문제점을 해석하는 방법과 고객의 취약점을 극복할 수 있는 전략도 제시한다. 5장에서는 재무서비스에 영향을 미치는 여러 가지 엄격한 관련 법률 준수에 대해 설명한다.

6장에서는 사업계획서 작성에 필요한 모든 적합한 절차를 설명하고, 완전한 형태의 사업계획서 견본을 제시한다. 또한 재무설계사의 사업방침을 반영하는 보상체계를 마련하고 필요한 사업기반을 개발하는 방법에 대해서도 논의한다. 7장에서는 재무설계 마케팅으로 눈을 돌려 사업가로서 확실히 알고 있어야 할 유용한 전략을 소개한다. 8장에서는 효과적인 의사소통 전략을 통해 고객과 유대관계를 극대화할 수 있는 기법과 통찰력을 제시한다. 재무설계 과정중에 재무설계사가 고객의 희망과 니드를 정확히 이해하면 고객이 편안하게 느끼면서 함께 할 수 있는 전략을 세울 수 있으며, 결과적으로 최적의 서비스를 제공할 수 있게 된다. 마지막 장에서는 안정적인 사업기반을 확립하고 다양한 분야에서 필요한 전문지식을 획득하는 데 도움이 되는 부수적인 정보를 설명한다.

이 책에서 다룬 방법과 기법을 활용하면 모든 측면에서 훌륭한 재무설계사가 될 수 있을 것이다. 또한 이 책은 현재의 위치를 평가하고 재무목표를 달성하기 위해 어떤 방향으로 나아가야 할지를 판단하는 데 실질적으로 도움이 될 것이다.

재무설계 사업을 시작하고 사무시스템을 조정하거나 업무를 확장하는 데 『재무설계사를 위한 개인재무설계 컨설팅 I』이 얼마나 도움이 되었는지 알려주길 바란다. 연락을 원하는 분들은 jrfinancial@mho.net로 메일을 보내거나 내 개인 홈페이지 www.jrfinancialgroup.com을 방문해 주길 바란다.

　　많은 분의 도움이 없었더라면 이 책은 빛을 보지 못했을 것이다. 그동안 왕래하면서 알게 된 많은 재무설계사는 21세기 재무설계의 현주소를 알려줬다. 또한 블룸버그 출판사의 선임 도서편집인 캐슬린 피터슨, 편집인 잉그릿 메이어, 매리스 윌리엄스, 보조편집자 트레이시 테잇, 이 책의 출판을 기획한 재클린 머피께 감사한다. 이런 헌신적인 분의 도움으로 성실한 재무설계사가 이토록 훌륭한 사업분야에서 성공하는 데 도움을 줄 수 있는 책을 출간할 수 있는 기회를 얻었다.

　　상담 역할을 맡아 이 책의 논리적 전제에 대해 귀중한 의견을 제시하고 재무설계사가 곧바로 업무에 활용할 수 있도록 서식과 점검목록을 제공해 준 캔자스 주 오버랜드 파크에 있는 개럿 파이낸셜 플래닝 사의 셔릴 개럿 대표, 오하이오 미들타운에 소재한 텍스트 라이브러리 시스템의 에드 모로 소장과 직원들, 이 책에 인용된 자료를 제공한 캘리포니아 산호세에 위치한 루멘 시스템스 사의 빌 포터 사장에게 각별히 감사한다.

2000년 7월 콜로라도 이글우드에서
제프리 H. 래티너, CPA, CFP®, M.B.A.

chapter 5

## 법률준수와 법률문제     207



chapter 6

## 영업기반 확립     241

## 사업의 마케팅     279

# 새로운 분야로서 재무설계

## 직업의 발전

재무설계는 비교적 새로운 전문직종이다. 재무설계는 근래에 등장한 최초의 광범위한 전문서비스 직종이다. 재무설계가 직업으로 형성되는 시점은 1969년 말까지 거슬러 올라간다. 금융서비스 전문가들로 구성된 어느 작은 집단이 시카고 오헤어 국제공항 근처의 호텔에 모여서, 그 당시 금융서비스 실태에서 발견한 불합리한 점에 대해 논의했다. 그들은 각자 실패 사례를 발표하고, 아직 잘 알려지지 않고 명확한 정의조차 확립되지 않은 분야에 새로운 고객지향적인 태도와 전문직업의식을 도입할 방법을 모색하려고 했다.

1970년 그들은 자신들의 관심을 대변하는 협회를 결성했다. 처음에는 국제재무설계사협회(International Association of Financial Planner)라고 했다가 나중에 국제재무설계협회(International Association for Financial Planning: IAFP)로 이름을 바꿨다. 협회는 공개포럼을 개최해 다양한 금융서비스 분야의 전문가를 한자리에 불러 모았다. 이러한 노력의 결과 재무설계 분야가 독자적인 직업으로 등장할 수 있었다.

국제재무설계협회는 점점 늘어나는 지원자를 교육하기 위해 1971년 재무설계 대학(College for Financial Planning)을 설립하는데, 이 대학이 CFP 명칭의 모태가 된다. 1973년 처음으로 배출된 42명의 졸업생에게 CFP 자격증이 수여되었다. 이 졸업생은 강력한 조직력을 발휘하면서 새로운 자격증이 표방하는 전문성을 보여줬으며, 그중 36명의 회원이 모여 CFP 자격증 보유자를 대변하는 새로운 전문협회를 구성하기로 결정하고, 이 협회를 CFP 협회(Institute of Certified Financial Planners: ICFP)라고 불렀다. 1985년 CFP 자격증 관리책임은 재무설계 대학에서 독립법인으로 이전되었는데, 이 독립법인이 바로 CFP 협회에서 명칭이 바뀐 CFP 보드(Certified Financial Planner Board of Standards)였다.

이렇게 직업적 기반을 닦은 재무설계 분야의 개척자들은 앞장서서 고객에게 수준 높은 양질의 전문서비스를 제공했다. 그들은 고객에게 서비스와 금융상품을 제공하기 위해서는 종합 재무설계가 보편적이고 통합적인 수단이 될 때가 올 것이라고 예상했다. 그들은 사업을 혁신하고 고객이 스스로 개인재무를 관리할 수 있도록 새로운 기법을 창안했다. 이들 개척자들은 개인적인 이익보다 고객의 이익을 가장 우선하면서 고객의 니드와 목표에 초점을 맞췄다.

목표고객에게 적합한 서비스를 제공하려고 노력하는 과정에서 분야별 재무계획과 종합적 재무계획이라는 두 가지 주요 서비스 유형이 발전해 나갔다. 분야별 재무계획은 고객의 삶에서 한 가지 면, 즉 보험, 투자, 은퇴와 같은 개별 분야만을 살펴본다. 반면에 종합 재무계획은 현금흐름, 교육, 보험, 투자, 세금, 은퇴, 상속 등 고객의 삶에 영향을 미치는 모든 종류의 재무적 문제를 고려해 좀더 자세하고 완벽한 방식을 제시한다(이 주제의 세부적 내용은 4장에서 다룰 것이다). 이러한 혁신적인 변화를 추구한 결과 재무설계라는 새로운 직업의 터전이 마련되었다.

혁신자들은 그 다음 단계로 대중에게 새로운 서비스에 대해 교육했다. 그들은 대중에게 기존 영업사원과 어떤 점에서 다르며, 자신들이 제공하는 서비스가 왜 가치 있는지 알려주려고 했다.

당시 많은 소비자는 보험상품과 투자상품의 영업사원을 오로지 사리사욕만 채우고 공격적이고 강압적인 존재로 생각하고 있었다. 회의와 불신은 영업사원과 고객 사이에 분열을 가져왔다. 증권중개인, 보험설계사, 유한책임조합의 영업사원 등은 금융상품을 강매하기 때문에 금융서비스 업계에서 평판이 좋지 않았다. 부동산·석유·통신 산업부문의 유한책임조합이 새로운 투자로 각광을 받았지만, 1986년 이 조직과 관련한 세법이 정비되었을 때 이 조합에 참여한 무한책임사원(participating holder)은 큰 손해를 봤다. 많은 고객이 손해를 보고 대중이 분노하자 미국 정부는 전문적인 투자활동에 대한 규제를 강화하기 시작했다.

많은 금융서비스 전문가는 이렇게 형성된 부정적인 인식을 떨쳐버리기 위해 다른 방법으로 차별화된 고객서비스를 제공하기 시작했다. 그들은 전문화된 한 분야뿐만 아니라 고객의 재무적 삶과 연관된 모든 분야에서 논리적이고 일관된 형태로 수준 높은 재무상담 서비스를 제공하려고 노력했다. 더구나 그들은 해당 분야에서 훌륭한 교육을 받은 전문가라는 사실을 고객에게 알려주고 싶어했다.


## 전문화 추세

재무설계는 대체로 증권업·보험업과 밀접한 관계를 맺고 있다. CFP 자격증 소지자 가운데 거의 70%에 달하는 사람들이 증권이나 보험 관련 자격증도 갖고 있다. 재무설계사가 되려는 이들 가운데 변화를 원하는 중간관리자층이 많다. 이들은 CFP 또는 유사한 재무설계 교육과정을 제공하는 135개 등록기관에서 훈련을 받는다. 하지만 개인재무설계를 전공이나 부전공으로 공부하는 대학생의 비중이 점점 더 증가하고 있다.

수익모델을 찾기 위한 특정 전문분야의 업무를 수행하는 데 필요한 지식을 습득하는 재무설계사도 늘어나고 있다. 따라서 CFP, 개인재무전문가(Personal Financial Specialist: PFS), 공인재무상담사(Chartered Financial Consultant: ChFC)와 같은 자격증을 취득하는 재무설계사도 점점 증가하고 있다. 이러한 자격증은 점점 더 인기를 얻어가고 있으며, 특히 1990년대 중반부터 이들 자격증은 미국 전체에 걸쳐 명성을 얻고 있다.

이러한 자격증을 취득한 후 영업하도록 권장하는 이유는 고객을 보호하기 위해 제정된 고도의 업무 기본규정을 준수하는 데 있다. 물론 그런 자격증을 취득하지 않고서도 철저하게 업무 기본규정을 준수하는 재무설계사도 많다. 하지만 일반적으로 공인자격

증을 보유한 재무설계사가 다른 재무설계사에 비해 지식과 전문
성에서 뛰어나다고 인정받기 때문에 고객을 더 쉽게 확보할 수
있다. 전문분야의 자격증 취득이 성공의 필수조건이라고 평가할
수는 없겠지만, 경쟁력 확보를 위해서는 그만한 가치가 있다. 재무
설계 분야에서 경쟁은 매우 치열해지고 있다. 1973년 불과 42명이
던 CFP 자격인증자가 2000년에는 무려 3만 4,656명에 이르고 있
다.[1]

재무설계사의 현주소

재무설계사는 다양한 분야의 출신자로 구성되어 있으며, 많은
자격증과 면허를 보유하고 있다. 앞서 지적했듯이 재무설계사 가
운데 기존 활동분야에 싫증을 느끼거나 다른 사람을 돕는 새로운
활동분야로 진출하고 싶어 첫 직장에서 은퇴한 중간관리자층의
전문가가 많다. 예를 들어 20년 이상의 경력을 가진 회계사 출신
도 많다. 그들은 고객이 특히 재무설계 서비스를 요구하고 있으며,
자신이 그에 합당한 서비스를 제공하지 못하면 그런 서비스를 제
공하는 다른 회계사에게 고객을 빼앗길 가능성이 있다는 사실을
알게 되었다.

회계사와 마찬가지로 많은 영업사원, 중개인, 대형 증권사나 보
험회사에 근무하는 사람은 상품만 판매해서는 경쟁하기 힘들다는
사실을 알게 되었다. 즉 재무설계가 고객 니드를 충족시킬 수 있는

---

1) 2007년 현재 CFP 자격인증자는 11만 1,839명(21개국)이며 이 중 미국의 자격인
   증자는 5만 6,511명이고, 우리나라의 CFP 자격시험 합격자는 2009년 1월 현재
   2,774명이다－옮긴이 주.

유연하고 설득력 있는 방법임을 이해하게 되었다. 또한 은행원도 고객에게 종합적 재무설계 서비스를 제공하지 않으면 시장에서 효과적으로 경쟁할 수 없다는 사실을 인식하게 되었다. 결국 은행도 직접 재무설계 서비스 사업을 시작하면 좀더 많은 수익을 올릴 수 있다는 것을 인식하게 되었다.

이 모든 현상은 무엇을 의미하는가? 금융서비스 전문가가 고객 니드와 목표를 거의 또는 전혀 고려하지 않고 상품판매만 강요하던 시대는 완전히 끝났음을 뜻한다. 이제 그러한 낡은 영업방식은, 경험이 풍부하고 제대로 훈련된 재무설계사가 고객으로 하여금 최선의 선택을 내릴 수 있도록 서비스를 제공하는 방향으로 바뀌어가고 있다.

다음에 제시하는 CFP 독립사업자의 인구통계학 표는 CFP 자격인증자가 원래 종사한 업종과 현재 그들이 어떤 자격증과 면허를 보유하고 있는지 보여준다.


재무설계사에 대한 대우

재무설계 사업을 통해 금전적 보상이 어느 정도인지 정확하게 평가하는 가장 좋은 방법은 이 직업에 대한 실무지식과 평판이다. 덴버에 소재한 재무설계 대학에서 펴낸 「1998년 재무설계 동향조사」에 따르면 재무계획서 작성, 상품판매, 컨설팅, 관련 업무 등을 통해 재무설계사가 벌어들이는 총소득 중앙값은 1997년 기준으로 볼 때 11만 1,000달러였다. 물론 많은 재무설계사의 소득은 이보다 훨씬 많다. 재무설계사는 라이프스타일 목표에 따라 사업과 소득을 조절할 수 있다. 본질적으로 이 직업은 전문가가 직접 '상품 종류'를 설계하기 때문에 소득잠재력이 무한하다. 재무설계사는

**CFP 자격인증자의 구성: 1999년 전문가 통계**

| | |
|---|---|
| 1986년 이전에 CFP 자격증 취득자 | 8% |
| 1986년~1991년 CFP 자격증 취득자 | 42% |
| 1992년~1993년 CFP 자격증 취득자 | 14% |
| 1994년~1998년 CFP 자격증 취득자 | 36% |
| **현재 CFP 자격인증자의 사업유형** | |
| 재무설계 | 56%(69.7%) |
| 증권 | 16%(40.2%) |
| 회계 | 9%( 6.4%) |
| 세무 | 5%(13.8%) |
| 보험 | 5%(23.3%) |
| 은행 | 2%( 6.6%) |
| 나머지 | 3%(상속설계: 28.7%) |
| 미분류 | 4%(은퇴설계: 57.3%) |
| **보유하고 있는 타 자격증** | |
| 증권 | 74% |
| 보험 | 73%(66.8%) |
| 공인회계사 | 16%(12.9%) |
| 투자상담사 | 8% |
| 부동산 | 5%( 3.4%) |
| 변호사 | 2%( 2.9%) |
| 타 자격증 미보유 | 9%(23.2%) |
| **연령** | |
| 26세~40세 | 28%(24.5%) |
| 41세~50세 | 40%(28.1%) |
| 51세 이상 | 32%(60세 미만: 30.2%) |
| | (70세 미만: 14.8%) |
| | (70세 이상:  2.4%) |
| **성별** | |
| 남성 | 79% |
| 여성 | 21% |

※ 괄호 안은 2009년 1월 말 수치이며, 사업유형은 복수 응답 — 옮긴이 주

진취적인 기업가와 같다. 개인적 동기, 영업력, 능력, 끈기 등으로 사업성장과 소득이 결정된다.


## 재무설계사의 소득원

과거에 재무설계사는 주로 고객의 포트폴리오 실적에 따라 수수료를 받았다. 그들은 그러한 보상이 판매상품의 경제적 가치, 즉 시간이 지나면서 고객에게 더 많은 가치를 창출한다고 믿었다. 하지만 최근 재무설계사와 고객 사이에 변화가 일어났다. 보수기준이 고위험의 판매수수료에서 정액 업무수수료(flat fees)로 바뀌는 일대 혁신이 천천히 그리고 조용히 일어났다. 재무설계 서비스가 특정 금융상품과 회사를 권유하지 않고 재무전략에 관련되어 있기 때문에 재무설계사가 더욱 독립적이고 객관적으로 활동해야 하고, 또한 그렇게 할 수 있다는 믿음에서 이러한 추세가 증가하고 있다.

재무설계사는 직업정신을 함양하기 위해 노력하면서 판매보다 고객 니드가 우선한다는 것을 보여주려고 했다. 그래서 재무설계사는 여전히 많은 소득 창출을 기대할 수 있어도, 이제 상품판매를 통해 사적인 이익을 챙기지 않으려고 한다. 새롭게 진입하는 재무설계사는 회계사나 변호사와 같은 서비스 전문가처럼 중립적인 느낌을 주려고 노력했다.

많은 재무설계사는 고객과의 이해충돌을 없앨 수 있도록 비교적 빠른 시간 내에 보상체계를 완전히 바꿨다. 고정 판매수수료(fixed commission) 방식을 벗어나 시간당 보수나 건별 계약방식으로 대체하는 재무설계사가 점점 늘어갔다.

이런 사고방식의 변화로 많은 혜택이 생겼다. 첫째, 자격을 갖춘 재무설계사는 비교적 상품, 즉 '판매 목표(ends)'에 대한 압박감을 줄이고, '방법(means)'에 초점을 맞출 수 있게 됐다. 고객은 분명히 어떤 상품의 구입보다는 재무설계 과정에 훨씬 더 호의적이었다. 사실 구입 권유와 같은 서비스는 이미 증권중개인에게 받을 수 있는 것이었다. 재무설계사는 증권거래인과 차별화를 시도했다. 어려운 여건 속에서 재무설계사는 영업사원이 아니라 상담사로서 더 좋은 이미지를 형성하려고 노력했다.

어떤 재무설계사는 이런 변화를 다소 충격적으로 받아들였고, 또 어떤 재무설계사는 단순한 변화과정으로만 받아들였다. 일부 재무설계사는 완전히 새로운 방식을 채택하지 않고 수수료와 보수가 결합된 이른바 업무수수료와 판매수수료의 병용형(Fee-based) 재무설계 방식을 선택했다. 다른 재무설계사는 기존 방식을 포기하고 준비도 없이 순수업무수수료형(Fee-only) 재무설계사로 활동했다(6장에서는 소득발생에 대해 추가 설명한다).

재무설계가 전문직업으로서 계속 명성을 얻어감에 따라 장래에는 서비스별 업무수수료(fee-for-service) 방식의 보상체계로 바뀔 가능성이 있다. 점점 더 많은 고객은 재무설계사의 서비스가 투자할 만한 충분한 가치가 있음을 알고, 의사·변호사·회계사 등과 상담할 때처럼 서비스별 업무수수료 방식을 수용하고 있다.

다른 전문서비스의 가격이 결정되는 것처럼 재무설계사의 보상체계도 똑같이 시장의 영향을 받고 있다. 제공하는 서비스 범위와 품질이 더 독특할수록 그에 대한 보상과 차별화도 커진다. 신중한 경쟁분석, 상품개발, 고객성과 관리는 소득능력과 사업유지에 직접 영향을 미친다. 다른 모든 사업과 마찬가지로 부가가치 서비스는 재무설계 서비스의 가격에 영향을 미친다. 현명한 재무설계사는 보상방식을 적절히 조합해 경쟁에서 오는 압력과 증권시장의 변동성과 같은 기타 요인에서 발생하는 위험을 줄여나가고 있다.

CFP 자격인증자의 보상체계 구성은 다음의 표에 잘 나타나 있다. 앞에서도 지적했듯이 현재 가장 널리 채택하는 보상체계는 업무수수료와 판매수수료를 결합한 방식이다. 업무수수료 방식은 안정적 소득을 보장하고, 판매수수료 방식은 고객에게 특별한 성과를 창출한 재무설계사에게 보상하는 것이라 할 수 있다.

CFP의 주요 보상체계

| | |
|---|---|
| 업무수수료와 판매수수료의 병용 | 41% |
| 순수판매수수료 | 25% |
| 순수업무수수료 | 23% |
| 급여 | 9% |
| 기타 | 2% |

## 재무설계 분야에서 신흥시장

재무설계의 미래는 재무설계사가 지금까지 경험하지 못한 전혀 새로운 기회를 제공하고 있다. 상품 포트폴리오와 고객기반을 확장하려는 재무설계사는 경쟁에서 승리하려면 이러한 시장기회를 인식하고 발 빠르게 대응해야 한다.

중요한 시장동향은 다음과 같다.

• 재무설계 직업의 매력 증대

- 인구통계의 변화에 따른 부의 이동
- 맞벌이 부부의 기회균등 증대
- 미국경제의 호황
- 온라인으로 재무정보 접근
- 재무설계에 대한 고객 니드
- 종합금융서비스를 제공하는 금융기관과 경쟁 심화

새로운 성장 산업, 재무설계

「1998년 재무설계 동향조사」에 따르면, CFP 자격인증자가 높은 직업적 만족도를 갖는 요인은 다음과 같이 나타났다.

- 고객의 삶의 질에 대한 긍정적인 역할
- 기업가가 될 수 있는 기회
- 품격 높은 대인관계로 형성되는 직업적 위상
- 고객문제 해결에 전문적인 기법 적용
- 사업의 경쟁적 특징
- 무제한적인 소득창출
- 새로운 사업개발에 대한 기회
- 낮은 사업 위험

재무설계사가 사업상의 위험(전문가에게 가장 큰 약점)에 대해 관심이 거의 없다는 점이 흥미롭다. 필자가 재무설계 분야에 종사하는 이유에 대해 재무설계사와 면담한 결과, 다른 사람을 도우려는 동기가 가장 많았다. 재무설계사는 풍부한 재무정보를 통해 고객에게 미래에 대비하도록 조언한다. 이러한 인도주의적인 동기 때문에 재무설계사는 당연히 금전적 혜택을 향유할 수 있다. 「1998년 재무설계 동향조사」에 따르면, 재무설계사의 직업만족도는 총점 5점을 기준으로 할 때 4.2점에 달했다. 재무설계사는 이 역동적인 서비스 산업에 진입한 뒤에도 오랫동안 계속 높은 만족도를 유지하고 있다.

재무설계라는 직업의 본질은 도전이다. 오직 직업 종사자의 의지와 창의성만으로 삶의 질을 개선하려는 도전 말이다.

인구통계 변화에 따른 부의 이동

인구통계의 변화에 따라 재무설계는 큰 변화를 맞이하고 있다. 4,000만 명에 달하는 베이비붐 세대[2]가 은퇴를 앞두고 있다. 이 세대는 은퇴에 대해 새로운 관점을 가지고 있다. 이들은 은퇴생활을 지적인 도전과 성장을 계속 추구하는 시간이며, 삶을 향유하는 시간이라고 전망한다.

앞으로 10년 동안 약 6조 달러의 재산을 상속받을 베이비붐 세대의 막대한 시장이 다가오고 있다. 게다가 1982년 중반 이래 (일시적인 하락장세를 제외한다면) 주식시장이 상당히 견실한 토대를 가지고 사상 최고점에 도달했으며, 소비자 신뢰도는 거의 최고 수준에 이르렀다. 그 어느 때보다 많은 소비자는 양질의 충실한 재무상담을 원하고 있다.

은퇴에 대한 정의는 계속 변하고 있다. 사람들은 더 이상 어떤 일에서, 예를 들어 어떤 직업에서 은퇴하지 않는다. 이제 사람들은 자신이 일하던 시절에 계획한 꿈과 목표를 적극적으로 달성하기

---

2) 제2차세계대전이 끝난 1946년 이후 1965년 사이에 출생한 사람들을 일컫는 말로, 현재 미국 인구 가운데 가장 큰 비중을 차지하는 계층이라 할 수 있다 — 옮긴이 주.

위해 어떤 중요한 일을 하려고 은퇴한다. 다음 은퇴 세대들이 지급받는 정부보조금과 퇴직연금은 불가피하게 축소될 수밖에 없다. 결국 사람들은 스스로 재무적 안정을 위해 더 많은 책임을 떠안을 수밖에 없다는 사실을 인식할 것이다. 다행히 새롭게 등장하는 서비스산업 부문 — 특히 정보화 기술(IT) — 은 많은 사람에게 대단히 큰 기회를 창출하겠지만, 정보화 혁명에 동참하지 못한 사람은 더 큰 재무적 위험에 직면할 것이다. 현재 온라인과 디스카운트 브로커(discount broker)[3]와 같은 경제적인 투자방식을 추구하는 미국의 중산층이 그 중심에 자리 잡고 있다.

≪재무설계(Financial Planning)≫지에 따르면 25만 명에 달하는 사람들이 자칭 재무설계사로 활동하고 있다고 한다. 그러나 그중에서 약 25%인 6만 명 정도만 공인 자격증을 가지고 있거나 공식적으로 재무설계사로 인정을 받는다. 분명히 이 정도의 전문인력이 조기 교육자금 마련과 은퇴설계를 원하는 베이비붐 세대와 젊은 미국인의 수요를 감당할 수 없다. 재무서비스 분야에서 이러한 수요초과 현상은 특히 은퇴설계 분야의 전문화를 더욱 촉진할 것이다.

맞벌이 부부의 기회균등 증대

맞벌이 부부의 소득이 동등해지면서 또 다른 시장을 창출한다. 여성의 노동시장 참여비중이 점점 더 늘어나고 있을 뿐 아니라

---

3) 증권거래에서 아주 저렴한 수수료를 받고 거래를 알선하는 업체로서, 직원의 투자상담이나 권유에 의존하지 않고 자신의 판단에 따라 주식투자를 하는 사람이 주고객층이다 — 옮긴이 주.

여성의 소득이 증가함에 따라 남성의 급여수준, 특히 남편의 급여수준과 차이가 사라지고 있다. 이렇게 부부 합산소득이 증가할수록 가처분소득도 많아지고, 더 많은 세금부담 때문에 절세전략이 필요하고 저축을 위한 여유자금도 더 늘어날 것이다. 다른 한편 많은 맞벌이 가족이 소비욕구에 사로잡힌 나머지 미래를 위한 여유자금을 거의 남기지 않는 현상도 나타날 수 있다. 이러한 두 가지 상황 때문에 사람들이 재무설계사를 더 원하게 된다. 21세기의 맞벌이 가족과 바쁘게 일하는 독신에게 시간은 계속해서 가장 희소가치가 크고 귀중한 자원이기 때문에 갈수록 재무설계사와 같은 전문가의 도움이 필요하다. 재무설계를 전문가에게 위임함으로써 절약된 시간을 개인적인 관심사, 가족, 공동체를 위해 사용할 수 있을 것이다.

## 미국경제의 호황

일찍이 지금과 같이 백만장자가 많은 시대는 없었다. 반대로 그만큼 파산하는 사람도 많아지고 있다. 왜 이렇게 모순된 현상이 나타나는 것일까? 우리는 빠르고 변화가 심한 경제 현상 속에 생활하고 있다. 수많은 억만장자는 평생 쓰고도 남을 돈을 가지고 있다. 그렇지 않은 다른 사람들은 쉽게 대출을 받아 그 어느 때보다 많은 부채를 떠안고 있다. 최근 수년간 증권시장의 연간수익률이 상당히 높고 안정적인 수준을 유지하고 있기 때문에 점점 더 많은 여유자금이 바로 증권시장으로 흘러들어가고 있다.

금리수준은 거의 최저 수준에 이르고 있다. 인플레이션은 실제로 발생하지 않고 있다. 401(k)퇴직연금을 통해 투자된 자금이 거의 최고 수준에 이르고, 사람들이 대개 현재 상황에 만족하고 있

 재무설계사를 위한 개인재무설계 컨설팅 ┃

다. 이런 사람들은 갈수록 여유자금 설계를 위해 더 많은 도움이 필요할 것이다. 한편 많은 사람은 현금흐름을 관리하고 과도한 부채를 예방하기 위해 도움을 원하고 있다. 재무설계사는 이 두 집단의 니드를 충족해야 하는 특별한 기회를 맞이할 것이다.

이러한 현상은 고객 자금관리 분야에 전문성을 가진 재무설계사에게 희소식이 아닐 수 없다. 「1998년 재무설계 동향조사」에 따르면, 1998년 현재 재무설계사가 관리하는 자산규모의 중앙값은 2,000만 달러로 1997년의 1,125만 달러에 비해 크게 증가했다. 전문가가 관리하는 자산규모가 이렇게 크게 성장한 것은 서비스, 정보화, 첨단기술 주식[4]의 가격상승이 큰 몫을 담당했다.

정보화 기술

유용한 정보에 쉽게 접근할 수 있다는 사실 또한 재무설계 분야에서 큰 시장을 창출했다. 인터넷을 통한 수많은 금융정보 채널은 이전에 주로 ≪월스트리트저널≫과 같은 금융신문에 의존하던 일반투자자에게 매일 금융 칼럼니스트의 조언이나 증권중개인의 추천내용을 전해 줄 수 있게 되었다. 이런 소비자는 중개인의 도움을 받을 필요가 없는 것처럼 재무설계사를 무시할 수 있을 것이다.

이렇게 스스로 책임을 지는 독립적인 투자자는 중개인이나 뉴스 속보를 기다릴 시간이 없다. 더구나 투자자는 필요하면 언제든지 인터넷을 사용할 수 있다. 따라서 재무설계사는 인터넷 혁명에 참여하면서 경쟁방법을 배워야 한다. 현명한 재무설계사는 인터넷

---

4) 1990년대 신경제 논쟁과 주식시장의 불패신화를 낳은 각종 서비스, 정보통신, 인터넷 주식 등을 말한다. 일반적으로 기술주라고 부른다 – 옮긴이 주.

을 위협요인으로 생각하지 않고 새로운 고객에게 접근하기 위한 정보원이며 수단으로 활용할 것이다. 또한 다양한 신형 소프트웨어는 재무설계사가 위험과 수익률을 평가하는 데 큰 도움을 줄 수 있다. 재무설계사는 지식과 경험이 풍부한 고객에게 자신의 기술을 보여줄 수 있는 좋은 기회를 맞이하고 있다.

재무설계에 대한 고객 니드

과거에는 주로 지역 은행원이 가족의 자산을 관리했다. 그러나 요즘 사람들은 건강, 정치성향, 사생활, 자금을 직접 통제할 수 있기를 원한다. 그와 동시에 사람들은 어떤 목표달성을 위해 소비를 절제하고 다른 사람에게 보이기 위해 일할 계획을 세우는 것을 가장 싫어한다. 정부투자금융기관, 지역은행과 같은 전통적인 금융기관에 대한 의존도가 감소하면서 재무설계사는 그 자리를 대신할 수 있는 좋은 기회를 맞이하고 있다.

「1998년 재무설계 동향조사」에 따르면, 재무설계 서비스의 잠재고객은 다음과 같은 우선순위에 따라 다양한 문제를 안고 있다고 한다.

- 은퇴자금 마련
- 절세
- 소득창출기간 투자와 자산 증대
- 현금관리
- 장래 건강관리비
- 추가 은퇴자금
- 상속설계
- 교육자금

- 부채관리
- 구조조정과 실업

이런 고민은 일시적으로 또는 순차적으로 발생하지 않고, 동시에 발생하거나 사회적·경제적 상황에 관계없이 생긴다. 예를 들어 교육자금과 은퇴자금을 마련하려면 최소한의 위험으로 자산을 증식할 특별한 계획을 세워야 한다.

### 종합 금융서비스 기관과 경쟁 심화

소비자의 재무설계 선택도 바뀌고 있다. 경쟁이 심해지면 독립계 재무설계사는 증가하거나 감소한다. 앞에서 언급한 것처럼, 첨단기술은 불과 몇 년 전만 해도 존재하지 않았던 새로운 시장을 창출하면서 재무설계 사업에 큰 영향을 주고 있다. 최근 회계사의 직업을 재정의할 수밖에 없었던 사실을 생각해 보자. 첨단기술의 등장으로 고작 40달러로 구입할 수 있는 세무회계용 소프트웨어 또는 100달러 정도의 부기용 소프트웨어가 개발되어 일반적인 원장작성과 세무회계 서비스를 제공하는 회계사의 수요가 감소되었다. 몇 번 키만 누르면 복잡한 계산이 처리되는 프로그램 덕분에 매달 소요되는 장부기장비용이나 회계사 관련 비용이 사라졌다. 뱅가드(Vanguard)와 같은 회사는 인터넷에 무료 세무회계용 소프트웨어를 배포하고 있어 회계사의 사업전망은 더욱 어두워지고 있다. 더구나 이것 때문에 장기적으로 회계사의 수요도 줄어들고 있다. 그 결과 독립계 회계사와 대형 회계법인은 전통적인 업무영역이 축소됨에 따라 보완책으로 다양하고 수익성 높은 컨설팅 분야로 사업을 확장했다.

증권중개인은 인터넷에 의한 신속한 주식거래의 확산을 우려해

왔다. 예전에는 고객이 종합 증권사를 통해서 주식을 거래하려면 무려 150달러의 비용이 들었지만, 지금은 인터넷을 통해 최저 7달러의 수수료만 부담하면 된다. 온라인 증권사를 이용하면 주식거래에 드는 비용이 20달러 미만인데, 누가 수백 달러의 비용을 들여 중개인을 이용할까? 메릴린치와 같은 종합증권사도 이제는 온라인 주식거래 시장에 진입해 사업방식을 근본적으로 바꾸고 있다. 고객은 연간 사용료를 지불하면 증권사의 정보서비스를 이용할 수 있다. 하지만 투자자가 직접 그와 동일한 수준으로 분석할 수 있는데 그렇게 많은 사용료를 지불하겠는가? 실제로 그렇게 하는 사람은 드물고, 많은 사람이 혼자서 공부한다. 첨단기술의 등장으로 사업영역은 완전히 혁신되었다. 21세기 소비자에게 적합한 사업모델을 개발하지 못하는 종합증권사는 어떻게 될까? 요즘 시대에 공룡 같은 증권사가 필요할까?

물론 모든 사람이 전통적인 금융서비스 창구를 벗어나 인터넷이나 기타 새로운 첨단기술을 이용하지는 않을 것이다. 어떤 사람은 순자산을 많이 가지고 있지만 시간이 부족해서 전용 서비스를 제공 받고 싶어한다. 그러나 일반적으로 앞에서 설명한 인구통계의 변화에 따라 노인과 젊은 사람들 모두 양질의 재무설계 서비스를 받으려고 자유롭게 컴퓨터를 활용하고 있다. 따라서 재무설계사도 온라인으로 재무정보를 제공할 수 있는 방법을 찾아내야 한다.

지난 10년 동안 생명보험 영업이 정체되면서 보험설계사나 보험중개사의 사업은 불황을 겪었다. 생명보험 회사는 감소된 수익을 만회하려고 뮤추얼펀드, 변액연금, 재무설계와 같은 다른 상품에 관심을 기울였다. 보험회사, 투자(증권)회사, 은행이 서로 다른 사업의 영위를 금지한 글래스-스티걸 법(Glass-Steagall Act)[5]이 폐지되면서 많은 회사는 종합금융서비스를 받을 수 있는 종합금융 상품을 제공하기 시작했다. 그러나 틈새시장을 확보하고 해당분야에서 기술이 뛰어난 소규모 부티크(boutique)[6] 재무설계 업체와 개인 재무설계사는 항상 틈새시장의 니드를 충족하는 자신만의 영역을 찾아내고 있다.

금융산업과 다른 직종 출신의 재무설계사도 등장할 것으로 보인다. 기술자, 건축가, 도급인, 외판원, 기타 전문가들이 이 새로운 직업에 매력을 느끼고 있다. 어떤 사람은 재무적으로 독립해, 이제는 혼자서 성취한 방법을 전문화시켜 다른 사람을 도우려고 한다.


## 재무설계사를 선택할 때 소비자가 고려할 사항

전문적인 재무설계 서비스가 시장에서 분명히 필요하다면 '소비자가 재무설계사를 선택하는 방법'을 고려해야 한다. 소비자는 다음과 같은 점을 고려할 것이다.

• 나는 전문가가 필요한가?

이것은 마치 환자가 일반의냐 전문의냐를 선택할 때 하는 질문

---

5) 글래스-스티걸 법은 1929년 대공황의 경험을 기초로 한 포괄적인 은행제도개혁법(1933년 은행법)을 말한다. 동법은 은행의 증권업무, 증권회사의 은행업무 영위를 금지할 목적으로 제정되었다. 1999년 11월 제정된 금융서비스현대화법[1999 Financial Service Modernization Act, 일명 그램-리치-블라일리법(Gramm-Leach-Bliley Act)]이 제정되어 1933년 은행법이 폐지되고 은행, 증권, 보험 등 세 분야의 상호진출을 위한 근거가 마련되었다 - 옮긴이 주.

6) 금융시장에서 부티크(boutique)란 제도적 장치나 법규에서 벗어나 자문활동과 일임매매 등을 영위하는 소규모 회사를 뜻한다 - 옮긴이 주.

이다. 일반 재무설계사는 폭넓은 서비스를 제공한다. 전문 재무설계사는 특정한 분야의 깊은 전문지식을 제공한다. 소비자는 현재와 미래의 니드가 무엇인지 결정할 필요가 있다.

- 재무설계사가 특정 금융기관에 소속되어 있는가?

  재무설계사가 금융기관에 소속되거나 제휴하고 있으면 고객에 대한 재무설계사의 답변, 권유 내용이 한쪽으로 치우칠 수 있다. 한편 이런 재무설계사는 소비자에게 특정 금융상품에 부가된 선택사항을 많이 알고 있다.

- 재무설계사의 판매수수료는 얼마나 되는가?

  전체 서비스 수입 가운데 판매수수료 비중이 크다면 재무설계사가 편향되어 있다는 경고가 될 수 있다. 소비자는 적절한 업무수수료 형태(즉 업무수수료와 판매수수료의 병용)로 서비스를 제공하는 재무설계사를 더 신뢰한다.

- 재무설계사가 전문적인 참고자료를 제공하는가?

  소비자는 특히 최근에 자기와 유사한 처지에 있던 고객의 성공 사례를 듣고 싶어한다. 소비자가 참고자료를 문의한다면 현명한 전문 재무설계사는 불편하게 생각하지 않고 자신을 돋보일 수 있는 기회라고 생각할 것이다.

- 재무설계사가 질문에 답변할 수 있는가?

  재무서비스를 제공받는 소비자는 신뢰를 원한다. 재무설계사가 전문지식을 보유하고 쉬운 말로 소비자에게 설명할 때 신뢰가 형성된다. 소비자는 지나치게 전문용어를 많이 듣게 되면 전문적인 지식이 부족하지는 않은가 걱정한다.

- 재무설계사는 어떻게 청구하는가?

  잠재고객은 성과가 창출된 서비스별로 세부적으로 명시된 청구서를 받길 원한다. 재무설계사가 상품마다 정해진 보수체계를 상세하게 설명할수록 소비자는 안심하면서 수수료 약정을 더 쉽게 이해할 수 있다.

- 재무설계사의 교육, 경험은 어떠한가?

요즘 소비자는 공식적인 교육과정을 이수하고 인증서나 공인자 격증을 취득한 상담사를 원한다. 소비자와 재무설계사가 책임질 재무적인 위험이 클수록 자격증도 더욱 중요하다. 성공적인 재무설계사는 고객이 올바로 선택하도록 자신의 전문지식을 설명하고 보유한 자격증을 제시한다.

과거에는 대부분의 소비자가 전문적인 재무상담의 필요성을 인식하지 못했다. 또한 많은 사람이 필요성을 인식했어도 재무적 실천사항을 행동으로 옮기지 못하거나 결정을 내리고 나서 후회하기 일쑤였다. 경기가 대체로 호황기를 맞이하고 있기 때문에 많은 사람이 전보다 더 많은 재량소득을 보유하고 있고 미래에 대해 염려하는 사람은 드물다. 불확실한 미래를 지나치게 신뢰하면서 준비를 미루기만 한다. 재무설계사는 사람들이 재무설계보다 휴가계획을 세우는 데 더 많은 시간을 보낸다는 사실을 알아야 한다. 오늘날 재무설계사는 정당한 이유가 있다면 즉시 올바른 조치를 취할 수 있도록 사람들에게 동기를 부여하는 방법에 통달해야 한다.

# 재무설계 직업의 기초

　새로운 모험을 시작하려면 항상 강력한 동기가 있어야 한다. 모든 경쟁적 서비스 산업에서 이 같은 에너지와 그 필요성은 기초적인 성공요소이지만 야심 찬 재무설계사는 목표설정과 사업계획을 먼저 고려해야 한다. 누구든지 새로운 사업을 시작할 때 달성하려는 바, 즉 목표에 대해 명확한 비전이 있어야 한다. 그 목표를 한 문장 내지 세 문장으로 근본적이고 분명하게 표현할 수 있어야 한다. 신규 사업체이건 이미 잘 운영되고 있는 사업체이건 간에 모든 사업은 수준 높은 개념, 즉 큰 그림이나 사명을 가져야 한다.

　목표는 날마다 얻는 결과가 아니라, 전문적인 재무설계 실무가 5년, 10년, 20년 후의 미래에 어떻게 변할지를 염두에 둔 것이다. 서비스 범위, 고객규모, 고객유형, 고객성과의 정도, 지리적 서비스 범위, 수입, 수익성, 조직규모, 탈퇴전략 등을 재무설계 실무의 궁극적 내용으로 고려해야 한다. 이러한 문제와 장래를 설계하는 과정에서 자연스럽게 떠오르는 다른 문제는 목표를 설정하는 데 도움이 될 것이다.

재무설계 분야에 입문한 사람들은 이러한 시작단계 — 자신이 달성하려는 목표에 대한 비전 — 에서 가장 중요하고 아마도 가장 어려운 일에 부딪힐 것이다. 목표가 잘못되면 그후 어떤 노력도 소용없을 것이다. 목표를 수립하고 나서 친구나 가족에게 이야기해 보라. 그리고 일주일 정도 심사숙고해 보라. 그런 후에도 목표가 믿을 만하고 성취할 수 있고 흥분할 정도라면, 사업할 준비를 갖춘 셈이다.

서비스 사업에서 훌륭한 아이디어에 단계적이고 정교한 실행계획이 추가되면 위대한 발상으로 승화된다. 앞으로 10년, 20년이 지나도 계속 타당성이 있는 신규 사업을 창출하는 데 무슨 절차가 필요할까? 불행하게도 많은 재무설계사는 훌륭한 아이디어를 가지고 있어도 실행하지 못한다. 실제로 어느 사업에 집중할지 모르거나 사업을 어떻게 차별화할지 충분히 고려하지 않았기 때문이다. 치밀하게 수립한 사업계획에 재무설계사의 개인적인 니드와 고객의 니드가 하나가 되어 반영되면 성공 가능성은 훨씬 높아질 것이다.

"노력하면 좋은 결과가 있을 것이다(if you build it, they will come)"1)라는 오랜 금언은 재무설계에 그대로 적용된다. 문제는 사업을 번창시키고 시련을 극복할 수 있도록 어떻게 기반을 형성하

---

1) 이 금언은 영화 <꿈의 구장(Field of Dream)>(1989)에 나오는 계시의 말로, 영화가 크게 인기를 끌면서 '명대사'로 유행하게 됐다 — 옮긴이 주.

느냐에 달려 있다. 이 과정에서 ① 재무설계 사업계획을 수립할 때 반드시 고려해야 할 세부적인 문제와 ② 그 문제의 처리순서 — 어느 것을 먼저 해결할지 결정하는 것 — 가 중요하다.

재무설계사는 사업이 계속 성장하도록 지탱해 주는 사업기반을 신중하게 설계해야 한다. 재무설계는 서비스업이다. 서비스업은 무형자산 — 비공식적인 조언, 고객과 좋은 관계유지, 입소문 마케팅 — 과 유형자산 — 공식적인 상품, 전문성을 보완하기 위한 부수적인 서비스 제휴와 부가가치가 있는 재무정보 제공수단 — 으로 구성된다. 서비스는 무엇보다 고객에게 배려받고 있다는 확신을 주는 것이다. 이런 서비스가 적절한 가격으로 제공된다면 고객은 만족하고 열정적으로 재무설계사를 다른 사람에게 소개할 것이다. 이번 장에서는 재무설계 서비스를 제공하기 시작한 사람들에게 서비스 기반을 구축하는 데 필요한 문제와 절차를 소개한다.


## 재무설계 사업 추진을 위한 10가지 '필수과제'

새로운 사업을 시작하려면 핵심단계나 '필수과제'와 같은 사업계획을 반드시 마련해야 한다. 다음은 사업에서 고려할 순서에 따라 사업계획 필수과제를 간략하게 설명하려고 한다. 이번 장에서는 개업과 관련된 몇 가지 문제를 상세히 살펴보고, 나머지 주제는 다음 장에서 상세히 설명할 것이다.

1. 사업형태 선택. 재무설계업은 개인회사(Sole Proprietorship), 합명회사(General Partnership), S법인(S corporation),[2] C법인(C corporation), 유한책임회사(Limited Liability Companies)[3] 등의 형태로 운영

할 수 있다. 사업형태마다 성격이 다르고 다양한 장점과 법률적인 제한이 있다. 이번 장에서는 이런 사업형태별 차이점을 살펴보고 재무설계사의 목표와 니드와 비교해 사업형태의 장점을 어떻게 평가하는지 설명한다.

2. 사업계획서 준비. 신규 업체와 기존 업체 모두 사업계획서를 준비해야 한다. 훌륭한 사업계획은 사업 환경분석, 즉 시장, 경쟁상태, 시장기회, 해결과제부터 시작한다. 사업계획에는 개인이나 회사가 그러한 사업 환경을 극복하기 위해 수행할 목표, 전략, 구체적인 실천사항이 명시된다. 좋은 사업계획에는 목표달성에 필요한 자원과 우발적 상황이 신중하게 평가된다. 정교하게 수립된 사업계획에는 사업의 현재 상황, 향후 방향, 성공방법과 같은 질문에 대한 답이 제시되어야 한다. 사업계획서에 대해 더 자세히 알고 싶으

---

2) S법인은 미국 연방 소득세법의 Subchapter S에 관련 조항이 들어있어 유래된 이름이다. 이 사업형태의 모든 법적 형태와 책임관계는 일반법인체와 유사하나 주주의 수(75명 이내)와 자본금에 제한이 있고 수입의 종류에도 영향을 받는다. 일반적으로 소규모 사업체에 법인 혜택을 부여한 형태라고 할 수 있다. 세제상 가장 큰 혜택은 일반법인체에 나타날 수 있는 이중과세를 방지할 수 있다는 점이다. 즉, 사업으로부터 발생되는 이익에 대해 법인세를 물지 않고 개인이 직접 자신의 수입으로 간주해 개인소득세만을 내고 그 이익금을 사용할 수 있고, 또 그 이익에 대해 사회보장세를 내지 않는 장점이 있다 — 옮긴이 주.

3) 미국 법인은 세 가지 종류로 구별된다. C법인은 채무에 대한 책임이 회사에 있기 때문에 주주는 전혀 책임이 없다. 회사의 순이익에 대한 세금이 부과되고 배당금이 각 주주에게 지급된다. S법인은 C법인과 같은 직무와 혜택이 있지만 75명 이하의 주주로 성립되어 있고 모든 주주가 미국 거주자여야 한다. 비이민 비자를 소지하고 있는 외국인일지라도 미국 내에서 세금을 내는 사람은 S법인의 주주 자격이 인정된다. 유한책임회사(LLC)는 S법인과 비슷한 혜택이 주어지지만 몇 가지 차이점이 있다. 가장 큰 차이점은 LLC를 설립할 때 두 명 이상이 필요하며, 설립자는 미국 시민이나 미국 세금 납세자가 아니어도 상관없다 — 옮긴이 주.

면 6장을 참조하라.

3. 조언자(mentor) 구하기. 경험은 어느 것과 바꿀 수 없을 만큼 소중하다. 신입 재무설계사가 상품 포트폴리오를 구성하고 나서 고객기반을 확보하는 데 걸리는 시간은 업무과정에서 저지르는 실수의 횟수와 관련이 있다. 조언자를 찾는 것은 개업 초기에 발생하는 혼란을 최소화할 수 있는 가장 좋은 방법이다. 당신이 조기에 시장에 진입하려면 어느 정도 사업경험이 있는 사람과 협력해야 한다. 조언자의 도움을 받으면 당신은 믿음직한 지도를 통해 경험과 혜택을 전수받으면서 올바른 방향으로 사업을 수행할 수 있을 것이다. 재무설계 전문가모임이나 지역 교육기관에서 실시하는 세미나 또는 인터넷상 전문가 포럼에서 조언자를 찾을 수 있다. 전문가협회와 출판물을 살펴보면 대개 신규 사업에 진입한 전문가와 조언자가 참석하는 프로그램을 특집으로 다루고 있다. 종종 대학 교육기관에서 실시하는 재무설계 교과과정에 조언자 제도를 두고 있다. 당신이 거주하는 지역의 대학에서 실시하는 경영 교과과정을 살펴보라.

4. 자격증 취득. 재무설계는 전문지식이 필요하다. 재무설계사는 입문과정과 그후 사업에서 뒤처지지 않으려면 훨씬 더 방대한 분량의 정보를 통달해야 한다. 재무설계사는 거시경제 원리, 금융시장, 자산가치 평가의 기초 및 고급기법을 포함해, 오늘날에는 인터넷도 이해해야 한다. 이 책의 4장에서 재무설계 전문기술과 관련된 주제를 설명하고 있다.

5. 자문위원회 구성. 아무리 유능한 재무설계사라도 신규 고객 발굴, 고객기반 관리, 신상품 개발, 빠르게 변화하면서 사업에 영향을 미치는 수많은 시사정보 습득 등을 모두 수행하기에는 시간

이 턱없이 부족하다. 그래서 당신은 사업에 전문지식, 정보, 조언, 신뢰를 제공하는 자문위원회가 필요하다. 자문위원회가 막강할수록 당신은 사업의 품격과 전문성에 대해 더욱 확신을 가질 수 있다. 이론상 자문위원은 당신 사업의 전체 방향을 제시할 것이다. 다시 말해서 그들은 사업과 마케팅계획에 잠재된 함정을 정확히 지적하고, 사업을 해나가면서 불가피하게 부딪히는 문제점에 대한 해결책을 제공하며, 모든 사업가가 새로운 사업 아이디어를 현실에 적용할 때 일어날 수 있는 문제점을 사전에 점검해 준다. 이 책의 7장에서는 효과적인 자문위원회를 구성하고 유지하는 방법을 설명하고 있다.

6. 지원팀 구축. 재무설계사인 당신은 사업과 마케팅계획에서 제시한 많은 과제를 수행할 수 있는 직원을 사업기반의 한 부분으로 채용해야 한다. 이 경우 서비스업체 근무경험이 있는 파트타임의 일반직을 채용하면 유익하고 비용이 적게 든다. 당신은 사업관리에 시간을 낭비하고 싶지 않을 것이다. 당신이 맡아야 할 직무는 영업, 상품개발, 사업수행에 관련된 것이다. 많은 신입 재무설계사는 새로운 업무의 다양한 측면을 직접 관리하려고 노력한다. 신입 재무설계사는 회계용 소프트웨어, 업무용 명함, 판촉전화 등 유능한 전문비서에게 맡겨도 되는 일을 모두 도맡아하려고 한다. 하지만 처음부터 직원이 어떤 일이라도 잘 수행할 수 있는 체계를 구축한다면 당신은 고객의 문제를 해결하는 일에만 전념할 수 있을 것이다. 최초로 직원을 채용하기 전에 올바른 실무 문화를 정립해야 한다. 직원채용에 대한 더 상세한 내용은 이 책의 6장에서 설명하고 있다.

7. 정보화 기술 활용. 첨단기술이 서비스 제공자에게 위협인 동

시에 기회가 되는 요즘 시대에, 가장 뛰어난 기술을 도입해 직원이 이를 활용할 수 있도록 훈련시키는 것이 바람직하다. 이는 사무용 소프트웨어 ― 거래처 관리, 그래픽 패키지, 데이터베이스 응용프로그램 ― 와 사무용 하드웨어 ― 화상회의 시스템, 스캐닝 기기, 초고속 고화질 프린터 등 ― 를 모두 포함한다. 이 책의 9장에서 재무설계용 소프트웨어에 대한 추가목록과 관련내용을 소개한다.

8. 마케팅계획 수립. 마케팅계획은 대중에게 사업에 대해 알리기 이전과 알리는 과정에서 지침으로 삼는 방향이다. 마케팅은 소비자제품 경쟁업체 사이에서 벌어지는 광고경쟁과 마찬가지로 중독성을 지닌다. 도대체 언제쯤 마케팅을 시작해야 할지 알고 있는 재무설계사는 별로 없으며, 더 나쁜 것은 언제 마케팅 활동을 중단해야 할 것인지 알지 못한다는 점이다. 전문적인 재무설계 영업에 대한 마케팅은 많은 비용을 들일 필요는 없지만, 반드시 분명한 초점을 맞춰야 하고 그에 대한 반응도 모니터링해야 한다. 그중 중요한 요소는 가격책정에 대한 분석이다. 서비스를 제공하든 아니면 콘플레이크를 판매하든 해당 제품의 생산관리자는 그 제품의 가격을 어떻게 책정할 것인지 결정해야 한다. 목표를 단위당 가격의 최적화 또는 총 판매량에 맞출 것인지 결정해야 한다. 전통적으로 제조업체는 박리다매 위주의 가격정책을 추구해 왔다. 반면 서비스업체는 컨설팅회사의 경우처럼 제품 단위당 수입의 극대화를 노리는 것이 보통이다. 재무설계사도 이와 비슷한 균형을 이루어야 한다. 즉, 계약건수가 많고 범위가 한정된 재무설계업무는 서비스 단위당 가격을 낮게 책정하고, 계약건수는 적더라도 좀더 범위가 넓은 재무설계업무는 단위당 높은 가격을 책정해야 한다. 이 책의 7장은 마케팅계획을 수립하기 위한 지침을 제공해 줄 것이다.

9. 법규 준수. 재무설계는 공인된 전문서비스로서 그에 따른 규제를 받는다. 고객의 삶의 질과 재무적 안정에 큰 영향을 미치기 때문에 대중을 보호할 의무가 있다. 변호사, 의사, 교육자, 공인회계사, 기타 서비스 제공자는 먼저 개인적인 윤리를 따르지만, 또한 전문자격 관리기관과 정부 산하기관의 통제를 받는다. 재무설계 직업은 다른 서비스 직종에 비해 고려할 규제와 법규 관련 문제가 많다. 이 책의 5장에서 미국 재무설계사가 당면한 윤리, 전문직 자율규제, 규제문제에 대해 다룬다.

10. 표준 업무절차 개발과 시행. 고객 중심의 재무설계를 위해서는 조직적이며 논리적인 업무절차를 반드시 마련해야 한다. PIPRIM은 고객의 재무목표를 올바르게 평가하고 그것을 달성하기 위한 체계적인 접근법을 나타내는 두문자다. 이것은 재무설계사가 최초로 가망고객을 만나는 시점인 초기 단계부터 고객에게 해결책을 제공하는 과정을 거쳐 성과에 대한 평가시점에 이르기까지 전 과정을 포함한다. 이 6단계 과정은 매우 포괄적이기 때문에 서비스 계약의 모든 단계에서 모든 고객에게 적용할 수 있다. PIPRIM은 다음 과정을 나타낸다.

- 고객과 사전 상담: P(Preliminary meeting with a client)
- 종합적인 목표설정과 정보수집: I(Integrated goal setting and data gathering)
- 모든 요소의 종합: P(Putting it all together)
- 해결책 제안: R(Recommending solutions)
- 계획의 실행: I(Implementing the plan)
- 계획의 모니터링: M(Monitoring the plan)

3장에서 PIPRIM 업무절차에 대해 전반적으로 논의한다.

## 법인형태 선택

적절한 법인형태를 선택하는 일은 대단히 중요하다. 법인형태의 결정은 사업의 여러 요소에 직접 영향을 미칠 것이다. 사업 수행방식, 책임, 가족구성원간에 소득 이전 능력, 배당지급방식, 종업원 복지 유형, 사업에 적용되는 소득세법은 자신이 선택한 법인형태의 유형에 따라 결정된다.

다음과 같은 3가지 요인 때문에 법인형태의 선택 범위가 확대되었다.

첫째, 1993년 소득조정법(The Revenue Reconciliation Act of 1993). 이 법률은 개인 소득세율을 법인세율보다 크게 높여 소규모 법인체가 강력한 세제우대혜택을 받을 수 있어 C법인의 소득에 대한 이중과세 효과를 상쇄할 수 있게 되었다(후반부에 C법인에 대해 설명한다).

둘째, 유한책임조합(Limited Liability Partnerships. 이하 LLP) 형태의 등장.

셋째, 유한책임회사(Limited Liability Companies. 이하 LLC)의 주 단위에서 입법 통과 허용.

기존의 개인과 전문가단체의 법인형태에 이 세 가지 선택사항이 추가되어 법인형태를 결정하기가 복잡해졌지만, 개인의 필요에 따라 더 유연하게 대응할 수 있게 된 셈이다. 그러나 보수체계(6장에서 설명한다)는 어떤 법인형태를 선택하느냐에 따라 영향을 받아서는 안 된다. 즉, 위에 제시한 어떤 시나리오를 선택하든지 자신이 원하는 보상방식을 적용해야 한다. 한 가지 주의할 점은 자신이 속한 주에서 특수한 형태의 영업방식(예를 들어 재무설계, 보험, 투자, 선택한 전문 영업분야가 어떤 것이든)에 맞게 선택한 법인유형의 허용

여부를 확인해야 한다. 또한 자신이 속한 주에서 비개인 자격으로 사업허가를 받고 계속 그 자격으로 수수료를 받아도 되는지 여부를 고려해야 한다. 주 감독기관이나 변호사에게 문의해 이러한 궁금증을 해결해야 한다.

### 개인회사(Sole Proprietorships)

개인회사는 비교적 간편한 행정절차 때문에 가장 많이 선택하는 사업형태다. 개인회사는 한 명의 개인이 단독으로 소유한 비법인 거래 또는 사업을 말한다. 개인회사는 그 소유주와 분리된 별도의 법인체가 아니다. 소유주의 개인자산은 사업과 관련된 특정 또는 모든 부채에 대해 무한책임을 진다. 이런 무한책임이 개인회사와 다른 사업형태 사이의 가장 중요한 차이점이다. 하지만 만일 당신이 사업의 단독소유주라면, 개인회사 외에 선택할 수 있는 형태는 해당 주에서 허용하는 C법인, S법인, 단일구성원으로 된 유한책임회사밖에 없다.

개인회사는 설립하기가 쉽고 특히 주 또는 연방 등록절차가 필요 없다. 개인회사는 단지 개인 세금정산서류와 함께 부속명세서 C(Schedule C) 4)를 제출하기만 하면 된다. 개인회사를 활용하면 가족구성원을 고용해 소득과 세금부담을 분산할 수 있다. 개인회사가 지니는 무한책임의 특징 때문에 이들 기업은 반드시 소유주의 개인자산을 보호하기 위해 하자 배상책임보험에 가입해야 한다.

---

4) 미국 국세청(Internal Revenue Service)이 개인회사에게 제출하도록 지정한 부속 명세 서류양식(Form 1040). 'Profit or Loss From Business'란 제목을 가진 이 간단한 서류는 사업에서 발생한 손익을 기입하는 일종의 손익계산서 양식이다. http://www.irs.gov/pub/irs-pdf/f1040sc.pdf를 참조 – 옮긴이 주.

게다가 개인회사는 자산을 매각할 수 있지만 사업을 이전할 수는 없기 때문에 소유권의 융통성, 기업의 존속성이나 자본구성은 존재하지 않는다.

일반적으로 신규 업체는 개인회사에서 시작하지만, 사업이 확장되면 일반적으로 더 유연한 재무구조를 가지는 다른 사업형태를 고려해야 한다.

개인회사를 활용해야 하는 경우는 ① 단일 소유주와 단일 구성원만 있는 경우, 주의 법률상 유한책임회사가 허용되지 않을 경우, ② 적절한 배상책임보험을 적당한 가격에 이용할 수 있을 경우, ③ 사업이 초기 단계에 있고 아직은 복잡한 사업체계를 도입하기에는 시기상조이고 비용이 너무 많이 소요되는 경우, ④ 소유주가 단기간 내에 사업지분을 이전하고 싶지 않을 경우 등이다.

또한 개인회사를 활용하지 말아야 할 경우는 ① 상당한 규모의 사업소득이 발생하기 시작하고 소유주의 재산이 무한책임 형태의 위험에 노출되는 경우, ② 소유주가 무한책임 체계하에서 많은 개인자산을 위험에 노출시키고 싶지 않을 경우, ③ 고객으로부터 사업주의 하자에 따른 손해배상이 청구될 수 있는 위험이 존재하는 재무서비스를 사업주가 제공하려고 할 경우, ④ 1명 이상의 직원을 보유하고 있고 소유주가 직원의 독립적인 활동으로 사업 또는 고객에게 미칠 영향을 우려할 경우 등이다.

### 합명회사(General Partnership)

합명회사는 소득, 비용, 이익을 배분하려고 사업을 수행하는 두명 이상의 소유주로 구성된다. 합명회사의 법률적인 측면은 해당 주의 조합 성문법(State Partnership Statutes)에 의해 관리되며, 그러한 주 법률 대부분은 연방 통일조합법(Federal Uniform Partnership Act), 수정통일 유한책임조합법(Revised Uniform Limited Partnership Act)과 유사하다. 법률상 합명회사의 사원(partners)은 공동으로 그리고 개인적으로 조합의 모든 부채와 채권관계에 대해 (무제한적인) 책임을 진다. 무한책임사원(general partners)은 또한 각자의 행위가 조합을 대표하는 행위로 나타났을 때는 법률적으로 (그리고 따라서 재무적으로) 책임을 진다. 사원은 각자의 행위 전체에 대해 개인자산이 위험에 노출되는 경향이 있기 때문에 합명회사는 지극히 높은 위험을 지닌다. 각 무한책임사원은 조합을 대표할 수 있고, 조합에 대해 그리고 궁극적으로는 기타 사원들에 대해 법률적 구속력을 가지는 계약을 체결할 권한을 가진다. 사원은 자신의 책임을 넘어선 상환에 대해서는 합법적으로 상환청구권(溯求權, recourse)을 요구할 수 있지만, 이는 다른 사원이 조합기금에서 그러한 배상을 인정할 수 있느냐에 달려 있다. 사원은 서로 많은 신뢰를 가져야 하지만 가끔 신뢰가 무너지기도 한다. 미몽에서 벗어날 정도의 큰 재난을 겪고 난 후에야 자신이 사원들에 대해 제대로 알지 못했다는 것을 발견하게 되는 경우가 많다.

법인의 경우와 달리 조합(Partnership)은 사업의 존속성, 경영권 장악, 소유권 이전 등이 불가능하다. 합명회사는 다음과 같은 경우에만 유리하다. ① 재무설계사가 과세전가(pass-through taxation)를 원하는 경우,[5] ② 소유주의 일부 또는 전부가 S법인의 주주자격이

---

[5] 미국 국세청의 과세 규정상 합명회사와 같은 조합은 직접 과세대상이 아니다. 조합은 과세부담이 '통과(pass-through)'되며, 각 사원에게 직접 세금이 징수된다 — 옮긴이 주.

금지되는 경우, ③ S법인의 단일 종류 주식발행 규정(single-class-of-stock rule)[6]으로 소유권을 가질 수 없는 경우. 법률적 제약이 아니라면, 재무설계업의 사업계획에 내재하는 불확실성 정도는 조합 선택의 장점이 위험을 능가하느냐에 따라 결정될 것이다.

합명회사를 활용해야 하는 경우는 다음과 같다. ① 신규 사업에서 상당한 규모의 초기 손실이 발생할 경우 이 부담을 사원에게 전가할 수 있어 여러 가지 제한이 있는 S법인에 비해 유리하다. 조합은 납세 주체가 아니다. 따라서 수입, 이익, 손실, 공제, 이월 손실 등은 조합을 거쳐 주채무자인 사원에게 전가되고, 사원은 이러한 금액을 개인 납세신고서에 기재한다. ② 사업의 과세전가 혜택(기업 이익 가운데 일정비율을 소유주의 납세에 활용)이 각 사원의 회사에 대한 기여도를 반영하도록 특수한 니드에 맞춘 소유지분과 결합될 수 있을 경우다. 그리고 ③ 조합의 현금을 분배해 소유주의 과세기준을 감소시킬 때. 소유주의 과세기준을 초과하는 분배에서 과세소득이 발생한다.

합명회사를 활용하지 말아야 할 경우는 ① 다수의 소유주가 서로의 행위를 공동책임으로 받아들이지 않을 경우, ② 소유주의 모든 개인 자산을 배상책임 위험에 노출시키고 싶지 않을 경우, ③ 해당사업이 과실책임이 따르는 금융서비스를 제공하는 경우 등이다.


6) 미국 국세청은 1993년부터 S법인에 대해 단일 종류의 주식을 발행하는 기업으로 제한했다. 이 규정에 따르면, 기업의 발행주식이 배당 및 청산과정에 대해 동일한 권리를 지닐 경우 단일 종류의 주식으로 인정된다. 다만 이 규정에서도 주식의 의결권 차이나 이사회 선임권의 차이를 가진 주식그룹 등은 배당 및 청산에 대한 권리만 동일하다면 인정되고 있어, 실제로 S법인의 경우도 한 종류 이상의 주식을 보유할 수 있다 — 옮긴이 주.

법인(Corporations)

법인 사업형태는 법인체 가운데 사업과 개인자산을 가장 확실하게 보호해 준다. 법인에는 S법인과 C법인의 두 가지 유형이 있다. 이런 법인은 앞에서 논의한 사업형태에 비해 훨씬 복잡하다. 법인을 통해 세금을 이연하고 공제를 받을 수 있지만 소유주의 기업가적 유연성이 제한된다.

• S법인. S법인은 연방 소득세법상 이중과세 금지 법인으로서 자격을 갖춘 소기업이다. S법인의 주주는 사업에서 발생한 이익을 배당금으로 받을 것인지 여부를 선택할 수 있다. 사원의 소득으로서 배당금에 한 번 과세되며, C법인의 경우처럼 사원과 소유주가 동일한 소득에 대해 세금을 납부하는 이중과세를 하지 않는다.

S법인은 단점이 많지만 장점도 많다. 유한책임, 소유지분의 비과세 이전(소유주가 75명 미만인 경우에만 가능), 주식보유를 통한 중앙집권적 경영이나 사업의 존속성 등은 사업의 긍정적인 부분이다. 다소 복잡한 연방 세금신고 양식 2553을 제출하고, 부가급부(fringe benefit)에 대한 과세방식이 다소 바람직하지 않고, 정산연도를 자유롭게 선택할 수 없는 점, 비용인정 방법과 법인소득의 과세로부터 보호방법이 제한된다는 점을 단점으로 들 수 있다. 게다가 S법인은 엄격한 자격요건을 충족시켜야 한다. S법인은 단지 한 종류의 주식만을 발행하고, 국내기업으로 75명 미만의 주주는 미국 시민과 영주권자, 상속재단, 특정한 유형의 신탁재단만 가능하다는 요건을 명시하고 있다. S법인이 아니라 특히 조합이나 개인회사를 선택해 재무설계 사업을 하면 이중과세의 위험이 따른다. 유한책임과 배당의 단일과세를 위한 법률적 규정이 마련되어 S법인이 점차 많아지고 있다.

S법인을 활용해야 하는 경우는 ① 소유주의 책임한도가 핵심 문제인 경우, ② 이중과세 방지가 바람직할 경우, ③ 현재 소유주와 잠재적인 소유주가 엄격한 자격요건을 충족시킬 수 있을 경우, ④ 단독 소유주로서 일반적으로 유한책임회사를 설립할 수 없기 때문에 S법인 형태를 취하는 경우 등이다.

S법인을 활용하지 말아야 하는 경우는 다음과 같다. ① 1인 유한책임회사를 설립할 수 있는 경우에 S법인에 비해 세제혜택이 훨씬 크다. ② 소유주가 많은 부가급부(그리고 그에 따른 비용)와 많은 소득 창출을 원할 경우. 부가급부 및 기타 소유주 특별이익, 공제한도 등으로 순소득이 줄어들 수 있다.

• C법인. C법인은 가장 오래된 법인체다. 이 형태는 S법인과 비교해서 많은 장점이 있다. 유한책임, 유연한 소유권구조, 자본구성, 사업의 존속성, 중앙집중화된 경영, 경영권의 자유로운 양도(매매계약의 제약이 없을 경우) 등을 장점으로 꼽을 수 있다. C법인의 법인세율은 최초 5만 달러에 대해 15%, 그 다음 2만 5,000달러에 대해 25%를 부과하는 등 개인세율에 비해 상당히 낮다. 그 결과 C법인은 사내 유보(retained earning)를 극대화할 수 있다. 만일 사업체가 성장을 위한 자금을 조달하기 위해 불특정 기간에 이익금 전체를 사내 유보하려고 한다면, 세율 차이 때문에 C법인은 배당금 이전형태보다 더 나은 선택이 될 것이다. 배당금 이전 사업체는 소유주가 개인세금을 납부할 수 있도록 사업소득 가운데 39.6% 이상을 분배해야 한다. 마지막으로 C법인은 고용주가 지급하는 부가급부 과세처리에 더 유리하고, 정산년도를 자유롭게 선택할 수 있으며, 세제적격퇴직연금에서 대출받을 수 있는 장점이 있다.

C법인은 이익금을 이중과세하는 한계가 있다. 즉, 한 번은 법인

단위에서 과세되고 또 법인소득을 배당받은 개인에게도 과세된다. 그러나 비교적 낮은 법인세율과 주주 및 종업원 급료와 부가된 복지비용은 소득에 대해 공제혜택을 받아 이중과세 부담이 줄어든다. 게다가 C법인은 종종 주주, 종업원에게 공제금을 납입하고 복지비용을 지급해 법인소득을 제거해 이중과세 문제를 해결한다. 그렇게 활용할 수 있는 지불금은 급여, 부가급부, 주주 대출이자, 주주가 소유한 토지임차료 등이 있다. S법인이나 개인회사와는 달리 C법인은 소득을 주주인 가족구성원에게 이전시킬 수 없다. 따라서 대규모의 다수의 전문분야, 비가족형 사업을 구상하는 재무설계사는 C법인 형태가 적합할 것이다.

C법인을 활용해야 할 경우는 ① 사업상 배상책임으로부터 소유주의 개인자산을 보호하는 데 주로 관심을 가질 때, ② 한 명의 소유주와 단일 사원으로 구성된 유한책임회사(LLC)를 전제하는 사업계획이 해당 주 법률에서 허용되지 않을 때, ③ 소유주에게 이중과세 회피에 따른 혜택이 크지 않을 때, ④ 소유주가 세제적격퇴직연금 계정에서 차입을 예상할 때, ⑤ 소유주가 사업 확장과 자본지출 계획에 필요한 자금을 조달하기 위해 사내유보를 극대화하기를 원할 때 등이다.

C법인을 활용하지 말아야 하는 경우는 다음과 같다. ① 소유주가 이중과세와 사업비용 공제의 균형이 바람직하지 않다고 예상할 경우. 이중과세는 배당금 분배, 주식매각 또는 부동산과 같은 자산의 청산이나 재평가에서 이중과세가 발생한다. C법인 주주가 소유한 이중과세 금지 법인을 통해 부동산 자산을 보유할 수 있다면 그 부동산은 C법인에 다시 임대될 수 있다. 이런 계약을 통해 C법인은 임대료를 지급해 공제받을 수 있어 주주에게도 이익이

되며 과세소득을 줄일 수 있다. 이중과세 금지 법인의 보유자산이 시세가 상승해 결국 매각해서 차익이 발생할 경우 이 차액은 이중과세 대상이 되지 않는다. ② 소유주가 소득의 대부분을 보유할 경우. 그런 기업은 오히려 이중과세 금지대상 법인으로 운용하는 게 낫다.

### 유한책임회사(Limited Liability Companies)

유한책임회사는 법인과 조합의 많은 단점을 배제하고 가장 뛰어난 법률과 세제상의 가장 우수한 특징을 결합해 점차 대중화되고 있다. LLC는 모든 소유주(사원이라고 부른다)에게 유한책임이라는 보호장치를 제공하고 연방 소득세법상 조합으로 취급된다. 따라서 LLC는 주 법률로 관리되는 법적 실체로 조직되지 않으며, 법인이나 조합규정을 따르지 않는다.

LLC는 다소 까다로운 법률적 실체다. 이 조직형태는 사원간 독립되어 있고, 자산을 소유하며 부채에 대한 책임을 진다. 따라서 일반적으로 LLC의 채권자나 기타 사원은 LLC 사원의 개인자산에 영향을 미칠 수 없다. LLC는 또한 소유규정이 유연하다. 몇몇 주에서는 사원수가 최소 2명이며, 어떤 주에서는 한 명만으로 충분하다. LLC 규정은 경영권의 비과세 양도를 허용하지 않는다. LLC 부가급부와 정산년도의 선택이 조세규칙에 따라 불리하게 취급된다. LLC는 비교적 새로운 사업형태이므로, 조세심판이나 규제당국이 LLC 사업을 관리하는 데 지침이 되는 판례가 부족하다. 몇몇 주에서는 1인 LLC를 인정하지 않거나 LLC 체계를 활용하는 특정한 사업방식을 허용하지 않기도 한다. 모든 사원이 유한책임으로 보호받으면서 LLC의 경영에 충분히 참여할 수 있으므로,

LLC는 유대관계가 튼튼한 재무설계 사업에 이상적인 조직형태다.

LLC를 활용해야 하는 경우는 ① 주 법률상 재무설계사 사업형태의 LLC를 허용한 경우, ② 사원이 경영권을 일정 수준 유지하면서 소유권을 상속인에게 물려주기를 원할 때, ③ 소유주들이 이중과세 회피와 유한책임 두 가지 모두 원할 때, ④ 창업회사가 사업 초기에 손실이 발생해 투자자에게 이전시킬 것을 예상할 때, ⑤ 사업계획에 부동산투자가 포함될 때(이 경우는 조합 세법에 따라 투자자에게 법인 수준의 부채를 기초로 한 과세기준을 허용하며, 투자자에게 유리한 특별한 세금의 기간배분이 가능하다), ⑥ 사업계획에 벤처캐피털 투자가 포함되어 있고 해당 주 조합 법률이 이중과세 방지를 허용할 때 등이다.

LLC를 활용하지 말아야 하는 경우는 ① 주 법률이 은행과 보험 등 서비스 산업에서 LLC를 허용하지 않을 때, ② 소유권을 방어하기 위해 주식을 계속 발행할 경우 등이며, ③ 소유주나 자문변호사가 소득세 및 규제변화를 확신하지 못하는 경우에도 LLC가 상대적으로 새로운 사업형태이기 때문에 LLC를 활용하지 말아야 한다.


유한책임조합(Limited Liability Partnership)

법률 및 회계전문가의 배임행위에 대한 소송이 편리하기 때문에 유한책임조합(이하 LLP)법이 제정되었다. 합명회사처럼 LLP의 사원은 각자의 행위에 대해 책임진다. 한때는 미국 굴지의 회계법인이었으나 파산한 라벤설 앤 호워스(Laventhal and Horwath)사는 사원의 연대책임이 얼마나 큰 파멸적인 결과를 초래하는가의 대표적인 사례라고 할 수 있다. 이 회사는 강력한 소송에 연루되어 붕괴되었다.

LLP는 재무설계와 자산관리 영업에 매우 적합한 새로운 사업형태다. LLP는 원래 사원의 개인적인 책임을 관리하기 위해 개발되었으며, 각 주의 LLP 법률에 따라 설립되고 운영된다. LLP의 사원은 자신의 불법행위와 직무상 과실, 태만, 부주의 등에 대해 개인적으로 책임져야 한다. LLP의 사원은 또한 다른 사람이 자신의 직접적인 감독을 받거나 받았던 경험이 있을 경우, 그 사람의 직무상 과실, 태만, 부주의에 대한 책임을 진다. 그러나 LLP의 사원은 일반적으로는 다른 사원이나 회사 직원의 실수, 태만, 부주의에 대해서 책임을 지지 않는다.

LLP를 활용해야 하는 경우는 ① 소유주가 이중과세 회피를 원하고, 모든 사원이 경영에 적극적으로 참여해 유한책임조합(합자회사) 형태로 운영할 수 없을 때, ② LLC를 금지하는 주의 공인회계사회(state board of accountancy)와 같이, 해당 주의 법률이 LLC 활용을 금지하는 경우, ③기존의 합명회사를 LLC보다는 LLP로 전환하는 것이 쉬울 경우, ④소유주가 C법인의 이중과세 위험에 노출되고 싶지 않을 때, ⑤ 소유주가 엄격한 S법인의 자격요건을 적용받고 싶지 않을 때, ⑥ LLC에 대해서는 기업 단위로 과세하지만, LLP에 대해서는 관련 규정이 없는 텍사스주에서와 같이, LLC가 해당 주의 특정한 과세규정을 적용받을 경우, ⑦ LLP 소유주가 증식된 재산의 비과세 분배와 S법인에는 금지된 현금흐름, 청산절차, 세금의 기간배분 등에 대해 다양한 권리를 가진 다른 유형의 조합지분을 창출하기를 바랄 때 등이다.

LLP를 활용하지 말아야 하는 경우는 ① 주 법률이 LLP 사원에게 LLC와 같은 면책권을 부여하지 않는 경우, ② 주 법률이 해당 사업형태를 승인하지 않을 경우, ③ S법인의 자격요건을 충족하는

법인체 특성 비교

| 구분 | 합명회사 | 개인회사 | C법인 | S법인 | 유한책임회사 | 유한책임조합 |
| --- | --- | --- | --- | --- | --- | --- |
| 법률적 형성 절차 | 없음 | 없음 | 주정부에 법인설립 정관 제출 | 주정부에 법인설립 정관 제출 | 주정부에 조합설립 규약 제출 | 주정부에 신청서 제출 |
| 소유주의 책임 | 모든 사원의 연대 및 단독 책임 | 무한책임 | 주주는 출자금 한도 내에서 책임 | 주주는 출자금 한도 내에서 책임 | 사원은 출자금 한도 내에서 책임 | 사원의 직접적인 감독을 받지 않으면 타 사원이나 직원의 과실에 대한 배상책임이 없음. 일부 주에서는 기타 채무에 대해서 합명회사와 동일 |
| 사업소득의 가족구성원으로 이전 가능성 | 가능. 단 가족 사원 규정의 제한에 따름 | 가능. 가종 구성원을 채용하는 방식에 의함 | 불가능 | 어느 정도 가능. 종업원주주의 임금지급방식에 의함 | 불가능 | 가능. 단 가족 사원 규정의 제한에 따름 |
| 허용되는 소유주의 수와 유형 | 최소 2인 이상 | 1인, 제한 없음 | 제한 없음 | 75명 미만. 1종류의 주식발행. 개인, 상속재단, 특정 신탁재단 그리고 특정 비과세 기관만 주주가 될 수 있음 | 최소 2인 이상 (일부 주에서는 단일회원도 허용), 제한 없음 | 최소 2인 이상, 제한 없음 |
| 관리의 복잡성 | 보통 | 낮음 | 높음 | 높음 | 보통 | 보통 |

| 구분 | 합명회사 | 개인회사 | C법인 | S법인 | 유한책임회사 | 유한책임조합 |
| --- | --- | --- | --- | --- | --- | --- |
| 이중과세와 출자금에 대한 과세 | 일반적으로 없음 | 일반적으로 없음 | 규제를 충족할 경우 일반적으로 없음 | 이전에 C법인이었거나 내부 수익이 발생할 경우 그리고 특정한 기타 조세가 적용되는 경우를 제외하고는 규제를 충족할 경우 일반적으로 없음 | 일반적으로 없음 | 일반적으로 없음 |
| 과세기준 | 기여재산에 따른 승계취득가액 기준 더하기 채무의 몫에 따른 기준 | 기준 없음 | 기여재산에 따른 승계취득가액 기준. 법인 채무로부터는 기준 없음 | 기여재산에 따른 승계취득가액 기준. 법인에 대한 대출로부터의 기준. 법인의 기타 채무에 대해서는 기준 없음 | 기여재산에 따른 승계취득가액 기준 더하기 채무의 몫에 따른 기준 | 기여재산에 따른 승계취득가액 기준 더하기 채무의 몫에 따른 기준 |
| 소득세 | 사원에게 직접과세 | 양식 1040, 부속명세서 C를 통해 소유주에게 직접과세 | 법인단위 과세. 소득분배가 없을 경우 소유주에게는 과세되지 않음 | 주주에게 직접과세. 일부 법인은 특정한 상황에 따라 법인의 간접소득 또는 이익에 대해 과세 | 회원에게 직접과세 | 사원에게 직접과세 |
| 배당과세 | 과세기준에 한해서는 없음 | 전부 | 배당은 주주에 과세, 법인에 공제 없음. 모든 종류의 실물배당 시 증가액에 대해 법인에게 과세 | 주주 과세기준에 한해 비과세 배당 가능. 모든 종류의 실물배당 시 증가액에 대해서는 법인단위 과세 | 과세기준에 한해서는 없음 | 과세기준에 한해서는 없음 |

| 구분 | 합명회사 | 개인회사 | C법인 | S법인 | 유한책임회사 | 유한책임조합 |
|---|---|---|---|---|---|---|
| 경영 | 각 사원이 일반 대표권을 지님 | 소유주가 모든 의사 결정 | 주주가 이사를 선임. 이사회가 임원을 선임. 임원은 법인의 대리자격권 지님. 법인 활동의 정식절차 존재 | 주주가 이사를 선임. 임원은 법인의 대리자격권 지님. 법인 활동의 정식절차 존재 | 회원이 경영권을 가진 경우, 각 회원은 일반대표권 지님. 지배인을 통한 경영의 경우 지배인만 일반대표권 지님 | 각각의 사원이 일반대표권 지님 |
| 경영권 양도 가능성 | 양수인은 다른 사원의 승인이 없이는 사원이 될 수 없음 | 양도 대상이 없음. 소유주는 기업의 자산을 매각할 수 있음 | 양수인은 경영권 참여를 포함한 양도인의 모든 권한을 지님 | 양수인은 경영권 참여를 포함한 양도인의 모든 권한을 지님 | 양수인은 여타 회원의 승인이 없이는 회원이 될 수 없음 | 양수인은 다른 사원의 승인이 없이는 사원이 될 수 없음 |
| 존속성 | 무한책임사원의 사망, 무능력 등의 경우 법률적으로 해산 | 소유주의 사망, 무능력 등의 경우 법률적으로 해산 | 영구 존속 가능 | 영구 존속 가능 | 사원의 사망, 무능력 등의 경우 법률적으로 해산 | 사원의 사망, 무능력 등의 경우 법률적으로 해산 |
| 세제적격 퇴직연금 담보대출 | 수익 또는 자본 이자의 10% 이상 불가 | 불가 | 가능 | 5% 이상의 주식을 보유할 경우 불가 | 불가 | 허용된 배당 내에서는 실질적으로 유연성을 지님 |
| 부당한 소유주 보상 문제 | 없음 | 없음 | 보통 없음. 보상이 너무 낮은 경우에는 항의 | 있음 | 없음 | 없음 |
| 소유주에 대한 세금혜택 (부가급부) | 일반적으로 사원에게는 불가 | 일반적으로 사원에게는 불가 | 주주·직원에게 광범위한 부가급부 가능 | 일반적으로 주주·직원에게는 불가 | 일반적으로 회원에게는 불가 | 일반적으로 사원에게는 불가 |

유한책임조합의 특징

| 쟁점 | 유한책임조합(LLP) |
|---|---|
| 법률적 형성절차 | 주정부에 신청서 제출 |
| 소유주의 책임 | 사원의 직접적인 감독에 문제가 없는 한 다른 사원 또는 직원의 직무상 과실, 태만에 대한 책임이 없음. 일부 주에서는 여타 채무에 대해서 합명회사와 동일 |
| 회사의 소득을 가족구성원에게 이전할 수 있는 가능성 | 가능함, 단 가족사원 규정의 제한에 따름 |
| 허용되는 소유주의 수와 유형 | 최소 2명 이상, 제한 없음 |
| 행정절차의 복잡성 | 보통 |
| 이중과세와 배당 과세 | 일반적으로 없음 |
| 과세기준 | 기여재산에 따른 승계취득가액 기준에 채무의 몫에 따른 기준을 더함 |
| 소득에 대한 과세 | 사원에게 직접과세 |
| 배당에 대한 과세 | 과세기준에 한해서는 없음 |
| 경영 | 각 사원이 일반대표권을 가짐 |
| 경영권 양도 가능성 | 양수인은 다른 사원의 승인이 없이는 사원이 될 수 없음 |
| 존속성 | 사원의 사망, 무능력 등의 경우 법률적으로 해산 |
| 세제적격퇴직연금 담보 대출 | 수익 또는 자본이자의 10% 이상인 경우 불가 |
| 부당한 소유주 보상 문제 | 없음 |

것이 더 용이한 경우, 주식을 통해 경영권을 양도하고 싶을 때, ④ 사원이 소유주에게 공제 또는 복지를 통해 C법인의 이중과세를 '회피'할 수 있을 때 등이다.

'10대 필수과제'의 첫 단계를 착수하기 전에, 먼저 사업을 영위하고 싶은 지역에서 어떤 사업형태를 선택할 수 있는지 법률적인 자문을 구해야 한다. 당신의 사업이 장단기에 걸쳐 예상되는 성장과정을 고려해야 한다. 장래에 좀더 복잡한 사업형태로 이행해 나갈 수 있도록 현재의 사업형태를 결정하는 데 변호사가 도움이 될 것이다. 사전에 계획을 수립하라.


## 조언자 구하기

음악에서 의학 분야에 이르기까지 많은 영역에서 전문능력을 갖춘 전문가는 조언자 역할을 하면서 다른 사람을 육성하기를 기대한다. 조언자는 유능한 후배가 순조롭게 사업을 시작하도록 도와주고 타인이 성공할 수 있도록 도와주면서 얻는 개인적 만족감에서 조언자로서의 역할에 보람을 느낀다. 조언자는 신참자를 자세하게 가르쳐주는 교사와 같은 역할을 한다. 그들은 자신의 성공비법을 전수하고, 종종 자신의 직종 또는 공동체에 기여할 수 있기를 바란다. 이것은 재무설계 직종도 마찬가지다.

조언자와 관계형성은 여러 가지 이유에서 대단히 중요하다. 첫째, 해당 분야에 처음 입문하는 학생이나 재무설계사는 고객 상대나 그 분야의 전문기술에 대한 경험이 거의 없다. 그들 가운데 많은 사람은 재무분야와 전혀 관계없는 분야의 출신이다. 게다가 서비스 제공자와 고객 사이의 대인관계는 다른 분야를 모방할 수 없다. 조언자는 신입 재무설계사가 전문성, 능력배양, 성공에 도달하는 과정에서 준수할 사항을 사전에 알려주는 역할을 한다. 조언자는 필수과제의 우선순위를 정할 수 있도록 돕고, 이 책의 3장에서 설명하는 재무설계업무 수행 전반에 걸쳐 학생을 지도할 것이다.

둘째, 재무설계 분야의 학생은 전문기술에 대한 경험이 부족하다. 재무설계사는 보험, 투자, 교육자금 마련, 은퇴, 세금, 상속설계 등을 포함한 재무설계의 다양한 분야에 대해 제대로 훈련을 받아야 한다. 앞으로 재무설계사가 되려는 사람은 고객에게 재무적 목표에 대해 비용, 기대수익, 원하는 결과를 달성하기 위해 필요한 재무계획 등을 이해하기 쉬운 말로 설명할 줄 알아야 한다. 그 지식기반이 너무 광범위하기 때문에 모든 분야에서 전문가가될 수 있는 재무설계사는 거의 없다. 지금 재무설계사로 뛰고 있는 사람은 자신을 차별화하기 위해 재무설계의 어느 한 분야에 전문화해야 한다. 조언자는 학생이 특정 분야에서 전문가가 되도록 훈련시키고 다음 세대에게 필요한 종합적 지식기반을 확장하는 전문가인 경우가 많다.

그렇다면 조언자를 어디에서 구할 것인가? 일단 지역 재무설계협회(FPA)의 문을 두드려라. 이런 단체는 조언자와 함께 일하면서 영업활동을 통해 얻은 세부적인 사항에 대해 초점을 맞춘 토론그룹을 형성할 수 있는 기회를 제공하는 프로그램을 만든다. 학생들은 할인된 가격으로 이러한 프로그램에 참여할 수 있는 경우가 많다.

인턴 활동도 또 다른 방법이다. 처음 접하는 직업 활동에서 큰 도움이 되는 업무경험의 대가로 대개 무보수나 약간의 보수를 주고 인턴을 채용하려는 개업 재무설계사가 많다. 대학의 재무회계 학부나 재무설계협회와 같은 지역협회를 통해서 이러한 인턴 활동 기회를 찾을 수 있다.

재무설계 업무는 대단히 복잡하기 때문에 이런 종류의 계약조건으로 조언자와 함께 일하는 것은 이 직종에 처음 진입하는 초보자, 특히 다른 직종 출신자에게는 대단히 좋은 기회라고 할 수 있다. 새로운 직업경력을 얻기 위해 이 분야에 진출한 사람들은 진입단계에서 벗어나기 위해 필요한 경험을 획득하는 동안 일시적으로 생활을 유지할 수 있는 자금을 보유하고 있는 경우가 많다. 조언자가 필요한 또 다른 이점은, 다른 사람에게 돈에 대한 교훈을 배우기가 쉽다는 점이다. 다시 말해 문제점을 해결하고 학습곡선을 최소화할 수 있는 더 좋은 방법을 가르쳐주는 사람과 함께 실수하는 것이 더 낫다는 말이다. 여러분이 어려운 고객 문제를 처리하는 데 자신감이 생긴다면 독립 재무설계사를 향해 앞으로 계속 나아갈 수 있다.


## 자격증 취득하기

성공적인 재무설계사가 되기 위해서는 어떤 배경을 갖춰야 할까? 스스로 재무설계사라고 부르는 25만 명의 재무설계사와 당신을 차별화할 수 있는 방법은 무엇일까? 전문가 칭호를 획득하는 것이 유리할까? 당신이 이 직종에 진입하면 이런 질문을 신중히 고려해야 할 것이다. 점점 더 많은 재무설계사가 전문가 칭호와 공인자격증을 취득하고 있다. 전문분야에서 직업적인 전문지식을 보여주려는 의욕이 분명히 증가하고 있는 것이다.

개인 재무설계 자격증 취득 절차는 공인 자격시험을 통해 재무설계사로서 필요한 최소한의 능력을 갖추게 함으로써 대중을 보호한다. 자격부여 절차는 재무설계사의 개인 재무설계 기법을 향상시켜 결과적으로 산업 전반에 걸쳐 직업능력을 향상시킨다. 그것은 이 직업이 엄격한 훈련을 받아야 한다는 직업 이미지를 향상시킨다. 게다가 재무설계사가 직업의 새로운 정보를 지속적으로 얻을 수 있는 효과도 있다. 어떤 전문가 자격을 보유한 재무설계사는 의무적으로 계속 교육을 받아야 한다.

재무설계사가 가장 많이 보유하고 있는 자격증에 대해 살펴보자. 여기서 자격요건은 담당기관의 공식 안내서에서 발췌한 것이다. 더 상세한 정보를 얻으려면 여기에 열거된 해당기관에 직접 문의하길 바란다.


**CFP** 자격인증 요건

CFP 자격은 CFP 보드에서 부여하며 교육, 자격시험, 경력, 직업윤리 등 네 가지 기초적인 자격요건을 갖춰야 한다.

• 교육. 자격시험 응시자는 반드시 응시 전에 교육기관에서 재무설계 교육과정을 이수해야 한다. CFP 보드는 공식적인 학습교재를 지정하거나 발간하지 않는다. 다만 교육과정은 등록 교육프로그램, 신청자의 자격, 이수증명서 확인의 세 가지 방법을 통해서 이수할 수 있다.

등록 교육프로그램은 CFP 보드와 제휴한 다수의 대학 교육과정이 포함된다. CFP 보드의 각 등록 교육프로그램은 CFP 보드가 정한 개인 재무설계사를 위한 핵심 교육과정을 구성하는 핵심 주제를 포함해야 한다. 이런 프로그램을 제공하는 등록 교육기관은 서로 다른 명칭의 교육과정을 통해 진행해도 상관없지만, 핵심 주제는 반드시 포함해야 한다. CFP 보드는 이러한 프로그램을 승인하거나 거부하는 것은 아니다. CFP 보드는 등록요건, 즉 학생이 시험을 준비하는 데 필요한 적절한 교육과정이라는 요건을 충족하면 등록 교육프로그램으로 인정한다.

CFP 보드의 등록 프로그램을 이수한 후 자격시험에 응시하는 기간에는 제한이 없다. 교육 프로그램은 검증된 모든 핵심 주제를 포함하고 있지만, 실제로 이 과정이 시험을 준비하는 데는 적합하지 않을 수도 있다. 따라서 해당 등록기관에서 교육과정을 이수한 학생들의 자격시험 합격률을 점검해 보는 게 좋을 것이다. 등록 교육프로그램 일람표는 CFP 보드의 웹사이트에 있는 종합정보란을 통해서 찾아볼 수 있다.

이미 일정한 학위나 전문 자격증 보유자는 교육과정 이수여부를 증명하지 않고서도 자격시험을 응시할 수 있다. 공인회계사, 변호사, 공인재무상담사(Chartered Financial Consultant: ChFC), 공인생명보험언더라이터(Chartered Life Underwriter: CLU), 재무분석사(Chartered Financial Analyst: CFA), 경제학 또는 경영학 박사는 CFP 보드에서 교육이수 요건을 면제 받는다.

자격시험을 치르기 위해 필수 교육내용을 이수한 지원자는 이수증명서를 검증받아야 한다. 지원자가 상위 대학의 교육과정을 높은 성적으로 이수하거나 CFP 보드가 교육과정 이수로 인정한 자격증을 보유하면, CFP 보드는 교육 요건 가운데 일부 또는 전체를 면제할 수 있다. 만일 필요한 교육과정 일부 또는 전체를 이수했는지 확인하려면 이수증명서 신청서의 점검항목을 조사해 보면 된다.

또한 CFP 보드는 재무서비스 분야에 처음 입문한 사람들에게 재무관리, 회계, 경제, 컴퓨터 프로그래밍, 커뮤니케이션 분야의 교육과정을 이수하도록 권유하고 있다.

• 자격시험. 교육과정을 성공적으로 이수했거나 시험 응시자격 요건을 충족하면 10시간에 걸쳐 실시되는 자격시험 응시원서를 제출할 수 있다. 이 시험은 매년 3회, 보통 3월, 7월, 11월 셋째 주 금요일과 토요일에 실시된다. 시험시간은 4시간(금요일), 2교시와 3교시가 각각 3시간(토요일)이다.

이 시험은 지원자가 재무설계 교육내용을 재무설계 실제 상황에 적용하는 실무력과 성공적인 CFP가 되기 위한 자격요건의 이해도를 평가한다. 이러한 자격요건, 즉 핵심 항목은 5년마다 갱신되며, CFP 자격증 보유자들이 무엇을 하는지 광범위한 직무분석에서 도출된다. 핵심 항목은 투자설계, 상속설계, 세무설계, 은퇴설계, 위험관리, 보험, 금융 등의 영역을 포함한다.

• 경력. CFP가 되기 위해서는 직무의 일부로서 개인재무설계 분야에서 상담기법을 습득하는 실전경험이 필요하다. 일반적인 자격요건은 자격시험에 합격 전 또는 후의 3년간의 경력이 필요하지만, 학사학위가 없으면 5년간의 전임근무경력과 같은 특수한 상황에 대해서는 예외가 인정된다. 이력서 양식을 제출한 이후 12개월 이내에 반드시 6개월의 근무경력이 필요하며, 인턴 활동도 일부 경력으로 인정된다.

• 직업윤리. 교육과 경력 관련 자격요건을 모두 충족하면, 직업윤리 선언서와 초기 자격취득비용 청구서가 첨부된 자격증 신청서를 받는다. 자격인증 이전에 당신은 반드시 과거 또는 현재 계류

중인 소송 또는 대리소송절차 등에 대해 공개하고, CFP 보드가 자체 징계 규칙과 절차에서 설명하는 정당한 절차를 통해 윤리 및 책임 규정을 강제할 수 있는 권리를 인정해야만 한다. 만일 자신이 과거 또는 현재 계류중인 소송이 자격인증에 미치는 영향에 대해 궁금하면 CFP 보드의 법률고문과 직접 상담하는 게 좋다.

당신이 전문가로서 인정받고 싶다면 CFP 자격증을 보유하는 것이 좋다. 현재 약 3만 5,000명 이상의 CFP가 활동하고 있으며, 이 자격증은 가장 인기가 높기 때문에 고객과 신뢰를 형성하는 데 큰 도움이 된다. 또한 CFP는 공인이라는 용어를 사용하는 다른 면허증, 자격증과 마찬가지로 계속해서 고객과 소비자에게 인정받고 있다. 더 많은 정보가 필요하면 888-237-6275로 전화해서 CFP 보드에 문의하거나 웹사이트 www.CFP-Board.org에 접속하면 된다.[7]


개인재무전문가**(PFS)** 최초인증 요건

미국공인회계사협회(AICPA)에서 인증하는 PFS(Personal Financial Specialist) 자격증을 취득하려면, 다음과 같은 자격요건을 갖춰야 한다.

첫째, 미국공인회계사협회의 우량회원. 이것은 CPA 자격증을 취득한 후 어떠한 직업적 또는 윤리적인 위반행위도 없어야 함을 의미한다.

둘째, 주 당국이 발행한 유효하고 취소되지 않은 CPA 자격증을

---

7) 우리나라에서는 한국FPSB(www.fpsbkorea.org, 전화 02-768-4985)에서 CFP 자격을 관리하고 있음－옮긴이 주.

보유해야 한다.

셋째, 자격시험 응시 직전 3년 동안 1년에 최소 250시간 이상 개인재무설계 활동경력을 보유해야 한다. 이런 활동경력은 반드시 다음 사항을 포함해야 한다. ① 개인재무설계 프로세스, ② 세금설계, ③ 위험관리, ④ 투자설계, ⑤ 은퇴설계, ⑥ 상속설계.

넷째, PFS 상표 사용권을 획득한 이후 재발급에 필요한 모든 요건에 대해 동의해야 한다. 이 요건으로 계속교육 이수학점을 취득하고 갱신을 신청할 때마다 3인의 고객 추천서를 제출해야 한다.

다섯째, PFS 자격시험에 통과해야 한다. 이 시험은 총 6시간에 걸쳐 실시되는 실습 중심의 시험이다. 시험 응시요건에는 CFP 자격시험과 같은 공식적인 교육 이수요건이나 특정한 교육과정 요건 같은 것은 전혀 없다. 대신 시험은 재무설계 분야에 전문성을 가진 CPA가 지녀야 할 실전적 지식을 기초로 한다.

여섯째, 개인재무설계 분야의 경력을 평가할 수 있도록 6명의 서면 추천장을 제출해야 한다.

특히 PFS 자격은 실제로 CPA 업무를 영위하는 경우나 사업을 확장해 재무설계 분야의 전문가가 되기를 원하는 경우에 의미가 있다. 이미 개업중인 CPA에게만 이 자격증을 부여하므로, CFP 자격인증자는 관심이 없다. 현재 2,500명의 CPA에게만 이 전문자격을 주고 있다. 더 많은 정보가 필요하다면 800-862-4272로 전화해서 AICPA에 문의하거나 웹사이트 www.aicpa.org에 접속하면 된다.


### 재무분석사(CFA) 자격요건

미국투자관리 · 연구협회(Association for Investment Management

| 명칭 | 인증기관 | 연락처 |
| --- | --- | --- |
| CFP | CFP 보드 | 800-487-1479 |
| PFS | AICPA | 800-862-4272 |
| CFA | AIMR | 800-247-8132 |
| ChFC | The American College | 610-526-1000 |

and Reaserch: AIMR)는 CFA 자격을 부여한다. 이 자격증을 취득하려면 다음 요건이 충족되어야 한다.

첫째, 투자분석의 세 단계를 검증하는 I단계, II단계, III단계 시험을 통과해야 한다. 이 시험은 매년 1회 실시된다.

둘째, 인정된 직종에서 투자 의사결정 자격을 갖추고 최소 3년 이상 근무경력을 보유해야 한다. 인정된 업무경력이란 투자 의사결정 과정의 일부로서 금융 · 경제 · 통계자료를 직접 수집 · 평가 · 적용하거나 교육 · 감독하는 것을 말한다. 응시자의 경력이 CFA 자격 요건을 충족하는지 여부는 1차 시험을 통과한 후에 검토된다.

셋째, AIMR과 지역 재무분석가협회(FAF, 이 지역조직은 AIMR과 제휴되어 있다)에 모두 회원으로 가입해야 한다.

넷째, 전문직 행동 선언서에 서명해 제출해야 한다.

다섯째, AIMR의 규칙과 윤리기준을 준수할 것을 동의하는 양식에 서명해 제출해야 한다.

여섯째, 수준 높은 윤리적 · 직업적 품위를 유지해야 한다.

이 자격증은 투자계산 능력에 초점을 맞추고 있다. 이 자격증은 투자분야에 매우 한정된 전문성을 강조하며, 재무설계에 대한 포괄적인 접근방식을 강조하지는 않는다. 투자 전문가가 되기를 원한다면 CFA 자격증을 취득하는 것이 대단히 가치 있는 일이다. 더 상세한 정보를 얻으려면 800-247-8132로 전화해서 AIMR에 문의하거나 웹사이트 www.aimr.org에 접속하면 된다.

### 공인재무상담사(ChFC) 자격요건

학생들은 펜실베이니아 브린 마우어에 위치한 아메리칸 칼리지(American College)에서 제공하는 독학 교육과정을 통해 휴브너 스쿨 ChFC 자격의 신청 요건을 갖추게 된다. 이러한 자격을 갖추기 위해서는 교육과정 이수, 윤리규범 준수, 3년간의 근무경력, 2년마다 30시간의 계속교육을 이수해야 한다. 공인된 교육기관에서 학사 또는 석사 학위를 취득하면 1년의 근무경력을 인정해 준다. 시험은 각 교육과정 이수 후에 실시된다. ChFC 자격증을 취득하려면 총 10과목의 교육과정을 이수해야 한다.

더 상세한 정보를 알고 싶다면 전화번호 610-526-1000으로 아메리칸 칼리지에 문의하거나 웹사이트 www.americancollege.org에 접속하면 된다.

## 보험 및 투자상담사 관련 자격요건

업무수수료를 받는 투자상담사가 되려는 재무설계사는 이른바 시리즈 65(Series 65) 또는 시리즈 66 증권 자격시험에 합격해야 한다. 일반적으로 거의 모든 주에서 등록투자상담사(Registered Investment Advisor: RIA)가 되기 위해서는 이 시험을 치러야 한다. 그러나 CFP, PFS, ChFC 자격증을 취득하려는 사람은 먼저 해당 자격증을 획득하는 것이 좋다. 왜냐하면 여러 주에서 이런 자격증을 보유한 지원자에게 시리즈 65, 시리즈 66 시험을 면제해 주기 때문이다. 하지만 일부 주에서는 시리즈 65와 시리즈 66 시험에 합격했거나 동 시험의 면제 요건이 CFP 등을 취득한 이후에도 시리즈 6 또는 시리즈 7 시험합격을 요구한다는 사실을 명심해야 한다. 자신이 거주하는 지역의 담당부서를 통해 이와 관련된 사항을 확인해야 한다.[8]

판매수수료를 받는 투자상품 영업사원이 되고 싶다면 일반적으로 시리즈 6보다는 시리즈 7 시험을 치르는 것이 더 유리하다. 시리즈 7 시험을 통과하면 주식, 채권, 옵션, 뮤추얼펀드, 변액보험과 변액연금 등 더 많은 상품을 판매할 수 있지만, 시리즈 6 시험 합격자는 뮤추얼펀드와 변액보험상품밖에 판매할 수 없다. 생명보험, 건강보험, 소득보상보험 상품을 판매하고 싶다면 생명 및 건강보험 자격을 취득할 필요가 있다. 그리고 자동차보험, 주택화재보험, 포괄보장보험(umbrella insurance) 상품을 판매하고 싶다면 재산 및 배상책임보험 자격이 필요하다.

---

8) NASD가 관장하는 미국의 증권 자격시험에는 시리즈 3부터 시리즈 66까지 다양한 번호가 매겨져 있다. 이중 시리즈 65는 개인이 투자상담 영업자격을 갖추기 위해 합격해야 하는 시험으로, 대부분의 주에서 실시된다. 시험내용은 법률, 규제, 윤리, 특정 투자상품에 대한 지식 등을 다룬다. 시리즈 6은 뮤추얼펀드와 변액연금을 판매하기 위한 자격시험이다. 뮤추얼펀드, 변액연금, 규제, 퇴직연금, 보험상품 등의 주제를 다룬다. 시리즈 7은 상품/선물을 제외한 모든 종류의 유가증권을 판매할 수 있는 자격시험으로, 가장 포괄적인 성격이 있는 증권 등록대리인 자격시험이자 다른 주요 자격시험을 치르기 위한 필수조건이 되기도 한다. 상품/선물계약 매매 자격을 얻기 위해서는 시리즈 3 시험(옵션, 선물, 헤징, 증거금요건, 규제)을 치러야 하고, 옵션 판매 인력채용과 법규준수 감독 자격을 갖추려면 시리즈 4 시험(옵션전략, 외환옵션, 세무 등을 다룸)을 합격해야 한다. 시리즈 4 시험을 치르기 위해서는 먼저 시리즈 7 시험을 통과해야 한다―옮긴이 주.

　　보험 또는 투자자문 관련 면허를 취득하는 가장 쉬운 방법은 증권사나 보험사 등 후원프로그램을 제공하는 금융기관에 취직하는 것이다. 이런 기관은 보통 면허취득 수수료를 대신 지불하고 시험을 통과하는 데 필수적인 훈련 프로그램을 제공한다. 이런 방식을 택할 경우 관련 산업에 대해 직접 배우면서 빠르고 쉽게 자격증을 취득할 수 있다.

### 자격취득 고려대상

　　앞에서 살펴본 많은 자격증은 관련 산업에서 만들어졌다. 예를 들어 공인재무상담사(ChFC) 자격증은 생명보험업계에서 오랫동안 존재한 공인생명보험언더라이터(CLU)에서 파생되었다. ChFC 자격증을 보유한 재무설계사는 재무설계의 문제점에 대해 보험산업의 관점에서 접근하는 경우가 많다. 이것은 이 자격증과 관련한 1차적 훈련과정이 다른 재무설계 절차의 구성요소도 포함하고 있지만 자체의 발생기원을 반영하기 때문이다. 보험 분야에 지대한 관심이 있고 또 이 분야의 전문가가 되려는 재무설계사라면 ChFC 나 CLU 자격을 취득하는 것이 더 바람직할 것이다. 그러나 일반인이 자격증을 잘 알거나 이해하고 있지 않다는 점을 상기해야 한다. 일반인은 보험산업과의 관련성으로 인해 ChFC를 보험상품 영업사원 정도로 보기 쉽다.

　　재무설계 분야의 전문기술을 강조하고 싶은 회계사는 PFS 자격증을 취득하는 것이 좋다. 앞에서도 설명했듯이 이 자격증은 회계사만 취득할 수 있으며 이 자격증을 취득한 회계사는 재무설계 전문가임을 뜻한다. 그러나 사람들에게 매우 중요한 자격증으로서 충분히 알려지지 않았기 때문에 대부분의 소비자가 낯설어 한다는 약점이 있다. 이 전문 자격증에 대해 AICPA가 관심을 갖지 않는 것은 많은 AICPA 회원이 회계사 자격증 보유자야말로 엄선된 재무설계사라고 알리고 싶어하기 때문이다. 사실 어떤 사람들은 회계사 자격증만 취득해도 유능한 재무설계사로서 지식을 충분히 갖추고 있다고 주장한다.

그러나 회계사 교육과정은 재무설계사로서 필요한 다양한 분야의 지식을 제공하지 못한다. 이 책의 4장에서 살펴보겠지만, 정규 대학의 회계학 교육과정에서는 이러한 전 분야를 찾아볼 수 없다. 또 어떤 AICPA 회원은 회계의 전문지식만으로도 재무설계사로서 충분한 자격을 갖췄다고 생각한다. 이들은 CFP로서 활동하는 회계사가 다른 분야에서 일하는 의사나 변호사와 비슷하다고 생각한다. 이렇게 회원들이 상반되는 견해를 가지고 있기 때문에 AICPA도 어느 하나의 자격을 전폭적으로 지지하기 어렵다.

재무설계 분야의 전문성을 내세우고 싶다면 반드시 CFP 자격증을 취득해야 한다. 3만 5,000명 이상의 재무설계사가 이 자격증을 보유하고 있고, 사람들이 재무설계 직업과 동일시하면서 가장 널리 알려졌다. 언론에서는 신문이나 잡지에 재무설계사의 이름 뒤에 CFP 칭호를 넣는 경우가 많다. 이 자격증은 재무설계사 전문 자격 보유자에게 가장 주목을 받기 때문에 CFP 자격인증자는 규제당국에 더 많은 영향을 미치고 있는 것 같다. 또한 지난 2000년 1월 국제재무설계협회(IAFP)와 CFP협회(ICFP) 두 조직이 재무설계협회(FPA)라는 단일 협회로 통합되는 역사적 계기와 함께 재무설계 산업 내에서 정리·통합되었다. 한때는 경쟁자였던 ChFC 자격증의 후원기관인 아메리칸 칼리지도 이제는 CFP 자격증 취득 교육을 실시하고 있으며, CFP 자격을 취득하고 싶은 사람들에게 가장 규모가 큰 등록단체가 되었다. 이 모든 사실은 CFP 프로그램이 앞으로도 계속해서 이 직종 내에서 업계 표준으로서 지배적인 위치를 차지할 것이라는 점을 보여준다.[9]

공식 교육프로그램을 찾는 재무설계사에게 CFP 자격증은 가장 광범위하고 종합적인 훈련과정을 제공한다. 이 자격증을 획득하기 위한 기본요건으로서 선정된 핵심 주제로 구성된 교육과정을 이수해야 하기 때문에 재무설계사가 되려는 사람은 재무설계 분야 전반에 걸쳐 적절한 교육을 받을 수 있다. 초보자나 다른 업종에서 이 분야로 막 진입한 재무설계사에게는 특히 이런 교육이 가치 있다.

CFA와 RIA와 같은 자격증은 재무설계 서비스의 모든 분야에 대한 종합적 접근방법을 제시하지 않는다. 이들 자격증은 투자설계와 상담활동 분야의 전문성을 강조하고 싶은 재무설계사를 위한 것이기 때문에, 광범위한 재무설계를 제공하는 사업을 영위하려는 사람에게는 적절하지 않다.

9) 2006년 1월 28일 《월스트리트저널》은 미국에서 전문성과 윤리성 측면에서 CFP인증자를 재무설계의 'Gold Standard'로 인정함 — 옮긴이 주.

# Chapter 3

# 고객관리시스템 개발하기

처음으로 사업을 시작한 재무설계사에게 고객관리 절차, 방식, 수단은 성공의 기본요건이라고 할 수 있다. 재무설계사도 변호사나 회계사처럼 직업의 전문성에 통달한 다음, 그 이론을 실천하는 데 필요한 뛰어난 고객관리 기법을 개발해야만 한다. 사업형태 결정을 포함해서 초기에 '필수과제'와 같이 재무설계 사업을 확립하기 위해 일차적으로 수행해야 할 단계에 대해서 앞서 2장에서 설명한 바 있다. 그러한 '필수과제' 가운데 최종 단계가 바로 업무수행을 위한 고객관리 시스템, 즉 당신이 고객 니드를 성과로 창출하도록 반복적으로 활용할 단계와 절차를 설계하고 완성하는 것이다. 고객관리시스템은 각 신규고객과의 관계가 통일된 설계과정을 따른다는 점에서 일종의 턴키(turnkey)가 될 것이다. 즉, 한 개의 열쇠로 모든 고객에게 일관된 서비스를 제공하는 하나의 문을 여는 방식이다.

고객관리 접근법은 자동으로 처리되는 완벽한 장치를 갖춰 직원이 어떠한 설계업무라도 동일한 방식으로 고객서비스를 수행해낼 수 있어야 한다. '모범적인 업무수행'을 반복하고, 미세한 부분까지 조정해 나가면 우수한 고객관리 시스템, 경쟁우위, 더 나은 고객창출이라는 성과를 얻을 수 있다. 당신이 선택한 방법론은 효율적이고 관리할 수 있으며, 무엇보다 실행하기 쉬워야 한다. 제대로 개발된 일괄 고객관리시스템을 활용하면 재무설계사의 업무수행에 한 단계 높은 수준의 전문성, 자질, 생산성을 창출할 수 있다.

이 책의 2장에 두문자로 소개된 고객관리 접근방법 PIPRIM은 재무설계에 관련된 6가지의 간단하지만 중요한 활동을 간략하게 보여준다. 이번 장에서는 각 단계에 대해 자세히 설명하고, 고객관리를 위한 완벽한 방법론을 제시해 보려고 한다.

## PIPRIM 고객관리시스템 – 성공적인 고객관리 6단계

고객의 개인적 재무니드를 일반목표(goals)와 세부목표(objectives)로 나누어 파악하고, 궁극적으로 일련의 재무계획으로 전환시키기 위해 고객중심의 재무설계 과정 PIPRIM을 활용할 수 있다.

· 고객과 사전 상담: P(Preliminary meeting with a client)
· 종합적인 목표설정과 정보수집: I(Integrated goal setting and data gathering)

· 모든 요소의 종합: P(Putting it all together)

· 해결책 제안: R(Recommending solutions)

· 계획의 실행: I(Implementing the plan)

· 계획의 모니터링: M(Monitoring the plan)


고객을 만나기 전에 자신의 역할을 이해하라

재무설계 과정은 개인에게 제공하는 서비스라고 할 수 있다. 그것은 고객이 구매하고 소비하는 상품과 다르다. 오히려 재무설계는 시간에 따라 변하는 고객의 니드에 맞춰 끊임없이 갱신되는 일종의 순환주기와 같다. 고객이 이 서비스를 평가하려고 한다면, 먼저 재무설계 과정의 기본적인 성격을 이해하고 수용해야만 한다. 재무설계사의 임무는 증권중개인처럼 고객을 부자로 만드는 것이 아니다. 반대로 재무설계사의 역할은 고객의 니드를 정밀하게 조사·연구하고, PIPRIM 시스템을 통해 현재와 미래를 위한 재무계획을 수립하는 것이다.

계속 사고파는 주식과 달리 재무계획은 장기적인 것이다. 재무설계사와 고객은 단기적인 이익이나 손실을 이겨내야만 하는 어떤 계약관계 속에서 투자하고 있는 것이다. 재무설계사가 고객의 신뢰를 받을 수 있는 능력은 재무계획을 통해 획득한 돈보다는 재무설계사의 성실한 고객관계와 그들이 사용하는 재무설계 시스템에 달려 있다. 결국 각 고객과 만나면서 당신의 재무설계 과정을 검증하고 문제를 지적하면서 개선한다면 고객은 재무적 독립을 성취할 수 있을 것이다. 고객이 바라는 것은 그 이상도 이하도 아니다.

직업윤리의 요지

재무설계사는 고객이 재무적 안정을 이루도록 돕는 역할을 한다. 이것 때문에 재무설계사는 신뢰받는 위치를 확보하고 신뢰를 유지해야 한다. 고객이 자신의 재무적 미래를 재무설계사에게 믿고 맡기기 때문에 다른 서비스 전문가와 마찬가지로, 재무설계사는 규정상 고도의 윤리규정을 준수해야 한다. 재무설계사는 반드시 자신의 이익보다는 고객의 이익을 앞세워야 하고, 반드시 객관성과 독립성을 유지해야 한다.

이를 위해 CFP 보드는 자체적으로 전문가윤리 및 책임 규정(Code of Ethics and Professional Responsibility)을 제정했다. 재무설계사는 이러한 귀중한 지침을 통해 '고객을 위한 올바른 환경'을 창출한다. CFP 보드는 이러한 전문적 업무수행기준의 제정과 공표를 통해 CFP 자격인증자와 모든 CFP 자격 미보유자를 위해 전문직업의 위상을 높이는 과업을 추진해 왔다. 따라서 모든 재무설계사는 모든 고객을 위한 업무수행 과정에서 계속해서 이 규정을 올바로 이해하고 적용해야 한다. 재무설계사는 자발적으로 업무수행기준을 통해 계속해서 자신의 미래를 위해 투자해야 한다. 이 책의 부록에 있는 전문가윤리 및 책임규정 제1항을 참조하기 바란다.


가망고객 전화

당신은 재무설계사 업무를 개시한 첫날부터 가망고객과 처음으로 상담할 준비를 해야 한다. 그것은 단순히 전화기를 들고 통화하는 것처럼 쉬운 일이 아니다. 대면상담이건 전화상담이건 모든 대화의 처음 몇 마디를 통해 오랫동안 그 인상이 기억에 남는다는 것을 명심해야 한다.

동료나 친구한테서 소개받은 사람이 전화를 걸어왔을 때 무엇을 이야기할 것인가에 대해 생각해 보자. 무엇보다 먼저, 무언가를 '판매'하려고 들지 마라. 그것보다는 당신을 소개해 준 사람을 통해서 이미 받은 신용에 걸맞게 처신해야 한다. 거기에는 당신을 소개한 사람의 신망도 걸려 있기 때문이다. 그 다음, 가망고객은 실제로 무엇을 물어야 할지 모른다는 점을 상기하라. 바로 그것 때문에 가망고객이 당신에게 연락한 것이다. 첫 통화에서 가망고객의 상황을 분석하려 들지 마라. 더 중요한 것은 절대 충고를 하지 말라는 것이다. 대화는 가볍고 비공식적인 분위기를 유지하면서도 전문성을 잃어서는 안 된다. 가망고객의 전화에 대해 감사를 표시하고 나서 자신의 경력사항과 고객과 일하는 방식을 매우 간략하게 설명하라. 첫 대화를 통해서 계약을 체결하려고 시도하지 말고, 그 다음 단계인 고객과 만남을 유도하기 위해 충분한 관심을 이끌어내야 한다.

일반적으로 가망고객과 첫 번째 대화의 흐름은 다음과 같이 이어진다. 가망고객은 당신에게 특별한 질문을 제기하면서, 다양한 고민거리를 드러내거나 도움이 필요하다는 사실을 암시하면서 당신에게 접근해올 수 있다. 가망고객이 전화를 걸어 재무설계가 대체 어떤 것인지 물었다고 가정해 보자. 당신은 어떻게 말할 것인가?

### 시나리오 1

▶▶ 가망고객　제 친구 빌 윌리엄스한테 말씀 많이 들었습니다. 당신이 이 분야의 전문가라고 하더군요. 제가 생각해 보지도 못했던 돈 문제가 생겨 고민하고 있습니다.

▶ 재무설계사　전화해 주셔서 감사합니다. 고민이 무엇입니까?

▶▶ 가망고객　제 아들이 3년 후에 대학에 진학합니다. 그런데 제 아들이 고등학교를 마칠 때쯤 퇴직할 생각입니다. 어떻게 하면 이 두 문제를 잘 처리할지 모르겠습니다.

▶ 재무설계사　그 두 문제를 동시에 해결하는 것은 어렵지만 전혀 불가능한 것은 아닙니다. (문제를 확인하고 자신이 전문적 해결책을 제시할 수 있음을 알려라.) 그 두 분야에 대해 전문성을 가지고 있고, 개인적 목표에 맞는 재무계획을 수립할 수 있도록 고객을 도와준 경험이 있습니다. 제가 일하는 방식은 먼저 가망고객을 만나 현재의 재무상태를 파악하고 고객의 목표와 제 능력을 결합시켜 목표를 달성할 수 있도록 재무계획을 수립합니다. 일을 시작하기에 앞서 고객님의 현재 상황을 더 자세히 파악할 수 있도록 제 사무실에서 편하게 대화를 나누고 싶습니다. 그렇게 하시겠습까? (어떤 재무설계사는 30분간의 무료상담을 제안하는 방식을 선호한다. 이런 방법은 일부 가망고객에게는 효과적이지만, 어떤 사람들에게는 서비스 가치를 떨어뜨리는 일로 비춰진다. 서비스 가격은 고객이 재무설계사와 거래하려는 동기는 아니다.)

▶▶ 가망고객　예, 그러면 좀더 많은 것을 알 수 있겠군요. 언제 방문할까요?


## 시나리오 2

▶▶ 가망고객　필요한 사람에게 재무상담 서비스를 해준다고 들었습니다. 제가 그런 상담이 필요하거든요.

▶ 재무설계사 제 신규 고객 중에는 일반적 재무목표를 달성하려는
분도 있고 특수한 재무목표를 달성하려는 분도 계십
니다. 어떤 상담이 필요하십니까? (당신의 고객기반, 전
문기술, 전문화된 분야에 대해 사실 이상으로 부풀리지 마
라. 자신이 현재 보유한 자격증과 약점도 솔직히 말하는 편
이 신뢰감을 더 줄 것이다. 특히 당신이 신입 재무설계사라
면 더욱 그렇다.)

▶▶ 가망고객 아주 가난하지는 않지만, 현재 보유하고 있는 재산으
로 앞으로 살아갈 수 있을지 걱정스럽습니다. 제가
나중에 후회하지 않도록 조언을 부탁드리고 싶습니
다. 현재 가지고 있는 은행예금만으로도 전문적인 상
담을 받을 수 있을까요?

▶ 재무설계사 지금 은행계좌의 자금규모보다는 고객님의 목표를 이
루기 위해 필요한 자금규모가 중요하겠지요. (고객이
처음부터 목표에 대해 생각하게 만드는 것이 대단히 중요
하다. 목표가 없다면 가망고객은 당신이 수립한 계획안을
통해 그려낸 재무적 미래를 올바르게 평가할 수 없을 것이
다.) 제 사무실에서 만나 편하게 얘기하는 것이 가장
좋을 것 같군요. 그러면 고객님의 현재 상황에 대해
좀더 깊은 얘기를 나누고 몇 가지 목표를 세울 수 있
을 겁니다. (이 시나리오에서는 가망고객이 이미 제한된
재무자원을 제시했기 때문에 '편한' 만남이 의미 있다.) 그
렇게 하시겠습니까?

▶▶ 가망고객 부담이 없다면 괜찮을 것 같습니다. 언제쯤 방문할까요?

<h1 style="text-align:center">시나리오 3</h1>

▶▶ **가망고객** 제 변호사인 레스터 존스 씨에게 말씀 많이 들었습니다. 재무설계 서비스가 훌륭하다고 칭찬하셨거든요.

▶ **재무설계사** 예, 레스터 씨와는 오랜 기간 잘 알고 지낸 사이입니다. 참 훌륭한 분이죠. 그동안 우리는 함께 고객의 문제를 해결했습니다. (가망고객이 존스 씨를 존경하고 있다면, 둘이 함께 일했던 사정을 말한다. 그러면 당신은 즉시 확실한 신용을 얻는다.) 어떤 재무적인 문제점이라도 있으신지요?

▶▶ **가망고객** 저는 소득이 매년 크게 늘어나고 있지만, 많은 돈을 세금으로 납부하거나 없어져버릴까 걱정됩니다. 말하기 좀 곤란하지만, 친구들과 격을 맞추다 보니 비싼 차를 몰거나 근사한 휴양지에 갈 수밖에 없거든요. 친구들은 그럴 형편이 될지 모르지만, 전 더 이상 감당하기 힘듭니다. 재산을 탕진해 가족이 궁핍한 생활을 하기 전에 재무계획을 세워야 할 것 같아요. 부디 좀 도와주십시오.

▶ **재무설계사** 고객님만의 문제는 아닙니다. 원칙을 가지고 세상을 살아하는 사람은 거의 없고 돈을 관리하는 재무계획을 세운 사람은 더 적습니다. 최근에 고객님과 비슷한 상황에 처한 가족에게 서비스해 드린 경험이 있습니다. 그 가족의 재무적 안정을 달성하기는 힘들었지만, 함께 협력해서 일을 잘해 냈고 지금도 계속해서 함께 일하고 있습니다. 저는 재무목표를 세우고, 현재 필요한 사항에 대해 우선순위를 정해, 소비충동에도 불구

하고 적절한 재무적 의사결정을 내림으로써 안심하도
록 도울 수 있었습니다. 그 가족에게 제공한 재무계획
서의 양식을 보여드리고 싶습니다. 한 시간 정도 시간
을 내실 수 있으십니까? 만나 뵙고 이야기를 나누었
으면 합니다. (이 사례에서 가망고객은 자신감을 잃고 어
떤 확실한 해결책이 있을지 찾고 있다. 재무설계사는 어떤
결과를 약속하지 않고 실제 사례를 제시한다. 이것은 가망
고객에게 다음과 같은 두 가지 사실을 말해 준다. 첫째, 다
른 사람에게도 똑같은 문제가 있다. 둘째, 그 문제는 해결될
수 있다. 이 경우 재무설계사는 고객과 만나자고 강하게 주
장했다. 가망고객은 그 제안을 거절할 수 없을 것이다. 이런
경우는 굳이 '편한' 만남을 제안할 필요가 없다.)

이상에서 재무설계사가 자주 접하게 되는 시나리오를 살펴봤다.
이들 모든 상황은 각각 특수하거나 모호한 문제, 고민, 니드에서
출발한다. 하지만 재무설계사는 모든 상황에 똑같이 접근한다. 개
인적인 견해를 전달하고, 자신이 해결한 동일한 상황을 거론하되,
결코 전화상으로 어떤 것을 분석하거나 약속해서는 안 된다. 절대
무료로 상담하지 않아야 한다. 가망고객을 사무실로 초대해 30분
에서 60분 정도 걸리는 첫 상담을 가질 수 있다. '편한' 만남에
대해서는 고객이 물어보거나 보수문제가 고객의 의욕을 저하시킬
수 있다고 판단되는 경우에만 언급한다. 이런 만남을 통해 재무설
계사, 가망고객 모두에게 합리적인 니드를 가지고 있는지, 재무설
계사의 고객관리시스템으로 도와줄 수 있는지, 협력관계를 형성할
수 있을지 찾아낼 수 있다.

일단 첫 상담 날짜와 시간을 잡았다면 가망고객이 계속 관심을 갖도록 자신과 회사를 소개하는 참고자료를 발송하라. 이를 통해 고객은 당신이 진지하게 도움을 주려고 하며, 당신의 능력에 대해 신뢰도를 높이는 계기가 되고 본인이 상담하기로 한 것이 올바른 결정이었다는 것을 확신하게 된다. 당신은 자신의 이미지를 관리하고 계속 고객의 관심을 유지시키고 싶을 것이다.

예시 3.1(112쪽)과 3.2(113쪽)는 캔자스 주 오버랜드 파크에 위치한 개럿 파이낸셜 플래닝 사에서 사용한 자료를 각색한 견본 서류다. 편지는 간결하고 세련되게 목표에 집중해야 하고 부담 없이 동기를 유발시켜야 한다. 가망고객이 당신과 거래하고 싶도록 충분한 근거를 제시하라. 이 안내서류에 반드시 많은 내용을 담을 필요는 없다. 다만 재무설계사의 경력과 보유 자격증, 현재까지의 업적을 제시해야 하며, 첫 상담에서 논의할 내용이 담긴 예비조사 용지(과제)가 포함되어야 한다. 이 안내서류는 판매용 선전 자료가 아니다. 말이 많을수록 쓰레기통에 들어갈 가능성이 높다.

## 1단계: 고객과 사전 상담

당신과 가망고객은 첫 단계를 넘었다. 당신은 양측이 한 시간씩 투자하면 실제 가치가 있다는 사실에 동의했다. 당신은 약속하고 나서 가망고객에게 추가 안내 자료와 함께 준비할 과제를 전달했다. 약속한 10월 6일이 도래했고, 가망고객은 회사 접견실에서 당신을 기다린다. 친밀감이 넘치고 자신감 있는 환영인사가 첫인상을 형성하는 데 중요하다. 당신이 직접 고객을 맞이해야 한다. 사무직원을 보내거나 가망고객이 직접 방으로 찾아오게 해서는 안된다.

존 씨, 파이낸셜 플래닝 어소시에이츠에 오신 걸 환영합니다. 사무실을 찾거나 주차하는 데 어려움은 없었습니까? 요즘 시내는 새로 생긴 일방통행 규칙 때문에 교통지옥이 따로 없죠. 제가 보내드린 안내 자료를 보시고 개인재무정보를 작성해 오셨나요? 좋습니다. 이제 함께 고객님의 현재 상황을 검토하고 목표에 대해 의견을 나누고 나서 혹시 제가 도움을 드릴 수 있는지 한번 보겠습니다.

사무실에서의 보통 30분에서 60분 정도 걸리는 사전 상담을 통해 가망고객은 당신의 능력이 고객 니드와 적합한지 검토하고 결론을 내릴 것이다. 가망고객은 자신과 재무적 희망사항에 대해 지나치게 많은 정보를 전달하거나 너무 적은 정보밖에 전달해 주지 않는다. 당신은 계속 대화를 끊어가면서, 즉 가망고객이 말한 내용 가운데 당신이 이해한 부분을 반복해서 확인하며 차근차근 고객과 대화를 진행해 나가야 한다. 물론 당신은 고객과 서로 친밀하게 일할 수 있을지 스스로 질문할 것이다. 다음과 같은 문제를 반드시 언급해야 한다.

- 가망고객이 왜 당신을 방문했는가?
- 가망고객의 현재 재무상태는 어떠한가?
- 가망고객의 현재 니드와 장기적인 니드는 무엇인가?
- 가망고객이 성공하도록 적극적으로 재무계획을 수립하고 실천하는 데 기여할 수 있는가?

- 가망고객과 당신은 재무와 투자철학이 일치하는가?
- 어떤 서비스가 가망고객의 니드를 충족할 것인가?
- 가망고객은 당신이 도와줄 것이라는 강한 인상을 받았는가?
- 가망고객은 서비스 포트폴리오를 통해 어떤 혜택을 받을 것인가?
- 재무계획을 수립하고 목표를 달성하는 데 예상되는 기간은 어느 정도인가?
- 이 가망고객의 상황에는 어떤 보상모델이 적용되는가?
- 당신은 자문역, 동기부여자, 교사, 감독과 같은 역할을 할 것이다. 당신은 고객을 위해 이런 역할의 일부나 전부를 떠맡을 각오가 되어 있는가?

이 첫 상담에서 가망고객이 자신의 언어로 토론내용을 정리하도록 하는 것이 중요하다. 망설이지 말고 가망고객에게 "고객님의 생각은 어떠십니까?"라고 질문하라. 가망고객이 함께 작성한 재무계획을 통해서 자신의 재무상태 개선방법을 명확히 알았다면 성공한 것이다. 가망고객이 적극적으로 참여하도록 유도하려면 반드시 자신의 언어로 말할 수 있도록 해야 한다.

당신과 가망고객이 니드, 당신의 능력, 도출될 결과를 확신하고 분명히 이해한다면 다음 단계를 제안해야 한다. 2주 이내에 다음 상담 약속을 정하라. 여세를 몰아 관심을 갖도록 되도록 빠른 시일 내에 다시 모임을 가져야 한다. 2주 내에 다시 약속을 정하면 가망고객은 그 다음 상담 시간까지 계속 주의를 집중해 과제를 생각할 수 있다. 반드시 가망고객에게 과제를 부여해야 한다. 예를 들어 중요도, 기간, 돈에 대한 위험보유성향(위험허용수준, risk tolerance) 수준에 따라 재무목표 순위를 정하도록 한다.

첫 상담 이후 2일 이내에 계약서류(Engagement Letter)에 당신이 이해한 사항을 정리하라. 가망고객은 이제 무료 상담이 끝났음을 안다. 당신도 가치 있고 전문적인 지식을 제공하고 시간을 집중적으로 투자하기 시작한다. 가망고객과 고객관계로 발전하는 계약서류를 작성할 정도로 충분한 근거가 생긴 셈이다. 예시 3.3(115쪽)은 계약서류의 견본이다. 이 특수한 견본 계약서류는 종합 재무설계 서비스 업무용으로 작성된 것이다.

고객에게 계약내용을 신중히 읽어볼 것을 권하고, 어떤 의문점이 있으면 전화해 달라고 부탁한다. 가망고객은 법적 구속력이 있는 계약을 체결한 경험이 없을 것이다. 계약서류를 보내주기 전에 변호사를 통해 계약서의 문구를 검토하도록 해야 한다. 이 서류가 가망고객의 변호사에게 전달되어도 놀랄 필요는 없다. 그 변호사는 분명히 계약서류를 고객에게 유리하게 수정하려고 할 것이다. 이때 양측 변호사들이 계약서의 세부적인 문구를 수정하는 데 들어가는 비용과 시간을 줄일 수 있도록 노력해야 할 것이다. 이제 당사자들이 계약내용에 만족하면 가망고객이 계약서에 서명해 다음 상담 이전에 보내달라고 요청한다. 만일 두 번째 만남까지 계약서류에 서명하지 않았다면 고객이 서명할 때까지 업무를 일시 중단하라. 계약서류는 고객과 재무설계사의 계약관계에서 의무를 법률적 용어로 설명한 것이다.

두 번째 상담은 보통 60분 이상이 걸리는데, 작업방향을 설계한다. 이 상담은 본질적으로 앞으로 10시간에서 15시간 정도 소요될 것이며, 고객과 설계작업이 어떻게 진행될 것인지 그 기준이 된다. 당신은 고객과 팀워크를 형성하고 고객이 당신을 신뢰한다면 이제 당신은 다음 단계 — 종합적인 목표설정과 정보수집을 위한 상담 — 를 진행할 차례가 된 것이다.


## 2단계: 종합적인 목표설정과 정보수집

고객과 세 번째 상담에서 성공적인 재무계획을 수립하고 실행하는 데 도움이 되는 정보를 조사하고 수집하기 시작할 것이다. 그 상담 시간은 필요한 만큼 지속되어야 한다. 어떤 재무설계사는 이 모임에 두 시간 정도를 할애하기도 한다.

### 목표의 공식화

먼저 고객에게 되도록 분명히 자신의 목표를 설명해 달라고 해야 한다. 되도록 많은 정보를 제공해야 계획이 더 구체화될 수 있다는 점을 강조한다. 되도록 정보를 많이 수집하는 것이 좋다. 이렇게 수집한 정보는 지금이나 나중에 모두 유용한 자료가 된다. 이 단계에서 당신은 고객과 고객의 재무적 희망사항에 관한 모든 이야기를 받아들여야 한다. 이때 고객이 제공하는 모든 정보의 세부적인 부분까지 파고들지는 말아야 한다. 중요한 모든 정보를 얻으려면 일단 그런 세부적인 사항을 피하는 것이 좋다. 실제 계획서를 작성하는 동안 이들 정보를 세부적으로 재검토하기 때문이다.

이 세 번째 만남에서는 상호 의견을 교환하는 것이 중요하다. 당신은 개방형 질문을 통해 재무정보는 물론 재무와 관련되지 않은 정보도 이끌어내면서 조사해야 한다. 이들 정보가 모두 재무계획을 세우는 데 중요한 영향을 미치기 때문이다. 당신은 앞서 논의하고 서면으로 작성한 목표와 직접적으로 관련 있는 질문을 던져야 한다. 앞에서 지적했듯이 나중에 당신이 재무계획을 수립하면서 그 정보를 다시 세부적으로 검토할 것이다.

만일 고객에게 삶의 동반자가 있다면 반드시 함께 만나야 한다. 배우자나 파트너는 종종 같은 질문에 대해 상반되는 정보를 제공하기도 한다. 공통되고 명확한 목표를 설정하기 위해서는 3자 모임을 가져야 한다.

당신의 질문은 두 항목으로 나눠볼 수 있다. 하나는 고객의 재무상태에 대한 세부 내용이며, 다른 하나는 고객의 목표에 관한 질문이다. 두 번째 영역은 고객의 이상적인 미래의 삶에 대한 비전으로서, 재무목표의 기초가 되기 때문에 분명하게 질문해야 한다. 고객과 재무설계사는 되도록 분명히 질문하고 답해야 한다. 고객은 자신의 미래상에 대해 분명하게 밝혀야 하며, 당신은 고객이 합리적으로 성취할 수 있는 목표에 대한 전망을 반복해서 말해줘야 한다. 비현실적인 목표는 고객과 고객의 가족, 당신의 계약관계와 명성에 상처를 줄 수 있다.

### 세부목표의 공식화

목표(goals)는 그 정의상 장기적인 미래상황에 대한 설명이라고 할 수 있다. 이와 비교해 세부목표(objectives)는 이러한 목표를 향해 나가는 단기적인 단계를 말한다. 재무설계 과정을 통해 고객이 무엇을 성취하고 싶은지 정의하기 때문에 재무목표 설정은 재무설계의 핵심이다.

고객이 무슨 목표를 성취하고 싶어 하고 이 목표를 어떤 특정 세부목표로 설명할지 제한을 두지 말고 비교적 자유롭게 설명할 수 있도록 주의를 기울여라. 고객은 때로는 재무설계사에게 부자가 되고 싶다고 말한다. 진정 무슨 의미일까? 고객은 부자를 어떻게 정의하고 있는가? 한편 특정 세부목표는 측정이 가능하며 고객 니드를 충족시킬 방법을 제공한다. 어떤 고객에게 부는 수년 후에 은퇴해 특별한 라이프스타일을 가지는 것을 말한다. 아마도 어떤 부부는 50세에 은퇴할 때 은행계좌에 100만 달러를 보유하거나 60세에 매년 10만 달러의 소득을 원하거나, 많은 손자·손녀의 교육자금을 충당하고도 남을 충분한 재산을 보유하고 싶을 수도 있다. 이것은 명확하고 의미 있는 목표이며, 당신은 이 목표를 달성할 전략을 수립할 수 있다. 그러므로 세부목표는 일정이 정해져 있거나(명확한 기간설정) 측정 가능해야(금액) 한다.

일단 고객이 재무설계의 결과를 명확하게 수치로 결과를 설명하면 그 다음 단계에서 중요도에 따라 세부목표의 우선순위를 정한다. 고객은 대부분 세부목표를 모두 성취할 수 없을 것이다. 부유한 고객을 제외하고는 대부분 보유한 재무자원으로 몇몇 세부목표밖에 달성할 수 없다. 계획을 수립하기 전에 고객에게 이런 내용을 솔직하게 말해 줄 필요가 있다. 반드시 고객이 현실을 직시하도록 해야 한다. 이상하게 들릴지 모르겠지만, 고객이 당초 자신의 현실을 알았다면 아마도 당신의 서비스를 원치 않았을 것이다. 현재 재무상태와 장래 전망에 따라 기껏해야 한두 가지의 세부목표를 달성할 수밖에 없다는 점을 설명해야 한다. 어떤 고객의 세부목표는 서로 대립되어 일치하지 않기도 한다. 이렇게 상충하는 내용을 고객에게 알리지 않고 합의한다면 윤리상 신뢰를 위반하는 행위다.

당초 이해하거나 실제 제공된 서비스보다 더 많은 서비스 또는 금전적 이익을 약속하는 행위는 고객이 재무설계사를 상대로 법률적인 소송을 제기하는 가장 흔한 이유다. 고객은 재무계획 수립과 관련한 위험을 이해하거나 수용하지 못하는 경우가 많기 때문에 재무설계사의 나쁜 성과를 비난한다. 때로는 재무설계사가 고객에게 구두나 서면으로 재무설계에 따른 고유위험을 제대로 알려주지 않을 경우도 있다. 이 두 가지 상황에서 고객의 기대치는 적절하게 설정되거나 관리되지 못했다(고객의 기대관리는 이 책의 8장에서 상세히 다룬다).

두 명의 재무설계사와 면담을 약속한 고객이 있다고 가정해 보자. 그 고객은 은퇴를 위해 충분한 순자산을 확보하고 장기적으로 평균금리 이상의 자산수익률을 달성하려고 한다. 그는 낮거나 보통 정도의 투자위험을 떠안으려고 한다. 첫 번째 재무설계사는 그 고객을 만나서 포트폴리오를 분석하고 나서 보통 위험수준으로 연 40%의 수익률을 달성할 수 있다고 말한다. 이후 고객은 두 번째 재무설계사에게 똑같은 목표를 제시한다. 그 재무설계사는 신중하게 생각하고 나서 고객에게 보통 정도의 위험으로 연간 수익률 8%를 달성할 수 있을 것이라고 말한다. 고객은 둘 가운데 어느 재무설계사를 믿어야 할지 몰라 자신의 포트폴리오 가운데 절반을 각 재무설계사를 통해 투자했다. 그후 1년이 지나 각 재무설계사는 20%의 수익률을 달성했다. 고객은 기대보다 12%P나 높은 성과를 올린 두 번째 재무설계사에겐 만족했지만, 원래 예상했던 것보다 20%P 정도 낮은 수익률을 올린 첫 번째 재무설계사에겐 화를 냈다. 두 명의 재무설계사는 모두 미래 자산수익률과 위험을 제대로 예상했다. 그러나 첫 번째 재무설계사는 40%의 수익률을 '보증'했다. 이것은 경솔하고 의도적인 행위로 해석될 수도 있다. 결국 이 행위는 직무상 과실로 소송 대상이 될 수 있으며, 소송의 승패를 떠나서 재무설계사의 명성을 손상시킬 것이다. 고객에게 현실적인 제안을 하고 사소한 오해를 불러오지 않도록 자신을 보호하는 것은 대단히 중요한 일이다.


명확한 세부목표와 전략

• 사망했을 때 가족의 재무적 안정을 염려하는 고객. 생명보험을 구입하면 이런 걱정에서 벗어날 수 있을 것이다. 생명보험은 다음과 같은 경우에 고객을 보호한다.

① 사망으로 인한 고객의 장래 소득창출 능력 상실.

② 유족에게 상속재산과 관련되어 발생하는 비용.

③ 고객이 가족에게 제공한 서비스(예를 들어 가사)의 대체 비용.

④ 생존 배우자가 단독 가구주로서 추가로 납부하는 세금.

⑤ 고객의 개인사업체 평가 손해.

장해가 발생하는 경우 계속적인 소득확보, 치명적인 질병에 대한 보장, 재산상의 손실, 배상책임으로부터 보호 등도 보험으로 준비할 수 있다. 아무도 미래를 예측할 수 없는데도 많은 고객이 개인적으로 또는 사업상 매우 높은 위험을 안고 살아가고 있다. 보험설계에 대한 더 세부적인 정보가 필요하다면 이 책의 4장을 살펴보길 바란다.

• 축적된 투자원금을 보호하려는 고객.

고객의 위험보유성향과 소비성향을 고려해 재무목표를 충족하는 투자계획을 수립해야 한다. 고객의 현금니드와 시장 유동성, 분산투자도 포트폴리오 구축에 영향을 미치는 요소다. 고객은 중장기 투자전략 외에도 예측 불가능한 재무문제에 대비해 3개월 내지 6개월 정도의 가계비용을 현금으로 확보해야 한다. 비상예비자금은 직장을 잃거나 갑작스럽게 막대한 비용이 발생할 경우에

완충 역할을 한다. 이런 전략으로 고객은 투자원금을 회수해 소비하는 것을 막을 수 있다. 투자설계의 세부적인 내용은 4장을 참조하라.

· 세부담을 최소화하려는 고객.

세금과 상속세 설계를 통해 고객의 세금 부담을 줄일 수 있다. 고객과 장기적인 계약관계를 유지하는 과정에서 재무설계사는 다음과 같은 재무계획을 수립할 수 있다.

① 세금회피 또는 절세.

② 가족구성원 가운데 저소득 납세층으로 조세부담 이전.

③ 과세 이연을 통한 재산증식.

④ 증여(lifetime gift)를 통해 해당 수익을 자본이득으로 전환.

고객의 기대여명(보험통계표 기준)과 관련해, 유언장을 준비하고 계약, 법률적 조치, 포기(disclaimer) 등을 통해 재산을 이전해 고객 가족의 납세여건을 개선시킬 수 있다.

요약하면, 재무설계사는 고객이 장단기적인 인생목표를 분명히 하고 현실적·정량적 세부목표를 수립할 수 있도록 돕는다. 이 세부목표는 재무설계 과정의 핵심이기 때문에 막연히 취급되어서는 안 되며 반드시 자금, 일정, 위험수준을 고려해 수치화되어야 한다. 구체적인 세부목표는 투자전략을 통해 더 분명히 나타난다. 전략은 명확한 특정목표 달성을 위한 어떤 세부적인 선택이다. 전략은 관심 이상으로 중요하다. 즉, 고객의 전략은 고객의 투자상품과 위험이 조화를 잘 이루어야 어떤 목표를 달성하기 위한 최상의 전략이라고 할 수 있다.

사실조사 과정: 고객의 문제 해결을 위한 정보수집

고객에게 수집한 정보는 정성적·정량적인 두 가지 형태가 있다. 정량적 정보는 가족의 재무상태에 관한 세부적인 수치, 개인에 관한 기본적인 정보, 구체적인 신상정보다. 이 정보는 재무 분석의 기초가 된다.

정성적 정보는 한 가족의 목표, 라이프스타일, 건강상태, 위험보유성향, 고용상태, 취미, 태도, 기호 등에 대한 일반적인 정보다. 정성적 정보는 재무계획에 활력을 불어넣는다. 55세 은퇴시점에서의 이사계획, 자녀 대학자금 마련, 은퇴 전 고비용의 취미생활, 은퇴기간에 여행계획 등 고객의 구체적인 목표를 파악하는 것이 성공적인 재무설계를 위해 중요하다.

정량적 정보는 다음과 같다.

① 일반적인 가족사항

② 가족구성원의 이름, 주소, 전화번호

③ 자산과 부채

④ 현금유입과 유출

⑤ 보험증권 정보

⑥ 근로자복지, 퇴직연금 정보

⑦ 지난 3년간의 소득신고 내역

⑧ 세부 투자 명세

⑨ 수급 가능한 퇴직연금

⑩ 고객 소유의 사업정보

⑪ 유언장과 신탁 사본

⑫ 증여 프로그램

정성적 정보는 다음과 같다.

① 일반목표와 세부목표

② 고객과 가족구성원의 건강상태

③ 관심사와 취미

④ 고용상태

⑤ 위험보유성향

⑥ 현재 또는 미래에 예상되는 라이프스타일

⑦ 기타 설계할 때 고려사항

상담이 끝나면 자료수집 과정으로부터 정확히 4주 후에 다음 상담 약속을 정해야 한다. 당신은 일을 더 진행하기에 앞서 상담에서 논의한 문제, 목표, 결론을 담은 개요를 고객에게 전달해야 한다. 고객에게 보내준 개요를 서명하고 다시 돌려달라고 요청한다. 그 개요는 대략 다음과 같이 작성한다.

친애하는 OOO 고객님께

지난 11월 3일 고객님과 논의한 것은 (            )이었습니다. 고객님께서는 다음과 같은 고민과 목표를 가지고 있었습니다(첫째,                둘째,                셋째,                ). 그리고 저는 고객님이 가진 문제점에 어떤 방식으로 접근할 것인지에 대해 개략적으로 설명해 드렸고― 그 내용은 (            )였습니다. 이 서신이 고객님이 기억하신 문제와 일치한다면, 서명하시고 날짜를 기입하신 후 이 편지의 사본을 보내주십시오.

조지프 스미스, CPA, CFP® 드림

이러한 과정은 일을 착수할 때 당신이 고객과 똑같은 결과를 기대하고 있음을 알려준다. 또 그것을 통해 당신의 책임범위를 명확히 할 수 있다.

예시 3.4(118쪽)에는 고객의 자료를 수집하는 데 활용할 수 있는 자료수집양식 견본이 있다.


## 3단계: 모든 요소의 종합

재무정보 해석

고객과 대화하고 고객의 경제적 상황을 검토하면서 수집한 재무정보를 통해 고객의 재무적 강점과 약점에 대한 결론을 내릴 수 있다. 체계적인 접근방법이 끝나고 기법을 적용할 때 재무정보를 해석한다. 재무설계사는 다른 유사한 상황의 고객에게 얻은 경험을 적용할 수 있다. 사례학습 형태의 재무설계사의 업무경력을 통해 재무설계의 재무정보 해석과정에서 무엇을 해야 하는지 배울 수 있다. 예를 들어 다음과 같은 고객의 보험정보를 살펴보자.

• 생명보험

① 대략적인 필요보장금액은 총 수입의 약 7배 정도다. 물론 더 정확한 금액을 산출하기 위해서는 일종의 보장 니드분석을 실시해야 한다. 고객이 책임질 모든 비용을 합산하면 총 필요금액을 산출할 수 있다.

② 1순위 수익자 지정. 피보험자가 사망할 경우 이 사람이 보험금을 수령한다.

③ 만일의 경우를 대비한 2순위 수익자 지정. 피보험자와 1순위

수익자가 사망할 경우 이 사람이 보험금을 수령한다.

④ 장해에 따른 보험료 납입면제. 피보험자에게 장해가 발생할 경우 이 특약으로 보험료를 납입하지 않아도 보험계약이 유지된다.

⑤ 보험회사의 건전성. 재무설계사가 보험상품을 판매한 보험회사의 재무건전성을 조사한다.

• 소득보상보험

① 대략적인 필요보장금액은 월 총수입의 60% 내지 70% 정도다. 피보험자에게 일하지 못하는 대가를 100% 지급하는 경우 극단적으로 도덕적 해이가 발생할 수 있기 때문에 보험회사는 보통 기존 소득금액의 2/3 정도를 지급하고 있다. 고객의 소득규모가 어느 정도인지 확인하고 그 금액의 60% 내지 70%를 장해 급부금으로 판단해야 한다.

② 고유 직무 한정. 피보험자가 자신의 고유 직무를 수행할 수 없는 장해가 발생할 경우, 이 피보험자는 자신의 고유 직무 불능에 따른 보험금을 받을 수 있고, 피보험자의 고유 직무 이외의 분야에서 일해 추가 수입을 벌 수 있다.

③ 해지 불가능과 갱신보장. 피보험자가 보험료를 납입하면 보험회사는 보험을 해지하거나 피보험자의 개별 보험료를 올릴 수 없다. 그러나 보험회사는 손해율이 악화된 경우 피보험자 전체의 보험료를 인상할 수 있다.

④ 부분장해와 후유장해. 피보험자가 완전 장해가 아닐 경우, 시간제 근무를 하면서 보험금을 받을 수 있는가?

⑤ 생활비 조정(Cost of living adjustment: COLA) 특약. 매년 수령하는 보험금이 소비자물가지수 상승에 따라 증가되는가?

⑥ 보험회사의 건전성. 재무설계사가 보험상품을 판매한 보험회

사의 재무건전성을 조사한다.

- 건강보험

① 생애 100만 달러 이상의 최대 보장. 심각한 질병이 발생할 경우, 피보험자는 질병을 치료하다가 파산하지 않기 위해 충분한 금액의 보험이 필요하다.

② 보험회사의 건전성. 재무설계사가 보험을 판매한 보험회사의 재무건전성을 조사한다.

- 주택화재보험

① 주택(HO-3)과 가재도구(HO-15) 보장여부. 고객의 주택과 가재도구를 재조달가액으로 보장해야 한다.

② 보험증권에서 보장하지 않는 물품에 관한 특약. 만일 고객이 보험증권에서 기본 보장금액 이상의 귀중품을 가지고 있다면, 보장금액을 증액하는 특약을 구입해야 한다. 이런 귀중품으로는 모피코트, 보석, 수집품이 있다.

③ 최소 30만 달러 정도의 배상책임보장금액. 배상책임보장금액이 너무 적으면 매우 위험하다. 누군가 고객에게 소송을 제기할 경우 고객의 개인자산을 팔아야 하는 위험을 방지해야 한다.

④ 보험회사의 건전성. 재무설계사가 보험을 판매한 보험회사의 재무건전성을 조사한다.

- 자동차보험

① 최소 30만 달러의 배상책임보장금액이 필요하다. 배상책임보장금액이 너무 적으면 매우 위험하다. 누군가 고객에게 소송을 제기할 경우 고객의 개인자산을 팔아야 하는 위험을 방지해야 한다.

② 무보험차 보장. 고객이 자동차 사고를 당한 경우 가해 차량의 보장금액이 너무 적거나 보험에 가입하지 않아 보장금액이 충분

하지 않을 경우에 대비해 고객이 보장금액을 30만 달러까지 증액할 수 있다.

③ 자기 차량 손해. 이것은 고객의 자동차가 다른 자동차 또는 물체와 충돌해 사고가 발생한 경우 자동차를 사고발생 이전 상태로 원상회복할 수 있게 한다.

④ 보험회사의 건전성. 재무설계사가 보험을 판매한 보험회사의 재무건전성을 조사한다.

### 중요 서류에 대한 검토

고객의 주치의인 재무설계사로서 관련 정보를 완전히 공개해 달라고 고객에게 요청하는 것은 지극히 당연하다. 또 재무설계사는 고객에게 비밀유지를 전제로 자신이 반드시 알아야 할 재무상의 문제가 있는지 물어봐야 한다. 재무설계사는 유언장, 신탁, 매매계약서, 법률증서, 이혼판결문, 고객의 자산에 대한 손해배상청구 등 법률적 서류를 반드시 검토해야 한다. 또 검토할 기본적인 서류로 투자 및 퇴직연금, 최근 3년간 연방과 주 소득세 신고(최대 3년까지 소득세 신고액을 수정할 수 있다), 개인지급어음, 만기어음, 범죄기록, 법정 판결문 등이 있다. 재무설계사는 고객을 돕고 또 자기 자신을 보호하려면 모든 것을 알아야 한다.

### 고객의 재원과 세부목표의 결합

고객의 자산과 부채, 재무적 안정성, 위험과 관련한 기타 정보는 반드시 일련의 재무보고서로 정리해야 한다. 이렇게 하면 고객의 재무상태의 강점과 약점이 무엇인지 판단할 수 있고, 활용 가능한 재원을 고려해 고객의 세부목표를 달성할지 평가할 수 있다. 활용

가능한 재원이라는 것을 강조하는 것이 중요하다. 우수한 재무계획은 현재 자산의 성장을 예상하면서 수립하되 미래의 예상소득이나 뜻밖의 행운을 포함한 최상의 시나리오를 바탕으로 작성된 것이 아니다. 예를 들어 신중한 재무설계사는 고객의 재무계획 가운데 상속재산을 고려하지 않는다. 가족구성원간의 관계는 항상 변하기 때문이다. 마찬가지로 유능한 재무설계사라면 고객의 장래소득도 축소해서 고려할 것이다. 사람들은 모두 현재 소득보다 더 많은 수입을 받을 가치가 있다고 믿는다. 반면, 고객의 부채는 당연히 그 정의상 최악의 상황이기 때문에 충분히 고려해야 한다. 따라서 장래의 자금과 부채를 감안한 고객의 현재 상태의 경제적 여건의 평가는 재무계획을 수립하는 데 기초가 된다.

고객의 재무 및 개인정보를 분석할 때 다음과 같은 점을 명심해야 한다.

• 고객의 장래 행동을 예상할 수 있고, 개인적인 동기와 성향을 이해할 수 있는 양질의 정보. 고객이 성급하고 변덕스럽고 충동적인가? 아니면 고객이 보수적이며 우유부단하고 소심한가? 고객에게 수립해 준 재무계획은 반드시 그들의 성격과 장래 행동에 적절해야 한다.

• 고객이 자신의 재무적 삶을 통제하도록 돕는다. 재무설계사는 고객이 요구하지 않아도 그들이 예산을 책정하고 지키도록 격려해야 한다. 그 과정에서 고객의 저항이 있으면 실패하고, 나쁜 영향을 미친다.

• 뜻밖에 발생하는 사건의 영향. 재무설계사가 고객을 위해 수립한 재무계획은 유동적이다. 그것은 변화하는 고객의 일반목표, 세부목표, 전략에 따라 유연하게 설계되어야 한다. 또 그 재무계획

은 뜻밖의 사건, 즉 주식시장의 변화, 갑작스러운 질병, 사업실패, 이혼, 사망 등과 같은 사건을 예상해야 한다. 이런 문제는 상당히 불쾌하고 어떤 고객에게는 고통스러운 일이지만, 반드시 논의하고 재무계획에 반영해야 한다.

• 잘못된 재무계획의 장기적인 영향. 재무설계사가 수립한 재무계획이 실패한다면 어떻게 될까? 고객에게 남는 것은 무엇인가? 재무설계사는 재무계획에 포함되지 않은 잉여자금과 자산에 대해 알려줘야 한다. 재무계획을 수립하면서 고객의 전 재산을 위험에 노출시킨다면 훌륭한 재무설계사라고 할 수 없다. 일반적으로 고객은 1년간 가족생계를 유지할 정도의 충분한 유동성을 확보해야 한다. 401(k) 퇴직연금과 이연소득플랜(deferred income plan)[1] 같은 투자자금은 유지해야 하며 재무계획과 별도로 보유해야 한다.

### 고객 재무제표 작성

재무설계사는 PIPRIM의 종합 정보수집 단계에서 얻은 정보를 고객의 다양한 재무상태를 간략하게 보여주는 두 가지 기본적인 재무제표로 작성해야 한다. 첫 번째는 고객의 자산, 부채, 3년에서 5년 정도의 기간에 순자산의 변동을 보여주는 재무상태(변동)표이며, 두 번째는 특정 시점, 일반적으로 이전 4분기 동안 매 분기 고객의 현금유입 및 유출 상황을 보여주는 현금흐름표다. 이 책의

---

1) 401(k) 퇴직연금은 포괄적인 확정기여형(defined contribution) 퇴직연금으로 직장에 고용되어 있는 사람들이 세금을 공제하기 전의 급여 환산방식을 통해 개인계좌에 투자할 수 있도록 하는 은퇴자금 계획이다. 이연소득플랜 역시 이처럼 소득 가운데 일부를 연금으로 저축하는 것을 말한다. 이 경우 세금이 은퇴시점까지 이연되므로 빠른 목돈 형성 및 절세효과가 발생한다 — 옮긴이 주.

4장에서 현금흐름 관리절차를 더 세부적으로 설명한다.


### 4단계: 해결책 제안

고객관리시스템의 다음 단계는 고객의 재무목표 달성을 위한 제안(또는 전략)을 개발하는 것이다. 이런 제안은 고객의 재무목표와 우선순위에 따른 세부목표에 대한 해결책을 말한다. 고객에게 당신의 제안을 공식 제안서 형태로 제출하기 전에 먼저 평가하라. 당신의 제안은 고객이 기대한 재무계획이라는 사실을 명심하라. 그것은 어떤 문제점에 대한 해결책, 즉 장기간에 걸친 조사, 정보수집, 해석, 종합과정의 종착지점과 같다. 따라서 고객은 제안을 바로 이해할 수 있어야 한다. 때로는 고객과 함께 제안서를 꼼꼼히 살펴봐야 한다. 이것을 통해 고객에게 확신을 줄 수 있다.

고객과 편하게 점심식사를 하거나 아침 커피를 마시면서 일반적인 제안내용을 검토해 보는 것도 바람직하다. 고객에게 설계해 준 몇 가지 안건에 대해 의향을 들어보라. 이런 과정은 재무계획에 대한 고객의 관심을 유도한다. 즉, 그것은 주인의식과 책임감을 증진시킨다. 고객이 제안에 대해 동의하면 간결한 서면 제안서를 준비한다. 다음과 같은 내용으로 작성하면 고객을 위한 재무계획으로서 전문성이 돋보이고 활용하기 쉬운 형식이 될 것이다.

· 고객의 장단기 목표에 대한 개요
· 고객의 현재 재무적 강약점과 재무설계에 미치는 영향
· 고객의 현재 가용재원에 따라 수립된 세부적인 재무목표
· 전체 제안사항이 상세하게 나타난 요약

· 상호 협의한 제안사항으로 수립된 재무계획
· 재무제표를 기초로 작성된 고객의 재무계획에 대한 종합적인
  경제성 검토
· 단계적인 실행절차와 모니터링 계획


## 5단계: 계획의 실행

당신은 고객과 점심식사를 하면서 제안사항을 평가했다. 당신은 제안을 좀더 개선하기로 했다. 그리고 당신은 재무계획 최종안을 작성해 고객에게 보여주고 고객은 그 계획서를 보며 좋아했다. 당신은 최소한 자료상으로 고객의 문제를 해결했다. 하지만 이제부터 어려운 과업이 시작된다. 이제부터 당신의 제안을 실현시켜야 한다. 재무계획 제안서의 마지막 부분이 아마도 가장 중요하다. 그 부분에는 당신과 고객이 어떻게 계획을 실행할지 서술되어 있다. 그 단계적인 실행계획은 반드시 구체적이어야 한다. 그것은 재무적 성공으로 향하는 과정에서 수행할 과제, 의사결정, 평가를 순서대로 보여준다. 누가 각 제안사항을 주도할 것인지, 어떤 성과가 나타날지 고객에게 제시해야 한다. 예시 3.5(125쪽)에는 재무계획을 실행하는데 필요한 개략적인 실행 안이 제시되어 있다.

만일 당신의 서비스 보수체계가 순수 업무수수료형(fee-only)이라면 실제 재무계획을 실행하는 것 — 예를 들어 투자상품의 선택 — 은 직접 관여하지 못할 것이다. 이런 상황에서 당신은 회사 내부의 동료, 증권중개인, 변호사, 다른 금융상품 전문가에게 고객을 소개할 것이다. 위험선호형 고객에게 전문가는 상품이나 선물과 같은

고도의 전문지식이 필요한 금융분야에서 일하는 영업사원이나 보수를 받고 일하는 사람을 말한다. 전문기법을 보유한 전문가는 자신의 분야에 대해 해박하며, 고객의 세부목표, 가용재원, 위험보유 성향에 따라 맞춤형 상품을 제시할 수 있다. 당신은 그 전문가의 제안이 고객 니드 및 재무계획의 타 분야와 적합한지 검토하고 싶을 것이다. 그러면 동일한 분야에 종사하는 전문가 몇 명을 고객에게 소개하라. 그렇게 하면 당신은 중립성을 유지하고 고객은 과제를 선택할 책임을 진다. 해당 전문가의 의견 ─공격적이거나 보수적인─ 이 재무설계사인 당신과 일치해야 하며, 그렇지 않으면 고객은 당신이나 선택된 전문가와 일하기 힘들 것이다.

만약 고객이 PIPRIM의 4단계 이후 과정을 중단하고 실행을 소홀히 한다면 좋은 성과를 기대하기 힘들다. 그 고객은 결코 재무적 안정을 달성할 수 없으며, 당신은 부분적으로 보수를 지급받겠지만 그에 따르는 기회비용도 치러야 할 것이다. 고객의 재무계획은 서류상으로는 아무런 가치가 없고 실천에 옮겨야 값어치가 있다.

## 6단계: 계획에 대한 모니터링

고객과 함께 재무계획을 모니터링할 때 보상모델(6장 참조) ─ 재무계획을 완성하면 업무수수료를 전부 지급받는 방식 또는 재무계획의 성과에 따라 성과수수료를 지급받는 방식 ─ 에 따라 당신의 관심이 적어지거나 많아진다. 재무설계사가 보수를 다 받았더라도 계속해서 관심을 갖는 것이 확실히 도움이 된다. 먼저 당신은 모든 고객을 추천인으로 활용하고 싶을 것이다. 둘째, 재무상태와 개인적인 여건은 변하므로 계속 추가적인 일을 맡게 될 수도 있다. 셋째, 당신이 상품을 판매하는 전문가라면 항상 추가적으로 상품을 판매할 기회가 존재한다. 넷째, 당신은 어떤 전략이 효과가 있고, 또 그 이유는 무엇인지 알고 싶을 것이다. 이것을 통해 당신은 경쟁우위를 유지할 수 있다. 어떤 경우든 각 고객과 재무계획 실행과정을 평가하기 위한 정기적인 모임을 가져야 한다. 예를 들어 세금납부 마감일 이후인 4월과 향후 전략을 점검하기 위한 연말 모임 등 1년에 2번 정도 평가모임을 가져라.

일단 고객을 만나 진척상황을 검토할 때는 고객 개인의 경제적인 변화에 주의를 기울여야 한다. 고객이 결혼했거나 이혼했는지, 자녀가 생겼는지, 교외로 이사를 갔거나 새 차를 구입했는지 또는 일자리가 바뀌었는지 등을 확인하라. 또한 세법, 경제상황, 물가상승, 투자수익률 등의 변화가 재무계획에 어떤 영향을 주고 있는지 살펴보라. 또한 새로운 투자기법을 활용할 수 있는지 확인하는 것도 중요하다. 만약 물가상승률이 연 12% 정도였던 1970년대 후반에 고객의 재무계획이 수립되었다면, 현재와 같이 물가상승률이 낮은 환경에서는 재무계획의 전략과 결과가 완전히 달라야 한다. 환경의 변화에 맞춰 고객과 함께 재무계획을 수정해 나가야 한다. 필요하다면 고객의 변화된 니드에 맞도록 계획을 조정하기 위해 새로운 정보를 수집하고 고객을 재평가하는 PIPRIM 고객관리시스템의 초기 단계로 되돌아가라.

재무계획에서 사용한 가정부터 시작하는 것은 훌륭한 모니터링 방식이다. 재무계획을 수립할 때 고객의 재무상태, 개인적 상황, 일반 경제여건에 대해서 어떤 가정을 세웠는가? 이런 가정이 지난 6개월 내지 9개월 사이에 어떻게 바뀌었는가? 그 가정은 지금 상황에서도 유효한가? 새로운 가정이 재무계획을 변경할 만큼 충분히 오랫동안 지속될 것이라고 예상하는가? 만약 새로운 가정이 높은 가능성(80% 이상)을 가지고 지속될 것으로 예상한다면, 재무계획을 수정할 만한 충분한 근거가 된다. 이런 가정의 정당성을 평가하려면 고객과 밀접한 관계를 유지해야 한다. 당신과 고객이 몇 달 전 예상했던 조건이 바뀌었다고 해서 책임감을 느낄 필요는 없다. 변화는 삶의 본질이다. 고객이 개인적인 문제 때문에 고통스럽다고 해도 변하는 환경에 적극적으로 대처하도록 할 책임이 있다. 재무계획은 감정이 아닌 정확한 사실을 근거로 수립된다.


## 개인재무계획의 구성요소

PIPRIM 고객관리시스템은 고객이 자신의 재무적 세부목표를 달성하도록 설계된 체계적이고 논리적인 과정이다. PIPRIM의 6단계 외에도 그 과정 전반에 걸쳐 고객에게 반드시 전달해야 할 세 가지 근본적인 가치가 있다. 첫째, 튼실한 재무계획은 신뢰를 바탕으로 수립된다. 고객은 재무설계사의 경험, 윤리성, 분석능력을 신뢰한다. 한편 재무설계사는 고객의 의도와 자기개선에 대한 약속을 신뢰한다. 둘째, 재무계획은 변화를 바탕으로 수립된다. 영구적이거나 완벽한 재무계획이란 없다. 재무설계사와 고객은 반드시 변화하는 조건에 대해 성실하게 평가해야 하고 일반목표와 세부목표, 전략을 계속 수정해야 한다. 양측 모두 변화에 따라 불가피하게 발생하는 모호한 현상과 그것이 재무설계에 미치는 영향을 받아들여야 한다. 셋째, 재무계획은 성과 위에 구축된다. 서류상으로만 훌륭한 계획은 계획이라고 할 수 없다. 그것은 상상에 지나지 않는다. 재무설계사와 고객이 함께 계획을 행동에 옮기고 목표를 달성해야 한다. 그것이야말로 재무설계사와 고객이 받는 진정한 보상이다.

## 파이낸셜 플래닝 코퍼레이션

2000년 9월 10일

브랜든 매슈 부부 귀하
9824 클리프 드라이브
리버시티, KS 12345-6789


친애하는 브랜든 매슈 부부께

　동봉한 서류는 저희 회사의 신규고객을 위한 참고자료입니다. 이중에는 저희 사무실 대표의 이력사항과 함께 10월 6일 금요일 오후 3시 저희 사무실에서 가질 첫 모임을 위해 미리 작성하실 기밀 고객설문지가 들어있습니다. 그 설문지는 거의 모든 부분을 망라하고 있어 고객께서 직접 작성할 수 없는 정보도 있습니다. 우리는 모든 문제에 대해 허심탄회하게 이야기할 것입니다. 가장 중요한 항목은 고객님의 개인적인 재무목표에 관한 사항입니다. 바로 그 항목에 많은 시간을 들여서 작성해 주시길 바랍니다.

　10월 6일 만나뵙고 싶습니다. 며칠 내로 저희 직원 메리 제이콥슨 씨가 전화를 걸어 사무실로 오시는 길을 알려드리겠으며, 또 동봉된 자료에 대해서 의문이 있으시면 바로 연락해 주십시오. 답변을 드리겠습니다. 언제든지 전화해 주십시오.

셔릴 개럿, CFP® 올림
파이낸셜 플래닝 코퍼레이션
서명: 셔릴 개럿

# 개인재무건전성  진단

잠시 시간을 내어 본 점검표를 작성해 주십시오. "아니오" 또는 "모르겠음"이라는 답변은 귀하께서 저희에게 문의하고 싶은 문제점을 의미할 수도 있습니다.

**월 소득과 지출**

1. 예산계획을 활용하십니까?　　　　　☐ 예 ☐ 아니오 ☐ 모르겠음
2. 지금 관심 있는 재무적인 문제가 있습니까(자녀의 대학입학, 실직, 은퇴예정, 투자수익률 저조 등)?　　　☐ 예 ☐ 아니오 ☐ 모르겠음

**은퇴**

1. 은퇴 자금을 저축하고 계십니까? ☐ 예 ☐ 아니오 ☐ 모르겠음
2. 은퇴 후 현재 생활수준을 유지하면서 물가상승, 세금을 상쇄하기 위한 투자수익률은 얼마인지 알고 있습니까?
　　　　　　　　　　　　　☐ 예 ☐ 아니오 ☐ 모르겠음

**자녀교육**

1. 자녀교육자금을 마련할 계획을 세웠습니까?
　　　　　　　　　　　☐ 예 ☐ 아니오 ☐ 모르겠음
2. 현재 교육비 마련저축은 절세상품입니까?
　　　　　　　　　　　☐ 예 ☐ 아니오 ☐ 모르겠음

**투자정보**

1. 적절하게 분산해 투자하고 있습니까?
　　　　　　　　　　　☐ 예 ☐ 아니오 ☐ 모르겠음
2. 투자성과에 대해 만족하십니까?　☐ 예 ☐ 아니오 ☐ 모르겠음

위험과 보험
1. 현재 가입한 보험이 사망 또는 장해발생 시 가족의 필요자금을
   보장하고 있습니까?
                                    □ 예 □ 아니오 □ 모르겠음
2. 종합배상책임보험에 가입했습니까?
                                    □ 예 □ 아니오 □ 모르겠음


상속설계
1. 유언장을 작성했습니까?          □ 예 □ 아니오 □ 모르겠음
2. 고객님의 상속재산은 세금, 각종 수수료나 비용이 최소화되도록
   설계되어 있습니까?              □ 예 □ 아니오 □ 모르겠음

# 파이낸셜 플래닝 코퍼레이션

고객서비스 계약－종합설계(시간계약)

본 계약서는 귀하(이하 '고객')와 파이낸셜 플래닝 코퍼레이션(이하 'FPC') 사이에 향후 FPC가 귀하에게 제공할 서비스에 대한 상호 이해를 도모하려고 작성된 것으로 주의 깊게 검토하시기 바랍니다. 만일 이 계약서의 내용이나 목적에 대해 어떤 궁금한 사항이 있다면, 이 계약서에 서명하기 전에 반드시 그 점에 대해 논의해야 할 것입니다.

본 계약서는 구체적인 문제, 상세한 재무분석과 고객에 관한 문제를 해결하는 상담서비스를 포함하고 있습니다. 본 계약을 통해 FPC가 제공하는 재무설계 서비스를 확인하고 그 내용을 분명히 하려고 합니다. 본 계약은 아래에 명시된 서비스를 포함하며, 서비스 요금은 CFP 자격증 보유자는 시간당 150달러, 일반 재무설계사는 시간당 100달러, 교육전문 컨설턴트의 경우 시간당 75달러로, 각각의 요금은 매 6분 단위로 계산됩니다. FPC의 대표와 임직원은 요금청구에 대한 책임자의 기록을 보관할 책임이 있습니다. 고객은 이 계약서에 서명하면서 예상보수의 50%를 지불하고, 나머지 보수금액은 고객에게 제안서를 제출하는 시점에 즉시 지불할 것을 동의해야 합니다. FPC가 해결해야 할 특정한 문제는 아래 목록 가운데 고객의 이니셜을 표기해 결정합니다.

_______ 현금흐름분석

_______ 은퇴 필요자금 규모 분석

_______ 현재 포트폴리오 평가, 분석

_______ 보험 평가

_______ 포트폴리오 배분, 투자제안

_______ 대학교육비 마련

_____ 상속설계 평가
_____ 세금설계

_____ _________________________________

_____ _________________________________

총 예상 수수료: _________________________

1. FPC는 고객의 재무상태를 분석하고 고객의 재무적 세부목표를 달성
   할 수 있도록 제안서를 제공한다. FPC의 분석이 상기 구체적인 분야
   에 제한됨에 따라, 고객은 FPC가 발견하지 못한 어떤 문제에 관한
   정보가 고객의 전반적인 재무상태에 직접적인 영향을 미칠 수도 있
   다.
2. 고객은 FPC와 합의한 서비스가 제공될 수 있도록 필요한 정보를 제
   공한다. FPC는 고객이 제공한 모든 정보에 관해 비밀을 유지한다.
3. 고객은 재무적 의사결정에 대한 책임을 지며, FPC가 제공하는 제안
   의 전부 또는 일부 내용을 따를 의무는 없다.
4. FPC가 제공하는 정보가 정확하거나 전문가적인 조언이 확실하다는
   것을 보증할 수 없으며, 그 정보나 견해는 FPC가 합리적이라고 판단
   한 조사에 기초하고 있으며, FPC가 선의에 의해 행동한 경우 사실이
   나 판단착오에 대해 책임이 없다는 것에 고객은 동의한다.
5. 고객은 서비스가 수행되는 시점에 비용을 지불해야 한다.
6. FPC가 고객의 재무계획을 실행함에 따라 발생하는 거래에 대해서
   수수료를 받지 않는다.
7. FPC는 본 계약에 따라 제공하는 서비스가 제한되어 있기 때문에,
   금융시장, 특정 뮤추얼펀드, FPC가 제안한 투자상품 등의 변화에 대
   한 정보를 고객에게 제공할 의무는 없다.
8. 본 계약은 FPC 또는 고객이 서면 통지에 의해 언제든지 종결될 수
   있다.

9. 고객이 본 계약을 종료하려고 한다면 FPC는 고객의 지시에 따라 모든 투자활동을 정리하도록 도와야 한다.

10. FPC는 고객의 사전 동의 없이는 거래를 개시하지 않는다.

11. FPC는 본 계약을 실행한 지 5영업일 이내에 서면으로 계약종료의 통지를 받으면 고객이 선납한 모든 보수를 고객에게 환불한다. 최초 5영업일 이후에는 첫째 날부터 계약종료 통지서가 접수된 날까지의 수수료는 FPC의 정상적인 시간당 요금으로 지불된다. FPC는 고객의 서면동의 없이는 제3자에게 본 계약을 할당하지 않는다.


본 계약은 ＿＿년 ＿월 ＿일에 상호 동의로 체결되었습니다.


고객＿＿＿＿＿＿＿＿＿＿＿＿＿＿＿＿＿＿＿

고객＿＿＿＿＿＿＿＿＿＿＿＿＿＿＿＿＿＿＿


＿＿＿＿＿＿＿＿＿＿＿＿＿＿＿＿

파이낸셜 플래닝 코퍼레이션을 대표하는 서명


출처: 개럿 파이낸셜 플래닝(오버랜드 파크, 캔자스 주 소재)의 자료를 참고로 정리.

■ 예시 3.4 고객정보 수집용 설문지

# 파이낸셜 플래닝 코퍼레이션 기밀 설문지

고객 성명 (1):
　주소 및 우편번호:
　집 전화번호:
　근무처 전화번호:
　근무처 팩스번호:
　전자우편:
　주민등록번호:
　생년월일:
　근무시간에 주로 연락받을 사람:
고객 성명 (2):
　주소 및 우편번호:
　집 전화번호:
　근무처 전화번호:
　근무처 팩스번호:
　전자우편:
　주민등록번호:
　생년월일:
　근무시간에 주로 연락받을 사람:
가족구성원(자녀 및 기타 부양가족을 기술하시오)
　성명:
　관계:
　생년월일:　　　　　　　　　　부양여부: ☐ 예 ☐ 아니오
　주소:
　성명:
　관계:

생년월일:                                        부양여부: ☐예 ☐아니오
주소:
성명:
관계:
생년월일:                                        부양여부: ☐예 ☐아니오
주소:
고객 근무회사 (1):
  직책/직무:
  현 직책에서 근속년수:
  현 기업에서 근속년수:
  예상되는 고용상태 변화:
  예상 은퇴시기:
  연봉:
  기타 근로소득:
  상여금/수수료:
  기타 소득:
  합계(금년도):
고객 근무회사 (2):
  직책/직무:
  현 직책에서 근속년수:
  현 기업에서 근속년수:
  예상되는 고용상태 변화:
  예상 은퇴시기:
  연봉:
  기타 근로소득:
  상여금/수수료:
  기타 소득:
  합계(금년도):

납세신고자 　　　　　　　　　□ 본인 □ 세무사
　성명:
　주소:
　전화번호:
　팩스번호:


상속설계 서류 준비여부 　　　　　□ 예 □ 아니오
작성된 서류의 종류와 시점
　유언장　　　　□ 예 □ 아니오 ＿＿＿＿＿＿＿＿＿＿＿＿
　생전신탁　　　□ 예 □ 아니오 ＿＿＿＿＿＿＿＿＿＿＿＿
　위임장　　　　□ 예 □ 아니오 ＿＿＿＿＿＿＿＿＿＿＿＿
　생전유언　　　□ 예 □ 아니오 ＿＿＿＿＿＿＿＿＿＿＿＿
　기타 서류　　　□ 예 □ 아니오 ＿＿＿＿＿＿＿＿＿＿＿＿


귀하는 현재의 투자자산을 어떻게 선택하셨습니까?

＿＿＿＿＿＿＿＿＿＿＿＿＿＿＿＿＿＿＿＿＿＿＿＿＿＿＿＿
＿＿＿＿＿＿＿＿＿＿＿＿＿＿＿＿＿＿＿＿＿＿＿＿＿＿＿＿
＿＿＿＿＿＿＿＿＿＿＿＿＿＿＿＿＿＿＿＿＿＿＿＿＿＿＿＿
＿＿＿＿＿＿＿＿＿＿＿＿＿＿＿＿＿＿＿＿＿＿＿＿＿＿＿＿


다음의 내용은 귀하의 태도나 신념을 얼마나 잘 나타내고 있는지 1～5
점을 기준으로 표시하시오(1은 매우 그렇다, 5는 전혀 그렇지 않다).

＿＿ 은퇴 생활수준을 낮추기보다 차라리 일을 더 하는 게 낫다.

＿＿ 필요하다면 더 많은 자금을 모으기 위해 현재의 생활비를 줄일
　　수 있다.

＿＿ 재산증식보다 재산보호에 더 관심이 많다.

＿＿ 개별 주식투자보다는 뮤추얼펀드를 선호한다.

＿＿ 느리지만 장기간에 걸친 가치상승과 성장을 보장하는 투자가 안심
　　된다.

___ 스스로 결정한 잘못된 투자를 후회하지 않는다.

___ 공격적인 성장위주의 투자방식이 편하다.

___ 깜짝 놀라는 뜻밖의 일은 싫다.

___ 자신의 재무적 미래에 대해 낙관적이다.

___ 현재 관심사는 성장기회보다는 수입이다.

___ 위험을 선호한다.

___ 투자 의사결정을 쉽고 빠르게 내린다.

___ 예측 가능하고 반복적인 일상을 즐긴다.

___ 검증되고 믿을 만하고, 느리지만 안전하고 확실한 투자를 선택한다.

___ 현금자산을 늘리는 데 투자노력을 집중해야 한다.

___ 수익률이 낮더라도 예측 가능하고 지속적인 투자수익을 선호한다.

다음과 같은 상담사와 업무관계에 대해 평가하시오.

| 상담사 | 불만족 | | | | 매우 만족 | 판단 불가 |
|---|---|---|---|---|---|---|
| 재무설계사 | 1 | 2 | 3 | 4 | 5 | × |
| 증권중개인 | 1 | 2 | 3 | 4 | 5 | × |
| 회계사 | 1 | 2 | 3 | 4 | 5 | × |
| 세무사 | 1 | 2 | 3 | 4 | 5 | × |
| 변호사 | 1 | 2 | 3 | 4 | 5 | × |
| 보험설계사 | 1 | 2 | 3 | 4 | 5 | × |

보험보장

| | 단체 | 개인 |
|---|---|---|
| 고객(1) | | |
| 건강보험 | ______ ☐ | ______ ☐ |
| 소득보상보험 | ______ ☐ | ______ ☐ |
| 생명보험 | ______ ☐ | ______ ☐ |
| 생명보험 | ______ ☐ | ______ ☐ |
| 주택화재보험 | ______ ☐ | ______ ☐ |
| 자동차보험 | ______ ☐ | ______ ☐ |

자동차보험 ________ ☐ ________ ☐
종합배상책임보험 ________ ☐ ________ ☐
전문직배상책임보험 ________ ☐ ________ ☐
기타 보험 ________ ☐ ________ ☐
귀하는 보험 가입을 거절당한 적이 있습니까? ☐ 예 ☐ 아니오

<table>
<tr><td></td><td>단체</td><td>개인</td></tr>
</table>

고객(2)

건강보험 ________ ☐ ________ ☐
소득보상보험 ________ ☐ ________ ☐
생명보험 ________ ☐ ________ ☐
생명보험 ________ ☐ ________ ☐
주택화재보험 ________ ☐ ________ ☐
자동차보험 ________ ☐ ________ ☐
자동차보험 ________ ☐ ________ ☐
종합배상책임보험 ________ ☐ ________ ☐
전문직배상책임보험 ________ ☐ ________ ☐
기타 보험 ________ ☐ ________ ☐
귀하는 보험 가입을 거절당한 적이 있습니까? ☐ 예 ☐ 아니오

## 자산과 부채

만약 본 정보에 대해 귀하가 직접 작성한 양식을 가지고 있다면, 이 항목은 생략해도 좋습니다. 필요한 서류를 첨부해 주십시오.

은행계좌

| 은행명 | 당좌[C], 저축[S], 머니마켓[MM] | 명의 | 잔액 |
|---|---|---|---|
| ________________ | ________ | ________ | $________ |

| ___________ | ___________ | ___________ | $___________ |
| ___________ | ___________ | ___________ | $___________ |
| ___________ | ___________ | ___________ | $___________ |

양도성예금증서

| 보유기관 | 명의 | 이자율 | 평가금액 | 만기일 |
|---|---|---|---|---|
| ___________ | ___________ | ____% | $_______ | _______ |
| ___________ | ___________ | ____% | $_______ | _______ |
| ___________ | ___________ | ____% | $_______ | _______ |

가장 최근에 거래한 증권사, 뮤추얼펀드, 퇴직연금 관련서류 사본을
첨부하시오.

아래 난에 이상의 목록과 첨부된 서류에 기재되지 않은 기타 모든 투자
자산의 목록을 작성하고 가치를 평가하시오.

_______________________________________________
_______________________________________________
_______________________________________________
_______________________________________________

부동산과 동산

| 재산 | 평가금액 |
|---|---|
| 주택 | $___________________ |
| 가재도구(시장가치) | $___________________ |
| 차량 ___________ | $___________________ |
| 차량 ___________ | $___________________ |
| 기타 ___________ | $___________________ |

부채

신용카드                          이자율*      월평균지불액              현재 잔액

______________________        ____%   $__________        $__________
______________________        ____%   $__________        $__________
______________________        ____%   $__________        $__________

* 매월 전액 지불하지 않는 경우


부채(주택, 자동차, 사업, 교육)      이자율*      월평균지불액              현재 잔액

______________________        ____%   $__________        $__________
______________________        ____%   $__________        $__________
______________________        ____%   $__________        $__________


최근 신용조사보고서 사본을 받아본 적이 있습니까? ☐ 예 ☐ 아니오

귀하가 상담 받으려는 내용에 대해 서술하시오.

_______________________________________________________________
_______________________________________________________________
_______________________________________________________________
_______________________________________________________________
_______________________________________________________________
_______________________________________________________________
_______________________________________________________________
_______________________________________________________________
_______________________________________________________________
_______________________________________________________________
_______________________________________________________________

서비스 계약을 체결하기 위해 다음 자료도 필요합니다.

| | |
|---|---|
| ☐ 전년도 소득신고서 | ☐ 퇴직연금 계좌내역 |
| ☐ 수표원부(Paycheck Stubs) | ☐ 회사복리후생 소책자 |
| ☐ 증권 계좌내역서 | ☐ 법률서류 |
| ☐ 뮤추얼펀드 계좌내역서 | ☐ 대출서류 |
| ☐ 신탁 계좌내역서 | ☐ 보험증권 |

■ 예시 3.5 추진계획 개요 견본

## 브랜든과 케리 매슈 부부를 위한 실행항목 목록

(2000년 7월 10일)

| 실행항목 | 책임자 | 실행완료기일 | 이행여부 |
|---|---|---|---|
| 소득세 공제 증대 | 케리 | 2000. 7. 10 | × |
| 생명보험 가입 | 브랜든 | 2000. 7. 31 | |
| 소득보상보험 가입 | 브랜든 | 2000. 8. 15 | |
| 뮤추얼펀드 정액분할투자 개시 | 케리 | 2000. 9. 1 | |

# Chapter 4

# 재무설계의 영역

재무설계 — 또는 개인재무설계 — 는 투자설계에만 국한되지 않는다. 사실 고객은 이 두 가지를 같은 것으로 보는 경우가 많지만, 투자설계는 종합적인 재무설계의 한 분야에 불과하다. 따라서 고객에게 재무설계가 매우 다양한 분야를 포함하고 있으며, 각 분야는 고객 니드와 관심을 긴밀하게 통합하는 데 필요하다고 알려주는 것이 중요하다. 종합적인 접근방법을 이용하면 고객이 장단기 세부목표 속에서 어떤 상황에 있는지 이해할 수 있다.

## 개인재무설계의 정의

개인재무설계란 개인이 재무적 자원을 적절하게 관리해 어떻게 인생목표를 달성할 수 있는지 그 방법을 결정하는 과정이다. 그것은 전체적인 재무목표를 달성하기 위해서 종합적·체계적 계획을 수립하고 실행하는 것을 말한다.

앞서 3장에서 설명했듯이 재무설계는 결과물이 아니라 과정으로 이해해야 한다. 물론 그 과정에서 특정 상품을 제안할 수도 있겠지만, 재무설계사는 단순히 주문받는 사람이 아니다. 반대로 재무설계사는 고객의 모든 관심사를 해결할 수 있도록 완전하고 종합적인 계획을 수립해 고객이 재무적 세부목표를 성취할 수 있도록 도와야 한다.


고객이 계획을 수립하지 않는 이유

고객은 다음과 같은 이유 때문에 재무계획을 세우지 않는다.

· 보유한 자산 또는 소득이 재무설계가 필요할 정도로 많지 않다고 생각한다.

· 재무상태가 양호하다고 생각한다.

· 복잡하고 귀찮은 일은 당장 하지 않으려고 한다.

· 사망, 장해, 실직, 재산손해와 같은 불행한 상황을 생각하고 싶어하지 않는다.

· 재무설계는 돈이 많이 소요되는 일이라고 생각한다.

이와 같은 가정은 모두 잘못되었다. 미리 계획을 세우지 못하면 대가가 따를 수밖에 없다. 계획을 세우지 않으면 다음과 같은 상황이 발생한다.

· 사망, 장해, 치명적인 질병, 자동차사고, 장기실업, 기타 불행한 사태와 같은 개인적인 재난에 제대로 대처하지 못한다.

· 은퇴 또는 가족의 교육비를 위해 저축한 돈이 너무 적다.

· 필요 이상의 소득세 또는 증여세를 납부한다.

· 비계획적 유산상속으로 높은 세금과 사후정리비용이 발생한다.

· 살아가는 동안 재무목표를 달성하지 못한다.

재무설계사의 도움이 필요한 이유

자신의 재무에 관해 자세한 정보에 근거해서 체계적인 의사결정을 내릴 만큼 충분한 전문적 지식을 가진 사람은 많지 않다. 사람들은 훌륭한 의사결정을 내리는 데 거의 도움을 받지 못하고 있다. 재무설계사는 고객이 잠재된 어려움을 극복하면서 자신의 니드를 발견하고 그 니드를 충족할 수 있는 올바른 방법을 찾아내도록 돕는다. 재무설계사의 직무에는 상담, 정보관리 및 처리, 교육자금설계, 투자설계, 세금설계, 위험관리, 은퇴설계, 상속설계 등이 모두 포함된다.

개인재무설계의 핵심 분야

재무설계는 다음과 같은 핵심 분야로 구성된다.

· 현금흐름관리

· 보험설계

· 투자설계

· 교육설계

· 세금설계

· 은퇴설계

· 상속설계

이번 장에서는 재무설계사가 업무를 어느 한 분야에 집중할 것인지 아니면 여러 분야를 결합할 것인지 결정할 기본적인 틀을 제시하려고 한다.

## 현금흐름관리

고객은 재무상태를 더 효과적으로 관리하기 위해 현금흐름관리 서비스를 원한다. 많은 사람은 매월 현금흐름을 더 잘 관리하는 방법을 배우고 싶어한다는 뜻이다. 종종 고객은 생활수준을 그대로 유지하면서 소득 가운데 더 많은 금액을 저축하고 싶어한다. 어떤 사람에게는 부채가 과다한 상태이거나 저축이 거의 또는 전혀 없거나 현금유입의 심한 변동과 같은 현금흐름에서 중대한 문제점이 있다. 또 다른 사람은 은퇴생활을 위한 충분한 자금마련을 걱정하거나 재산을 너무 빨리 탕진하지 않도록 소비를 억제할 수 있는 방법을 찾는다. 따라서 이런 고객은 특히 현금흐름관리와 관련한 세부적인 재무목표를 가지고 있다.

현금흐름관리에는 다음과 같은 두 가지 중요한 목적이 있다.

첫째, 소득과 지출 관리. 질병, 상해, 사망, 갑작스런 실직 등으로 인해 예기치 못하거나 긴급한 자금이 필요할 때를 대비해 현금, 현금 등가물을 미리 준비하고 유지해야 한다.

둘째, 자본투자를 위한 여유자금을 체계적으로 준비하고 유지한다.

가끔 고객의 현금흐름관리 서비스의 중요성을 폄하하는 재무설계사가 있는데, 이것은 잘못된 생각이다. 왜냐하면 고객이 폭넓은 재무목표를 달성하려면 바로 이 분야에서 문제를 해결하는 것이 중요한 역할을 하기 때문이다.

현금흐름관리는 예산편성, 현금흐름설계, 순자산 평가라는 세 가지로 구성된다. 이 분야에서 재무설계사의 도움이 없다면 고객은 재무목표를 달성하기 힘들 것이다.

현금흐름관리에서 재무설계사의 역할

재무설계사는 고객이 현금흐름계획을 수립하도록 지원하는 역할을 수행한다. 이 과정에는 재무정보수집, 소득원, 소비행태, 합리적인 세부목표 설정, 예산편성, 성과에 대한 모니터링이 포함된다. 현금흐름설계는 고객의 생활양식에 중대한 영향을 미칠 수 있으며, 재무설계사는 항상 저축의 중요성을 강조해야 한다. 이 과정의 일부로서, 재무설계사는 현재 저축수준을 감안할 때 목표가 현실적인지, 현재 불가능한 목표를 달성하려면 자금이 얼마나 더 필요한지 고객이 스스로 평가하도록 도와줘야 한다. 따라서 재무설계사는 주로 고객이 적정 금액을 저축할 수 있는 현금흐름체계를 세우도록 도와준다. 그래도 고객의 저축이 충분하지 않다면 재무설계사는 고객이 달성할 수 있는 수준에 맞춰 목표를 수정하도록 도와줘야 한다.


예산편성 및 예산분석

예산편성은 시간이 많이 걸리지만 필요한 과업이다. 예산편성을 위해서는 고객이 얼마나 많이 지출하는지, 장단기 목표달성을 위해 투자하고 있는지, 그렇다면 어느 정도의 비율로 투자하고 있는지 종합적으로 분석해야 한다. 고객은 자금을 효율적으로 관리하기 위해서 예산편성 방법을 완벽하게 배워야 한다. 고객은 반드시 소득을 예상하고 지출 및 투자내역을 기록하고 모니터링한 후, 예상치와 실제치를 비교해야 한다. 고객이 소득 및 지출성향을 정확하고 세부적으로 평가할 때 이 목표를 달성할 수 있다. 하지만 이것을 실천하기란 쉽지 않다. 예산 관련 자료는 세금신고 내역, 주택개량공사 기록, 은행 및 증권 계좌내역, 개인재무제표(재무상태

표와 현금흐름표), 보험증권, 신용카드, 수표장 등을 통해서 얻을 수 있다.

대개 성공적인 예산편성은 지출을 얼마나 잘 관리하느냐에 달려 있다. 재무설계사는 현실적으로 고객의 지출액을 예측해야 한다. 만약 그 액수가 소득을 초과한다면 고객이 지출을 줄이거나 지출하지 않도록 도와야 한다. 그리고 재무설계사는 그 예산안을 주기적으로 검토하고, 과거의 성과를 바탕으로 계획을 수정해야 한다.

고객이 부채가 너무 많고 지출을 억제하기 힘들거나 재무설계사의 능력을 벗어나는 복잡한 상황에 있다면, 고객이 특별한 재무상담 서비스를 제공받도록 알려줘야 한다.

개인 예산안 수립과 성과분석에는 다음과 같은 세 단계가 필요하다.

1단계: 합리적인 목표와 세부목표 설정

2단계: 고객의 현재 재무상태 평가

3단계: 미래 지출 및 소득 예측

첫 번째 단계를 통해 고객은 합리적인 목표와 세부목표를 세울 수 있다. 단기적인 목표는 현금흐름을 개선하는 것이지만, 장기적인 목표는 은퇴 및 교육자금 마련에 집중된다. 고객이 세부목표를 이해하고 현실적인 목표를 세운다면, 자신의 현재 소비행태가 그 목표를 달성하는데 도움이 되는지 여부를 좀더 쉽게 판단할 수 있을 것이다.

두 번째 단계는 고객의 현재 재무상태를 파악하기 위해 지난 6개월간의 지출과 수입흐름을 분석하면서 일시적인 것과 정규적인 것을 점검한다. 지출 종류별로 정리하기 위해 오래된 현금영수증, 수표 및 수표장, 카드사용내역을 활용하라. 한 가지 방법은 고객의 공책을 매달 한 장씩 12개의 장으로 구분하고, 각 장을 다시 지출 종류별로 구분한 다음 지출목록을 작성한다. 예를 들어 고정지출과 변동지출로 구분한다. 고객이 관리할 수 없는 필수적인 비용 — 즉 집세, 모기지, 식료품비, 의류비, 자동차할부금, 보험료, 공과금, 세금, 대출금, 카드상환 — 은 고정지출이다. 한편 변동지출은 본질적으로 임의적이며 필요하다면 가감할 수 있거나 미룰 수 있는 지출을 말한다. 모기지 이자, 부동산세, 기부금과 같은 세금환급 관련 항목은 주의해야 한다. 모든 지출내역을 기록하는 과정 자체가 고객이 불필요한 비용을 억제하도록 하는 긍정적인 효과를 가져올 수 있다.

재무설계사가 고객의 대출심사통과와 같은 특수한 목적의 서비스를 제공하고 있다면 그에 맞는 예산 양식을 선택해야 한다. 은행과 여타 금융기관은 특정한 양식을 요구할 것이다. 고객은 예산을 설계할 때 그런 양식이 적용되기를 바랄 것이며, 특히 어떤 특정한 은행과 거래가 많다면 더욱 그럴 것이다.

세 번째 단계에서는 고객이 급여, 사업소득, 이자, 배당금, 개인대출 등을 통해 얻게 될 미래의 월 소득 및 세후 가처분소득(의료보험 및 기타 급여공제도 고려)을 현실적으로 예측할 수 있도록 돕는다. 고객의 모든 소득원을 확인하고, 과거 소득세 신고 내용을 통해 각 소득원에 대해 검토한다. 일단 매월 수입과 지출을 산정했으면, 고객에게 연간 지출액을 예상해 보라고 요구한다.

각 종류별로 수입과 지출이 균형을 이루도록 해야 한다. 휴가와 명절선물 같은 비정기적인 지출은 한 해 전체에 걸쳐 분산시켜야 한다. 고객에게 큰 규모의 지출이 발생하는 날은 별도로 표시해둔다. 월별 실제 지출액과 예상 지출액도 비교한다. 그 결과 큰 폭의 편차가 있으면, 해당 예산항목에 의문부호 표시를 하고 고객이 원하는 소비수준을 유지하면서도 지출을 줄일 수 있는 부분인지 결정하도록 권하면서 그 항목을 다시 조정한다.

현재 고정지출과 변동지출 규모를 활용해서 향후 3년에서 5년 동안 이들 비용의 발생 규모를 추정할 수 있다. 즉시 현금화가 가능한 단기금융상품에 비상자금(총 생활비의 6개월분)을 별도로 유지하고 물가인상, 세율, 급여수준의 변화, 기타 변동요소도 염두해야 한다. 고객이 노부모를 부양하거나 대학 학비를 낼 때, 자녀를 양육할 때, 새 차나 집을 살 때, 자신의 환경을 변화시킬 때 필요한 비용도 변하기 마련이다. 이런 변화가 고객의 장기목표 달성에 영향을 줄 수 있다는 사실을 환기시켜야 한다. 예시 4.1(190쪽)은 월별 예산안 편성에 활용할 수 있는 견본 양식이다.


## 현금흐름 설계

일단 고객의 현금흐름을 분석하고 나면 다음 단계는 고객이 구체적인 전략을 실행하면서 재량소득(Discretionary Income)을 극대화할 수 있도록 도와준다. 이를 위해 재무설계사는 고객이 소비를 억제하고, 당초 세부목표를 달성하기에 충분한 자금을 저축할 수 없으면 그 목표를 수정하도록 도와야 한다. 또 고객이 목표에 한걸음 한걸음 다가갈 수 있도록 주기적으로 예상 현금흐름과 실제 현금흐름을 비교·검토해야 한다.

재무설계사는 고객이 재량소득을 증가시킬 수 있는 다양한 수단을 가지고 있다. 그러한 수단으로는 채무조정, 자산재배분, 세제적격퇴직연금, 종업원복지플랜, 자녀자산 구분관리 등이 있다.

• 채무재조정. 고객은 채무를 하나의 개인 은행대출, 모기지로 통합하면 모든 미지급 신용카드 잔액을 청산할 수 있다. 그리고 나서 신용카드 사용을 중단하라고 권유해야 한다.

• 자산재배분. 이 기법은 자금을 더 효율적으로 운용하기 위해 이동시키는 것을 말한다. 재무설계사는 고객의 목표와 일정에 맞춰 성과가 좋지 않은 자산을 더 생산성이 높은 상품으로 배분하라고 권유할 것이다. 또는 소득창출을 위한 투자보다 성장투자를, 과세투자에서 비과세투자로 대체하라고 제안할 수도 있다.

• 세제적격퇴직연금 및 기타 개인 은퇴계좌(세전)상품. 고객은 되도록 모든 세금이연(tax-deferred) 상품 — 401(k)플랜, 비과세 연금, 키오플랜(Keogh plan),[1] 기타 고용주지원연금, 개인퇴직계좌(IRA),[2] 이연보상플랜(deferred compensation plan)[3] — 을 활용해야 한다. 만약 고객이 세후투자 계좌(after-tax investment account)[4]와 같이 세제적격퇴직연금이 아닌 곳에 은퇴 자금을 저축하고 있다면, 세금을 내지 않는 과세이연 저축의 장기적인 혜택을 설명해 줘야 한다. 또한 세제적격퇴직연금에 401(k)만 있는 것은 아니다. 자영업자인 경우 키오플

---

1) 확정기여형 퇴직연금제도는 401(k)플랜, 403(b)플랜, 457플랜, 키오플랜 등이 있다. 이중 키오플랜은 1962년 제정된 미국 자영업자의 퇴직연금제도를 말한다. 이 연금의 명칭은 법안을 상정한 뉴욕 주 하원의원 키오(E. J. Keogh)의 이름에서 유래한 것이다 ─ 옮긴이 주.

2) 개인퇴직계좌는 개인퇴직연금계약을 체결한 개인이 연금보험료를 적립하는 미국 예금금융기관의 자유금리부 예금을 말한다. 1974년 종업원퇴직소득보장법(employee retirement income security act: ERISA)의 제정으로 도입되었다 ─ 옮긴이 주.

3) 이연보상플랜은 457(b)플랜을 말한다. 이 퇴직연금은 세제비적격 과세이연 보상플랜으로 다수의 비영리기관의 고용자에게 부여하는 제도다 ─ 옮긴이 주.

4) 규정상 401(k)플랜 등과 같은 세제적격퇴직연금의 경우 세전기여만 허용하고 세후기여는 허용하지 않는다 ─ 옮긴이 주.

랜, 근로자 저축장려연금(simplified employer sponsored plan: SIMPLE)에 투자할 수 있다. IRA, 이연보상플랜, 비적격저축연금도 종업원이나 자영업자 모두 활용할 수 있는 수단이다.

· 종업원복지플랜. 고객의 종업원복지플랜은 세전 자금으로 일부 비용을 충당할 수 있다. 고용주가 그러한 제도를 지원하는 경우 고객은 401(k), 403(b), 간이근로자연금(simplified employee pension plan: SEP),[5] 변동지출계좌(flexible spending account)[6] 등을 활용해 자녀양육이나 의료비 지출에 사용하면서 세금을 최소화할 수 있다.

· 자녀자산 구분관리. 재무설계사는 고객의 자녀를 위한 위탁계좌나 신탁을 준비하도록 설득해야 한다. 과세대상 투자소득에 적용되는 한계세율 등급이 부모보다는 자녀의 경우가 더 낮기 때문이다.

## 순자산 평가

재무설계사는 미래소득에서 저축하거나 투자할 수 있는 예산 및 현금흐름을 결정하고, 고객의 현재 상황, 즉 전반적인 재무상태, 순자산에 대해서도 파악해야 한다. 간단히 말해, 순자산은 자

---

5) 소규모 사업자나 자영업자를 위한 플랜으로서, 고용주가 차별 없이 모든 종업원을 위해 개인퇴직계좌에 납입해 줄 수 있다. 전년도에 25명 미만의 자격 있는 종업원이 있고 최소 50% 이상의 종업원이 SEP플랜에 가입할 경우 고용주 외에 종업원도 이 플랜에 가입할 수 있다. 연간 3만 달러 또는 가입한 종업원 급여의 15% 가운데 적은 금액을 납입할 수 있다. 또한 고용주는 종업원과 같은 금액을 납입해야 한다 - 옮긴이 주.

6) 종업원이 세전 임금 가운데 고정된 금액을 특정한 비용지출을 위해 저축하는 근로자급여의 일종. 특정한 비용은 자녀양육비 또는 비보장 의료비용 등을 포함한다. 미리 저축액을 결정해야 하며, 종업원이 저축한 해당 계좌의 사용하지 않은 금액은 연말에 모두 정산되어 없어진다 - 옮긴이 주.

산(보유항목)에서 부채(지불항목)를 차감한 나머지 금액을 말한다. 재무설계사는 순자산을 평가하기 위해서 단순히 순자산 명세서를 작성하고 검토하는 것보다 훨씬 더 많은 일을 해야 한다. 즉 현재 순자산의 계산, 다음 연도를 위한 현실적인 목표 수립, 그 목표달성에 필요한 세부적인 전략을 개발하는 과정을 통해 가장 유익한 성과를 기대할 수 있다. 순자산을 중심으로 설계한다면 고객은 ① 재무설계 분야의 설정, ② 미래 목표를 중심으로 재무적 삶의 설계, ③ 주기적인 재무성과 측정, ④ 미래에 대한 재무적 불안감의 불식 등과 같은 목표를 달성할 수 있다.

• 기초적인 계산방식. 재무설계는 고객의 순자산을 계산하는 데서 출발한다. 재무적 건전성을 측정하는 기준이 되는 순자산은 부동산, 주식, 채권, 기타 유가증권과 같은 모든 보유자산의 전체 시장가치에서 모기지, 회전결제 카드대출 등과 같은 모든 미지급 채무를 뺀 금액이다. 따라서 순자산은 특정시점에 채무를 초과하는 자산의 금액을 말한다.

순자산을 계산하기 위해서는 관련 재무기록을 모두 합쳐야 한다. 이런 재무기록에는 최근 소득신고 자료, 은행계좌 내역, 지불필수표,[7] 신용카드 사용내역, 기타 생활비 명세서, 증권계좌, 뮤추얼펀드 내역, 주택담보대출 상환명세서, 부동산 계약체결 기록, 보험증권, 연금계좌 내역, 대출재상환 일정 등이 포함된다. 이런 모든 정보를 취합한다는 것 자체가 엄두도 나지 않겠지만, 순자산 설계를 위해서는 필요한 자료다. 또한 이러한 서류에 있는 정보는

---

7) 지불필수표(canceled check)란 지불이 끝난 수표를 말하는 것으로, 영수증과 마찬가지로 취급된다─옮긴이 주.

다른 분야의 설계를 위한 기초가 되기도 한다.

재무설계사는 자산을 유동자산, 투자자산, 사용자산 등의 종류별로 나누어 그 정보를 분석해야 한다. 나아가 투자자산은 단기 및 장기 항목으로 더 세분화해야 한다. 장기자산은 증권, 채권 기타항목으로 분류하고, 채무는 단기부채나 장기부채로 구분한다. 그러고 나서 총자산에서 총부채를 차감하면 그 시점에서 해당 가족의 순자산 금액이 산출된다.

• 전략수립. 순자산 금액은 적절한 순자산 설계전략의 기초가 된다. 순자산이 마이너스로 나타났다고 해도 ― 이런 경우는 가능할 뿐 아니라 실제 많이 발생한다 ― 이것이 반드시 해당 가족의 파산을 의미하지는 않는다. 하지만 이것은 분명히 부채 감소, 더 높은 투자수익 실현, 현실적인 목표설정을 위한 공격적인 전략을 개발해야 한다는 것을 의미한다.

마이너스 순자산 금액이 반드시 곧 파산을 의미하는 것이 아닌 것처럼, 플러스 순자산 금액 또한 재무설계 과정의 종료를 의미하지 않는다. 순자산은 일반적으로 다음 연도의 새로운 저축 목표와 더불어 매년 검토해야 한다. 고객이 목표를 달성했거나 초과달성했다면, 재무설계사는 저축비율을 유지하거나 더 늘리는 조치를 취해야 한다. 하지만 고객이 목표를 달성하지 못하면, 재무설계사는 상황을 개선할 수 있는 새로운 전략을 개발하거나 고객이 좀더 현실적인 순자산 목표를 정할 수 있도록 해줘야 한다.

고객이 순자산을 늘리려면 소비를 줄이거나 저축을 늘리는 수밖에 없다. 이것은 대단히 간단한 일이지만, 재무설계사는 이 점을 아무리 강조해도 지나치지 않다. 사람들이 재무적인 어려움에 처하는 근본원인은 소비를 제대로 관리할 수 없다는 데 있다. 부족한 소득, 잘못된 투자, 주변상황의 급격한 변화는 부차적인 요인이다. 예시 4.2(191쪽)는 순자산을 계산할 때 활용할 수 있는 양식이다.

현금흐름관리와 재무설계 분야의 통합

일단 고객이 수입을 극대화하고 지출을 최소화할 수 있는 계획을 세웠다고 해도, 보험설계, 투자설계, 교육자금설계, 세금설계, 은퇴설계, 상속설계를 위해서는 여전히 재무설계사의 도움이 필요하다.

현금흐름관리는 다른 분야의 설계업무에서 보자면 고객의 목표에 필요한 자금조달 방법이므로 일반적으로 재무설계는 현금흐름관리에서 출발한다. 다음 도표는 현금흐름관리와 다른 핵심적인 설계분야와 통합을 나타낸 것이다.

**현금흐름관리와 재무설계 분야의 통합**

| 설계분야 | 현금흐름설계의 통합 내용 |
|---|---|
| 보험설계 | 보험비용 조달 또는 비상예비자금 보유 |
| 투자설계 | 연간 투자 가능 금액 결정, 현금흐름에 포함시킬 투자소득 확정 |
| 교육자금설계 | 장래 교육비 마련을 위한 주기적 저축, 현재 교육비 지출에 사용되는 연간 현금흐름 축소 |
| 세금설계 | 세금 납부재원 마련, 세금설계에 기초한 가용현금흐름의 증감 |
| 은퇴설계 | 은퇴자금 마련을 위한 주기적 저축, 은퇴소득 제공 |
| 상속설계 | 상속설계를 위한 자산이전으로 생긴 현금흐름 축소의 영향 평가, 상속인을 위한 현금소득과 유동성 제공 |

## 보험설계

보험가입은 재무적인 손실을 가져오는 다양한 위험에 대처하는 가장 일반적인 방법이다. 손해, 상해, 위험, 파손 가능성을 높이는 유해한 요소를 최소화하거나 제거하려고 노력하면 이런 위험을 줄일 수 있다. 보험은 두 가지 방법으로 그같은 기능을 수행한다. 즉 보험은 위험을 개인으로부터 집단으로 전가하거나 이전시키며, 손실을 보상한다.

고객은 주로 자금의 필요성, 예를 들어 배우자의 사망 후 라이프스타일을 유지하기 위해서(생명보험), 근로소득을 대체하기 위해(소득보상보험), 의료비용을 지급하거나(건강보험) 유형자산 항목을 교체하거나 수리하기(주택화재보험, 자동차보험) 위해 보험에 가입한다. 고객이 손실을 입을 때 현금으로 메울 수 없다면 보험을 가입할 시점이다.

재무설계사는 고객이 개인적인 재무목표를 달성하는 데 방해가 되는 위험을 규명하고, 이러한 위험에 대비해 적절한 보험에 가입할 계획을 세우도록 도와야 한다. 고객을 위해 적절한 보험가입 프로그램을 개발하고 실행할 때 자산 및 부채 목록, 현금흐름 원천, 세부목표 등 고객의 종합적인 재무계획으로부터 획득한 정보를 활용할 수 있다.

재무설계사는 일반적으로 고객에게 필요한 보장금액을 예측하고, 어떤 유형의 보험이 최선인지 결정하는 데 초점을 맞춘다. 보험계약은 상당히 복잡하므로, 재무설계사의 전문지식이 고객에게 큰 도움이 된다.

보험은 생명·건강보험과 재산·배상책임보험이라는 두 가지 종류로 구분된다.

### 생명보험

생명보험은 보험계약자가 피보험자이든 아니든, 피보험자가 사망 시에 수익자에게 보험금 지급을 동의한 보험회사에 보험료를 납입해야 한다. 생명보험은 개인적 또는 사업상 필요하다.

생명보험의 원리는 매우 간단한다. 일차적인 목표는 수익자가 피보험자 사망 이전과 동일한 라이프스타일을 유지하도록 충분한 금액의 생명보험에 가입하는 것이다. 몇몇 보험 종류는 적립금을 축적할 수 있기 때문에 생명보험은 강제저축 형태로도 활용될 수 있다.

고객에게 필요한 생명보험 보장금액은 얼마인가? 재무설계사는 피보험자가 사망할 경우 어느 정도의 경제적 손실이 발생할지 결정해야 한다. 예시 4.3(192쪽)에 고객의 생명보험 필요보장금액을 측정하는 데 활용할 수 있는 양식을 제시하고 있다. 일단 고객의 필요보장금액을 파악하고 나서 고객이 필요보장을 위해 지출할 자금규모를 결정하는 것이다. 재무설계사는 고객의 응답을 기초로 하여 고객에게 적절한 보험 종류를 결정한다. 고객은 이들 보험의 장점에 대해 재무설계사와 논의한 후 그중 하나를 선택한다.

정기보험은 1년, 5년, 10년, 65세 등과 같이 정해진 연령이나 특정기간만 보장하는 일시적인 보험이다. 특정기간의 만기일이 되면 보험계약은 종료된다. 훌륭한 정기보험은 두 가지 특징을 지닌다. 그중 하나가 보험갱신보장(guaranteed renewability)으로서, 고객이 보험료를 납입하는 한 피보험자는 보험가입의 적격성을 제시할 필요가 없음을 의미한다. 또 다른 한 가지는 전환 가능성

(convertibility)으로서, 이는 정기보험을 계약기간 도중에 적립금이 있는 종신보험으로 전환할 수 있다는 것을 의미한다. 정기보험은 단기간, 즉 일반적으로 14년 이하의 기간에 보험이 필요한 사람들에게 적합하다.

종신보험은 평준보험료 납입형태로 피보험자의 생애에 걸쳐 보장하도록 설계된 것이다. 종신보험의 초기 보험료는 사망만을 보장하기 위해서 필요 이상으로 높게 책정되어 있다. 이런 초기의 초과보험료는 장기채권과 모기지 등에 투자되어 적립금으로 적립된다. 이런 적립금은 피보험자가 늙어서 사망 가능성이 높아진 보험기간 후반부에 부족한 보험 비용을 충당하는 데 사용된다. 적립금이나 배당금으로 보험료의 일부 또는 전체를 상계할 수 있다.

또한 보험계약자는 보험회사에서 약관대출이나 보험해약 등을 통해 이러한 적립금을 활용할 수 있다. 보험 해약환급금은 과세대상이 될 수도 있다. 보험 예정이율은 일반적으로 낮은 편이고, 보험료는 피보험자 개인의 생애 또는 일반적인 보험 만기시점인 100세까지 납입된다. 보험만기는 해당 주 법률과 보험회사의 규정에 따라 다르다. 피보험자가 사망할 경우 사망 보험금은 미리 지정한 보험수익자에게 지급되며 보험수익자가 지정되지 않았을 경우 해당 주의 재산으로 귀속된다. 종신보험은 투자부담을 보험회사에 전가하고 고정수입형투자(Fixed Income Investment)를 선호하는 사람에게 적합하다.

유니버설보험[8]은 적립형 보험이다. 이 보험은 보험료와 보험금

---

8) 유니버설보험은 1979년 미국의 고금리하에서 생명보험사들이 타 금융기관과 이율 경쟁을 목적으로 판매하기 시작한 생명보험 상품이다. 이 보험은 1979년부터

을 신축적으로 변경할 수 있고, 예정이율은 단기금융상품의 이율과 연동되어 있다. 이 보험은 보험계약자가 납입하는 보험료 가운데 사업비와 사망보험료를 각각 공시하고 있다. 다른 모든 적립형 보험과 마찬가지로 유니버설보험은 보험계약자가 대출이나 해약을 통해 해당 보험의 적립금을 활용할 수 있다.

유니버설보험은 첫 해의 보험료만 정해져 있다. 첫 해가 지나면 보험계약자는 보험계약의 효력을 유지할 충분한 적립금만 있다면 보험료의 증액과 감액이 자유롭고 보험료를 납입하지 않을 수도 있다. 미국 국세청 법률 7702조는 유니버설보험의 보험료 상한선을 정해 놓고 있다. 보험료 하한선은 보험계약의 효력을 유지하기 위해 필요한 정기보험의 보험료와 같다.

유니버설보험은 두 가지의 사망보험금 지급방식 가운데 하나를 선택할 수 있다. 첫 번째 방식(평준형 사망급부)은 보험 가입금액과 동일한 사망보험금을 지급하는 것이며, 두 번째 방식(증가형 사망급부)은 보험가입금액에 적립금을 합쳐 사망보험금을 지급하는 것이다. 일반적으로 어떤 방식을 선택하든지 보험료는 동일하다. 그러나 두 번째 방식을 선택할 경우 위험보험료가 더 빠르게 증가하기 때문에 적립금계좌의 적립금은 더 느리게 적립된다. 따라서 첫 번째 방식이 두 번째 방식에 비해 적립금이 더 많고 보험계약의 효력도 더 오래 유지된다. 첫 번째 방식은 일반적으로 50세 이상의 사람들에게 유리한데, 두 번째 방식을 선택할 경우 위험보험료가

점차적으로 널리 보급되어 1985~1987년에는 급속한 성장을 보였으며, 1989년의 보유계약액이 9,949억 달러에 달해 미국 생명보험 전체 보유계약액의 13.5%에 이른바 있다―옮긴이 주.

증가하기 때문이다. 유니버설보험은 보험료를 자유롭게 납입하고, 단기 자금시장 금리에 연동되는 투자수익을 원하는 고객에게 적합하다.

변액종신보험은 보험료가 고정되어 있으며, 최소 사망보험금이 보장된 종신보험과 유사하다. 다만 투자위험과 수익이 보험계약자에게 전가된다는 점이 다르다. 보험계약자는 생명보험회사가 제공하는 하나 이상의 투자계정으로 형성된 펀드에 보험계약을 편입하도록 지정한다. 보험계약자는 자산을 주식펀드, 채권펀드, 머니마켓펀드 등에 분산 투자할 수 있다. 이처럼 보험계약자가 투자 포트폴리오를 선택하기 때문에 최소한도의 적립금은 보장되지 않는다.

포트폴리오 수익률이 높으면 변액종신보험의 적립금과 사망보험금은 따라서 증가한다. 투자수익률이 기대 이하일 경우는 사망보험금은 줄어들게 되나, 보험료를 계속 납부할 경우 사망보험금은 처음 보험계약 당시 가입했던 금액 이하로 떨어지지는 않는다. 변액종신보험은 생명보험상품에 편입할 펀드가 어떻게 투자되는지 선택하기를 원하고, 책임이 따르는 투자위험을 감수하려는 고객에게 적합하다.


소득보상보험

소득보상보험은 육체적·정신적 장해로 인한 소득손실액을 보장하는 건강보험의 한 형태다. 고객은 생활유지비와 의료비가 투자소득, 배우자 소득, 기존의 소득대체자금을 초과할 경우에 소득보상보험이 필요하다. 대부분의 고객은 이 보험이 필요하다. 그러나 일반적으로 고객 6명당 1명 정도만 적정한 보장수단을 준비하고 있다.

### 재산 및 배상책임보험

집, 자동차, 기타 재산의 교체 및 수리비용을 직접 지불하지 않고 싶다면 누구나 손해보험에 가입할 필요가 있다. 가입해야 할 손해보험은 보통 주택화재보험, 자동차보험, 종합배상책임보험이다.

주택화재보험은 물리적인 재산손실과 동산의 도난을 포함하는 다양한 위험을 보장한다. 또 이 보험은 고객이 일시적으로 거주지에서 주거하지 못할 경우 임시거주비를 지급하거나 주택 및 소유 동산과 관련해 제3자에게 손해를 끼쳤을 경우 그 손해에 대해서도 보상한다.

주택소유자의 경우 가장 좋은 보험은 전 위험을 담보하는 HO-3 보장상품이다. 이 보험은 보험증권에서 특별히 담보되지 않은 면책사항을 제외하고는 어떠한 위험에도 주택의 재조달비용을 보장한다. HO-15보험은 가재도구에 대해 재조달비용(보험증권에 정한 한도까지)을 보장한다. HO-4보험은 주택임차인의 가재도구에 대해 재조달비용을 담보한다. HO-6보험은 공동주택과 콘도미니엄 소유자의 재조달비용을 담보하고, 피보험자의 내벽 손상을 담보한다. 마지막으로 오래된 주택을 보유한 사람이 가입하는 HO-8보험은 주택의 현재가액을 담보하는데, 이것은 재조달가액에서 감가상각비를 차감한 금액을 말한다. 구형 주택(일반적으로 제2차세계대전 이전에 건축된 주택)에 대해 재조달비용을 담보하는 보험은 가능하다고 해도 일반적으로 보험료가 대단히 비싸다.

자동차보험은 개인의 상해나 재산상의 손실을 담보한다. 이 보험은 주로 두 가지 부분으로 구성되어 있다. 첫째, 배상책임보장은 타인에게 상해를 입혔을 경우에 대비하는 것이다. 배상책임보장은 대인배상, 무보험차 상해와 같이 피보험자나 제3자의 자동차사고에 따른 소득상실, 의료비를 담보한다. 둘째, 자기 차량 손해는 피보험자가 입은 모든 재산상의 손실을 담보한다.

미국은 대부분의 주에서 개인이 자동차를 등록하려면 보험에 가입해야 한다. 그러나 신체상해 또는 재산손실에 필요한 최소 또는 법률적으로 정해진 보험금액은 거의 항상 실제 손실보다 적은 것이 현실이다. 신체상해 또는 재산손실을 대비한 적정 보장금액은 30만 달러 정도다.

주택화재보험과 자동차보험의 배상책임 보장금액은 불충분한 경우가 많다. 보통 사람들은 이런 보험의 보장금액보다 훨씬 많은 재산을 보유하고 있다. 그러므로 개인의 전 재산을 탕진할 수도 있는 소송으로부터 자신을 보호하기 위해서는 당연히 포괄담보와 같은 종합배상책임보험이 필요하다. 예를 들어 이들 보험은 보험료 175달러에 100만 달러 정도를 보장해 주는 등 비교적 보험료가 싸고, 주택화재보험이나 자동차보험의 책임한도를 넘는 경우에 대해서만 보험금을 지급한다. 보장금액이 100만 달러 이상의 보험에 가입하면 보험료가 할인된다.


## 투자설계

투자설계는 고객이 재무목표를 달성하는 데 매우 중요한 역할을 한다. 투자에는 다양한 왕도가 있다. 여기서 왕도는 고객에게 도움이 되는 방법을 말한다. 재무설계사는 바로 그 왕도가 무엇인지 찾아내야 한다. 투자설계 과정에는 세 가지 중요한 단계가 있다. 이것은 첫째, 투자변수의 평가, 둘째, 고객의 기대 관리, 셋째, 적절한 투자수단 선택이다.

투자변수의 평가

재무설계사는 고객 위험보유성향, 투자기간, 유동성, 시장성, 세금, 분산투자의 6가지 종합적인 투자변수를 평가해야 한다.

• 위험보유성향. 일반적으로 고객은 위험을 회피하지 않고, 손실을 회피한다. 고객은 원금을 보장하면서 높은 투자수익률을 올리고 싶어한다. 위험보유성향이란 어떤 사람이 투자할 때 어느 정도의 위험을 감수하는지 측정하는 것이다. 어떤 고객의 위험보유성향에 따라 적합한 투자방식을 결정하며, 그 투자방식이 고객의 목표달성 여부를 결정한다. 고객의 위험보유성향을 평가하기 위해서는 고객에게 예시 4.4(195쪽)의 고객 위험보유성향 평가 설문지를 작성하도록 요청하고, 재무설계사가 설문지에 붙은 고객점수표를 작성한다.

• 투자기간. 고객의 투자기간이란 어떤 세부적인 재무목표를 달성하는데 활용 가능한 시간을 말한다. 이러한 투자기간은 목표를 달성하는 데 활용되는 투자수단에 영향을 미친다. 예를 들어 고객이 대단히 짧은 기간 내에 달성해야 하는 우선순위가 높은 목표를 가지고 있는 경우, 위험이 낮은 금융시장의 투자상품(단기 미국재무성증권, MMF, 단기양도성예금증서)이 적당하다. 투자기간이 10년 이상인 경우에는 기대수익률이 높은 비유동적인 투자상품(예를 들어 부동산)이 적합할 것이다. 투자기간과 관련해서 고려해야 할 대상은 투자에 따른 변동성 정도다. 보통 투자기간이 길수록 단기적

변동성에 대한 우려가 줄어든다.

• 유동성. 한정된 투자금액을 보유한 고객이나 주택 할부금과 같은 특별한 개인적 또는 사업상의 비용을 마련하려는 사람들은 투자의 유동성이나 투자원금의 손실 없이 투자한 것을 현금화할 수 있는지 관심을 가질 것이다. 유동성이 높은 투자상품으로는 단기정부발행채권, MMF, 예·적금이 있다.

• 시장성. 시장성과 유동성은 혼용되는 경우가 많다. 시장성은 유가증권 매매가 얼마나 신속하고 손쉬운지를 의미한다. 부동산과 같은 투자수단은 시장성이 크지만 특히 침체된 시장에서는 유동성이 낮다. 이와 같은 조건에서 부동산을 매각할 경우 상당한 규모의 투자원금이 손실될 수 있기 때문이다.

• 세금. 고객의 소득세 한계세율, 세액공제, 소득 규모와 종류, 공제, 감가상각은 투자상품 선택에 영향을 준다. 투자수익은 세금혜택, 현금흐름 형태와 규모, 최종배당 종류와 규모의 결합으로 생긴다. 어떤 투자상품은 고소득층의 고객에게 유리하지만, 또 다른 투자상품은 저소득층의 고객에게 적합하다. 고액납세 고객은 보통 비과세, 세제혜택, 과세이연이 더 유리하다. 어떤 투자상품이 특정 고객에게 더 높은 수익률을 제공하는지 알려면 반드시 세후수익을 비교해야 한다. 투자상품을 선택할 때 세금혜택뿐만 아니라 투자수익도 고려해야 한다.

• 분산투자. "모든 계란을 한 바구니에 담지 말라"는 오래된 금언은 투자에도 해당된다. 수익을 극대화하고 위험을 최소화하려면 위험을 서로 다른 투자상품 및 자산 — 예를 들어 우량주, 재무성증권, 지방채, 소형주, MMF — 에 분산투자하는 것이 바람직하며, 이들 가운데 한 투자상품에 투자금액 전부를 투자해서는 안 된다.

고객의 기대관리

재무설계사는 고객의 관심사를 파악하고 나서 고객이 투자에 대해 안심하고 그 투자에서 가능한 것과 그렇지 않은 것을 이해할 수 있도록 도와줘야 한다. 이때 투자자가 감당할 위험의 종류, 수익률, 위험과 수익률 간의 상충관계와 같은 핵심 개념에 대해 설명해 주는 것이 중요하다.

위험에는 체계적인 위험과 비체계적인 위험의 두 종류가 있다.

체계적인 위험은 시장 투자자에게 상존하는 것이며, 감소시키거나 제거할 수 없다. 이 위험을 감내하면서 투자자는 시장에서 잠재적인 보상을 받을 수 있다. 체계적 위험은 다음과 같은 세 가지 종류로 구분된다.

① 시장위험(Market Risk): 시장에 진입하는 것만으로도 발생하는 위험

② 금리변동위험(Interest Rate Risk): 주식이나 채권 가격에 불리하게 작용하는 금리변화에 따른 위험

③ 구매력위험(Purchasing Power Risk): 즉 물가상승이 주식이나 채권 가격에 부정적으로 작용하는 위험

비체계적인 위험은 분산투자를 통해 조절할 수 있으며, 다음과 같은 두 종류가 있다.

① 개별(사업)위험(Business Risk): 투자하고 있는 특수한 시장에 존재하는 위험

② 재무위험(Financial Risk): 투자하고 있는 회사의 채무로 인한 위험

수익은 대개 예상수익, 최소 요구수익, 실제수익이라는 세 가지 종류를 말한다.

기대수익은 투자자가 특정한 투자로부터 미래에 발생하기를 바라는 수익을 말한다. 이것은 예상성장률, 소득, 투자로부터 발생하는 수입에 기초한다. 기대수익은 투자상품이 가지는 위험수준과 직접 연관된다. 예를 들어 발행주식은 다음의 표와 같이 해당기업의 자산규모에 따라 네 종류로 분류된다.

| 주식의 종류 | 시장가치 |
| --- | --- |
| 대형주(large cap) | 50억 달러 이상 |
| 중형주(mid cap) | 10억 달러~50억 달러 |
| 소형주(small cap) | 3억 달러~10억 달러 |
| 초소형주(micro cap) | 1,000만 달러~3억 달러 |

『주식, 채권, 재무성증권, 인플레이션』이란 제목의 연간편람을 통해 자산별 수익률을 추적하고 있는 시카고의 입보스턴 어소시에이츠(Ibboston Associates)사에 따르면, 1925년부터 1998년에 걸쳐 소형주의 연간 평균수익률이 12.4%로 가장 높았으며, 그 다음이 대형주로 11.2%였다. 장기국공채의 수익률은 5.3%, 단기재무성증권은 3.8%였으며, 같은 기간 물가상승률은 평균 3.1%였다.

최소 요구수익률은 어떤 투자상품을 구매할 때 합리적인 투자수익률을 말한다. 재무설계사는 어떤 돈을 투자하든지 먼저 고객의 목표달성을 위해 가능한 최소 수익률을 계산해야 한다.

실제수익은 어떤 투자자산을 보유함에 따라 획득한 실현수익을 말한다. 그 수익은 이자, 배당, 투자자산의 가격상승으로 구성된다.

### 적합한 투자상품 선택

재무설계사는 고객이 재무목표를 달성하기 위한 투자전략을 객관적으로 선택할 수 있도록 도와야 한다. 투자자는 투자상품을 선택할 때 본질적으로 지분소유자(Owners) 또는 대출자(Lenders) 가운데 하나를 선택할 수 있다. 지분소유자는 주식과 같은 지분상품, 부동산, 금 따위의 상품 투자에 관심을 가진다. 대출자는 채권과 고정수입형 상품에 투자한다.

### 투자 유형

단기시장상품은 일반적으로 가장 안전하지만 수익률이 가장 낮다. 단기시장상품으로는 단기 미국재무성증권, 기업어음, 양도성 예금증서가 있다.

고정수입형 투자상품은 ① EE 및 HH 시리즈 저축채권,[9] 미국 재무성증권(1~10년 만기), 장기채권(10~30년 만기)으로 구성된 정부채권, ② 지방채(지역 과세당국이 지급을 보증하는 일반채권. general obligation bond: GOB)와 수익채권(어떤 프로젝트의 수익창출 능력에 따라 보증),[10] ③ 회사채(기업이 자금을 마련하기 위해 발행)의 세 종류

---

9) EE시리즈 저축채권(Series EE savings bond)은 변동이자율로 지급하며 액면가치에서 50%까지 할인되어 판매되는 미국 재무성이 발행하는 채권이다. 이자율은 5년 만기 재무성증권 이자율의 85%로 책정되며 적어도 5년 동안만 보유하면 최저수익률이 보장된다. 과세대상 채권으로 이자소득에 대한 연방소득세를 매년 납부하거나 만기까지 이연시킬 수 있다. 한편 HH시리즈 저축채권(Series HH savings bond)은 10년 만기이고 6개월마다 확정이자를 지급하는 발행단위 $500~$10,000의 미국 재무성이 발행하는 채권이다. EE시리즈 저축채권만큼 널리 유통되지는 않으며 만기에 EE시리즈 저축채권과 교체에 의해서만 구입할 수 있다 — 옮긴이 주.

10) 일반채권(GOB)은 발행주체의 완전신용과 납세능력에 의해 보장되는 무담보부 채권이고, 수익채권은 교량, 유료도로, 병원 같은 특정한 수익창출 프로젝트에서

가 있다.

주식투자

주식의 종류에는 우량주, 안정주, 성장주, 경기순환주, 방어주, 금리민감주 등이 있다.

우량주는 사회적으로 매우 존경받는 견실한 회사의 주식을 말한다. 이런 회사는 대개 실적에 관계없이 어느 해나 배당금을 지급한다. IBM, 머크, 맥도날드 등이 대표적이다.

안정주는 배당을 잘하는 공공 서비스회사 주식을 말한다.

성장주는 해당 기업의 수익이 계속 증가하며 그 수익 가운데 많은 부분이 지속적인 기업확장을 위해 재투자되는 기업의 주식을 말한다. 일반적으로 성장주는 시장평균에 비해 가치상승 속도가 더 빠를 것으로 기대된다.

경기순환주는 경제성장기에는 번창하다가 경기하강 국면에서는 실적이 악화되는 회사의 주식을 말한다. 항공, 자동차, 철강산업의 주식을 예로 들 수 있다.

방어주는 회사가 필수재, 즉 식료품, 음료제품, 담배와 같이 먹고 마시고 피우는 것을 생산하기 때문에 경기변동에 상대적으로 영향을 받지 않는 기업의 주식을 말한다.

금리민감주는 금리변화에 따라 주가가 오르내린다. 대표적인 예로는 주택건설업과 은행업의 주식을 들 수 있다.

---

발생하는 수익에 의존하는 채권으로서, 프로젝트에서 약정원리금을 지급할 수 있는 수익이 발생하지 않은 경우에는 지급할 의무가 없다. 따라서 수익채권은 GOB보다 위험과 수익률이 높다－옮긴이 주.

### 뮤추얼펀드

개별 주식을 매입하는 방식 중의 하나가 뮤추얼펀드에 투자하는 것이다. 뮤추얼펀드는 현금, 채권, 주식, 기타 투자상품에 투자한다. 이 펀드의 주식을 매입한 사람은 본질적으로 펀드가 보유한 개별 투자상품의 일부를 보유한 것과 같다.

분산투자를 할 때 뮤추얼펀드는 중소형 포트폴리오에 적합한 투자상품이다. 어떤 투자자가 50가지 서로 다른 주식종목을 100주씩 살 수 있는 여력은 없다고 해도, 동일한 50가지 종목에 투자하고 있는 뮤추얼펀드 100주를 살 수는 있을 것이다. 그 투자자의 지분이 또 다른 투자자의 지분과 합쳐지면, 실제 훨씬 더 많은 주식에 투자할 수 있다.

뮤추얼펀드의 또 다른 장점으로는 전문 펀드매니저가 포트폴리오를 관리하면서 수익을 극대화하기 위해 그들의 전문성을 활용한다는 점이다. 한편 뮤추얼펀드는 투자자가 원하면 쉽게 현금화할 수 있는 유동성을 갖추고 있다. 투자자는 한 달에 최저 50달러까지 소액으로 펀드를 구입할 수 있다. 뮤추얼펀드는 배당 재투자제도, 주기적 인출과 투자, 수표 발행기능, 전화 및 인터넷을 통한 투자자 서비스를 제공할 수 있다.

### 보험투자

적립금이 있는 생명보험도 투자상품이다. 이번 장의 보험설계 항목을 참조하라.

### 증권사 선택

투자상품을 판매하는 재무상담사는 보통 증권사와 함께 일한다.

증권사와 제휴를 통해 뮤추얼펀드회사, 보험회사, 결제회사, 교육기관, 세금, 은퇴계획, 재무계획, 기타 관련분야 전문가와 폭넓은 관계를 형성할 수 있다. 그러나 재무설계사는 언제나 하나의 증권사와만 제휴할 수 있다는 사실에 주의해야 한다.

신입 재무설계사는 증권사가 적극적으로 자신을 채용할 것이라고 기대해서는 안 된다. 증권사는 대부분 검증된 사람을 찾고 있으며, 초보자를 채용하는 곳은 거의 없다. 그러나 여전히 대부분의 증권사는 재무설계를 전담할 성실한 지원자를 환영하고 있다.

결국 재무설계사 스스로 현재 그리고 앞으로 장기간 일하기 편한 증권사를 선택할 수밖에 없다. 먼저 재무설계사는 어느 증권사를 선택했고, 왜 선택했는지 동료에게 물어볼 수 있다. 그 다음 재무설계사가 함께 일하고 싶은 3개 증권사를 선별하고 나서 각 증권사를 차례로 방문한다. 재무설계사는 증권사를 방문해 앞으로 가장 자주 만날 사람들, 예를 들어 지점장, 거래나 수수료지급 담당, 기록관리 책임자와 대화하고 싶다고 말하라.

다음은 증권사의 서비스를 조사하면서 살펴야 할 사항 가운데 일부를 소개한다.

- 재무설계사를 위한 훈련 프로그램
- 증권사에서 이용하는 리서치 서비스
- 재무설계사가 이용할 수 있는 리서치 수단
- 재무설계사가 취득할 자격증(예를 들어 등록투자상담사)
- 증권사의 재무상태
- 업무수수료를 받는 재무설계사에게 제공되는 상품
- 고객서비스 역량
- 판매한 투자상품에 대한 수수료 지급비율

· 하자배상책임보험의 보장한도

· 사무관리: 수수료 지급횟수와 방식, 특정 자산의 수수료 대상 제외 여부, 재무설계사가 지불해야 하는 비용

· 거래하는 결제회사

· 재무설계사 마케팅 지원

· 고객계좌 명세서에 재무설계사의 이름을 명시할 수 있는지 여부


## 교육자금설계

교육비가 물가상승률에 비해 훨씬 빠른 속도로 증가한다는 사실을 고려할 때, 일찍부터 자녀의 교육비 준비계획을 세우는 것이 중요하다. 많은 고객은 자녀를 늦게 가지기 때문에 교육자금설계는 은퇴설계와 직접적인 충돌을 일으킬 수 있다. 자녀교육비와 은퇴자금이 동시에 필요할 경우가 발생한다.

재무설계사는 교육 관련 비용의 지속적인 증가와 늦기 전에 교육자금설계를 서두를 필요가 있음을 고객에게 알려줘야 한다. 고객과 처음 논의할 때 대학교육비를 납입하기 위해 이용할 수 있는 제도의 선택 순서를 검토해야 한다. 부모는 먼저 학자금 전액지원과 장학금을 이용할 수 있는지 살펴보고 나서 학자금보조와 대출을 고려하고, 마지막으로 개인적인 재원을 살펴봐야 한다.

또 다른 방법은 조부모의 유산상속에 의존하는 것이다. 연간 1만 달러 내지 2만 달러로 제한되는 증여세 공제한도와 상관없이 사립학교, 단과대학, 종합대학의 수업료를 납부하기 위해 직접증

여를 이용할 수 있다(상세한 설명은 이번 장의 상속설계를 참조하라).

재무설계사는 단지 자녀의 대학 '입학'뿐만 아니라 대학생활 '전체'에 걸쳐 돈이 필요하다는 사실을 고객에게 확실히 말해야 한다. 다시 말해, 자녀가 대학을 마치는 데 5년이 걸려 23세에 졸업한다면 교육자금설계는 대학을 입학하는 18세에서 끝나는 것이 아니라 23세 시점까지 계속 진행되어야 함을 주지시켜야 한다.

대학 교육자금설계는 다음과 같은 9단계 과정을 따라야 한다. 이것은 오하이오 신시내티에 위치한 내셔널 언더라이터 주식회사의 대표 레이먼드 D. 로위(CLU, ChFC)가 저술한 『대학교육자금 설계를 위한 전문가 안내서』의 내용을 각색한 것이다.

① 기본지식을 습득하라.

② 고객이 대학의 학자금보조 수급자격 심사를 통과할 수 있도록 지원하라.

③ 고객이 적절한 은퇴계획을 기초로 하여 대학교육에 필요한 예산을 수립하도록 도와라.

④ 고객과 자녀에게 적합한 대학을 선택하는 방법을 알려줘라.

⑤ 자녀가 고등학교에 재학 중일 때 학자금보조전략을 세워라.

⑥ 학자금보조 신청서류를 올바로 작성하라.

⑦ 모든 학자금보조 현황을 비교·평가하라.

⑧ 학비 대출계획을 은퇴계획에 통합하라.

⑨ 고객이 올바로 저축하도록 도와라.


• 기본지식을 습득하라. 재무설계사는 고객으로부터 자녀의 교육설계에 관한 질문을 자주 받는다. 따라서 다음과 같은 공통적이며 기초적인 질문에 대한 답변을 미리 준비해 놓는 것이 좋다.

대학교육비(하숙비, 식비, 수업료, 각종 수수료, 교재비, 여행비, 세탁비 등)는 얼마나 들 것인가? 4가지 학자금보조 지원서류는 무엇인가? 학자금보조는 어떻게 받을 수 있나? 비용 범위 내에서 학생들은 어떻게 가장 좋은 대학을 찾을 수 있는가? 대학 학자금보조에 대해 협의할 수 있는가? 자녀가 충분한 학자금보조를 받을 수 없을 경우 어떻게 해야 하는가?

• 고객이 학자금보조 수급자격 심사를 통과할 수 있도록 지원하라. 이렇게 하면 고객이 흔히 범하는 실수를 방지하고 자녀의 수준에 가장 적합한 대학을 선택할 수 있도록 도와줄 수 있을 것이다. 학비가 가장 많이 소요되는 대학도 고려할 필요가 있다. 학자금보조를 받을 수 있다면 적은 비용으로도 그런 대학에 보낼 수 있다.

• 고객이 적절한 은퇴계획을 기초로 하여 대학교육에 필요한 예산을 수립하도록 도와라. 대학교육에 필요한 예산을 수립할 때 먼저 고객의 은퇴재원을 평가해야 한다. 보통 대학교육비 문제에 대한 해답은 비용 전체를 부모만 부담하는 것이 아니라 자녀와 함께 나누어 부담하는 것이다. 가족의 재무상태를 현실적으로 평가하고, 하나의 니드를 위해 다른 니드를 희생할 필요는 없다.

• 고객과 자녀에게 적합한 대학을 선택하는 방법을 알려줘라. 대학마다 다른 학자금보조 정책을 이용해 필요한 학생을 선발한다. 지역의 서점과 도서관에 가면 대학을 선택할 때 중요한 정보를 제공하는 대학 안내책자를 많이 구해 볼 수 있다.

• 자녀가 고등학교에 재학 중일 때 학자금보조전략을 세워라. 계획은 빨리 수립할수록 좋다. 고객의 자녀가 고등학교 2학년일 때 설계를 시작하는 것이 좋다. 대학은 수급자격을 검토하기 위해 학자금보조를 지급하기 이전 연도부터 고객의 소득신고 내역에서 소

득 및 자산정보를 추적한다. 따라서 재무설계사는 고객이 수급자격을 유지할 수 있도록 도와야 한다. 이때 고객이 학자금을 자녀의 이름으로 마련하지 않도록 해야 한다. 학자금수급자격을 심사할 때 부모의 소득이나 자산보다는 학생의 소득이나 자산이 더 많은 비중을 차지하기 때문이다. 투자자산을 처분해 자본이득을 취하는 시기나 배우자의 직장복귀 시기를 신중하게 결정해야 한다.

• 학자금보조 신청서류를 올바로 작성하라. 부모들은 자녀가 고등학교 3학년이 되는 해의 1월과 2월에 학자금보조 신청서류를 작성하기 시작한다. 이때 재무설계사는 고객이 필요한 모든 서류양식을 구비해 마감시한을 잘 지키며 가정형편을 현실적으로 평가하고 불필요한 정보는 굳이 제출하지 않도록 해야 한다.

• 모든 학자금보조현황을 비교·평가하라. 고객이 학자금보조를 당연하게 생각하거나 대학의 보조금을 받는 것이 최선이라고 생각하지 않도록 하라. 대학의 참고자료를 이용해 정확한 고객의 비용부담률(학자금보조/자기부담)을 산출할 수 있다.

• 학비 대출계획을 은퇴계획에 통합하라. 학자금보조 규모를 결정하고 나서 실제로 고객이 대학교육비를 어떻게 납부할 것인지 계획을 세워야 한다. 현금화해야 하는 고객의 저축 및 투자액은 얼마인가? 어느 정도의 비상예비자금을 유지해야 하는가? 부모가 주택담보대출을 이용해야 하는가?

• 고객이 올바로 저축하도록 도와라. 고객은 다음과 같은 원칙을 고려해야 한다.

① 어린이 세금(kiddie tax)[11]은 회피하라.

---

11) '어린이 세금(kiddie tax)'이라는 세법은 부모가 한계세율이 낮은 자녀의 계좌를

② 저축증대에 따른 세금을 관리하라.

③ 자금인출 과정에서 세금을 관리하라.

④ 장래 학자금보조 수급자격을 위해 융통성을 확보하라.

⑤ 대학교육비 상승률을 감안하고 투자위험을 분산하며, 시장의 변화와 고객 니드 변화에 따라 적절한 비용수준을 관리할 수 있는 다양한 투자안을 준비하라.

⑥ 가장의 사망이나 장해에 대비해 충분한 생명보험 보장금액을 유지하라.

⑦ 자동적이고 체계적으로 적립할 수 있도록 선투자 방식(pay-yourself-first)[12]을 고려하라.


## 세금설계

세금설계는 현재 또는 미래의 세금부담을 줄이거나 납부할 시점을 조절하거나 전가할 수 있는 모든 가능한 전략을 활용하는 것이다. 세금설계는 전체적인 재무적 목표에 따라 파생되는 것이며 그 자체로 목적을 가지는 것은 아니다. 대부분의 가정에서 세금

---

개설함으로써 소득세를 회피하지 못하도록 1986년 제정되었다. 미국 세법에 따르면 14세 이하의 자녀에게는 매년 750달러까지 비과세 투자소득을 허용하고 있다. 자녀가 이 한도금액까지는 어떤 이자, 배당 또는 자산매각소득에 대해서 세금을 납부할 필요가 없다는 것을 의미한다 - 옮긴이 주.

12) 선투자방식(pay-yourself-first)이란 각종 청구서나 기타 필요한 상환금액을 지불하기 전에 장기적인 목표나 예상치 못한 비상사태를 위해 준비한 계좌에 매달 가능한 일정 금액을 따로 저축해두는 투자방식으로서, 개인이 자본을 축적할 수 있는 가장 확실한 방법이다 - 옮긴이 주.

은 큰 비용이므로 이 주제에 대해 특히 주목할 필요가 있다.

세금설계에서 재무설계사는 고객의 세금신고를 대행하는 일만 하는 것은 아니다. 오히려 재무설계사는 잠재적인 절세기회를 찾아내어 결과적으로 고객의 투자자산 배분을 재조정할 수 있다. 더 복잡한 세금문제를 처리해야 한다면 회계사나 세무사에게 위임하는 방법도 바람직하다.

재무설계사는 고객이 합법적으로 세금을 되도록 적게 내도록 도와주지만, 불법적인 탈세를 조장해서는 안 된다. 따라서 재무설계사는 필요에 따라 과세이연 또는 과세촉진(tax acceleration. 해당 연도에 세금을 집중시키는 것) 기법에 주목해야 한다. 다음은 고객이 최대한 절세할 수 있도록 제안할 수 있는 다양한 연말정산 기법이다.

연말 비용촉진 기법
- 다음 해까지 기다리지 않고 금년에 특정 비용을 지불한다. 수선작업을 하거나 비품과 재고품을 주문한다.
- 신용카드로 세금공제 가능 비용을 지급한다. 자선기부금과 의료비용은 신용카드회사에 카드 사용금액을 결제하는 시점이 아니라 카드를 사용할 때 공제할 수 있다. 이 방법은 특히 정산년도 마감시점에 고려할 수 있는 신속한 방법이다.
- 해당 주 및 지방세 원천징수 공제금액을 늘려달라고 고용주에게 요청한다.
- 다음 연도 1월 15일까지 기다리지 말고 연말 이전에 4분기에 해당하는 세금을 납부한다.
- 각종 공제를 통합한다. 각종 세목별 공제는 그 액수가 수정 과세 총소득(adjusted gross income: AGI)의 2%를 넘는 경우에만

공제가 가능하므로 자신의 한계세율(28% 이상이라고 가정)을 초과하도록 공제를 당해연도로 집중시키는 것도 올바른 방법이다. 대신 정당하게 공제할 수 없는 특정한 세금 관련 비용은 다음 연도로 이연한다. 이렇게 하면 2년 동안에 해당하는 세목별 비용을 한 해에 모두 공제할 수 있다. 세목별 비용에는 업무용 식사대접비, 오락비, 출장 교통비, 숙박비, 업무용 잡지구독료, 노동조합 또는 전문조합 조합비, 직업관련 교육훈련비, 구직비, 근무복과 같은 비상환성 근로자 영업활동비가 포함된다. 기타 세목별 비용에는 투자상담료, 투자 관련 책자 및 안전대여금고 이용료가 포함된다.

연말 소득이연 기법

- 자영업자는 고객에 대한 요금청구를 다음 연도까지 연기한다. 자영업자는 전적으로 청구서를 작성하고 고객에게 보낼 시점을 결정할 권한이 있다.
- 미리 고용주와 상의해 상여금을 다음 해로 연기한다.
- 분할판매기법(Installment sale)을 이용해 자산매각 시점에 발생하는 과세소득을 이연시킨다. 자산매각이익이 발생할 경우 분할판매기법을 선택하는 것이 좋다. 만약 매각대금이 1년 이상의 기간에 걸쳐 회수되는 방식으로 자산을 매도했을 경우에는 자동적으로 분할매각으로 취급될 수 있다. 매매이익에 대해 매매가 발생한 연도에 과세되므로 분할매각 방식을 선택하면 해당 연도에 매매이익 가운데 일부만 해당되고 나머지 이익은 다음 해로 연기된다.
- 자산매각 체결시점을 다음 해로 연기한다.

기타 세금설계

- 투자포지션을 그대로 유지한 상태에서 주식투자 손실 및 이
  익을 실현한다. 장기투자이익에 대해서는 세율이 낮기 때문
  에 매매시점이 중요한 의미가 있다. 소득신고 이전에 자산 매
  각이익과 손실을 상계 처리해야 하기 때문이다. 이미 장기투
  자이익을 해당년도 말에 실현했다면 손실이 발생한 주식의
  매각은 다음 해로 연기하고 이 손실로 정규소득에 부과되는
  높은 세금을 상쇄시킨다. 2000년 이후 매입하고 5년 이상 보
  유한 자산은 최고 18% 이하의 세율이 적용된다.
- 이전에 인정받지 못한 손실을 제거하기 위해 소극적 투자자
  산(passive investment)을 처분한다.
- 소극적 손실규정(passive loss rule)하에서 실질적인 참여자격을
  획득하기 위해 해당 사업에 참여 수준을 높인다.[13]
- 만기해약 손실과 소득이 너무 많아서 전년도에 받을 수 없었
  던 공제이월을 활용하라.
- 만기가 도래한 EE시리즈저축채권을 HH시리즈저축채권으로
  교환해 발생이자 실현을 회피한다. 이렇게 할 경우 이자에 대

13) 미국은 1986년 조세개혁법(Tax Reform Act of 1986)에 의해 소극적 투자에서
발생하는 손실에 대한 세금공제를 제한했다. 이는 1970년대 및 1980년대 초에 조
세피난처(tax shelter)로 인기를 끈 유한책임조합 때문이다. 이러한 조세개혁을 통
해 투자자는 더 이상 과세 총소득에서 소극적 손실 공제를 통해 조세부담을 덜
수 없게 되었다. 세법상 소극적 활동이란 본인이 실질적으로 참여하지 않은 활동
을 말한다. 부동산 임대나 유한책임조합 지분보유가 대표적인 경우다. 부동산 임
대는 본인이 실질적으로 참여했다고 해도 부동산 전문가 자격이 인정되지 않는
한 소극적 활동으로 취급된다. 반대로 유한책임조합 지분을 보유한 사람이 증명
할 수 있는 방식으로 사업에 실질적으로 참여한 경우도 소극적 활동에서 제외된
다 - 옮긴이 주.

한 연방소득세 납부를 이후 시점으로 연기할 수 있다.

- 휴가용 주택사용을 늘리거나 줄임으로써 이것을 개인주택이나 소극적 활동으로 인정받는다.

- 문제가 되는 세금은 당해연도에 납부한다. 이렇게 할 경우 내년에 이 세금에 대해 계속 문제를 제기할 수 있으며, 자동적인 공제가 가능하다.

- 당해연도의 상해손실 공제를 최대화하기 위해 보험금이나 손실보상을 청구한다.

- 과세대상 소득을 줄이기 위해 개인퇴직계좌(IRA)를 개설한다.

- 10%의 조기해지 수수료를 회피하기 위해서 개인퇴직개좌의 조기지급을 연기한다. 그러나 의료비용에 충당한 개인퇴직계좌 지급금액에 대해서는 이런 조기해지 수수료가 면제된다.

- 배우자 개인퇴직계좌 공제를 신청한다. 납세자에게 2,000달러, 배우자에게 2,000달러를 기여할 수 있다. 이것은 부부 가운데 한 사람만 근로에 종사하는 세대주에 대해서 기여금이 당해연도 통합보상한도를 초과하지 않는 범위까지 적용된다.

- 입양비용을 부담한다. 보통 소득수준의 납세자는 적격 입양비용으로 자녀당 5,000달러 또는 특수한 보살핌이 필요한 자녀의 경우 6,000달러까지 세액공제를 신청할 수 있다. 이 금액을 전부 공제받으려면 과세 총소득이 7만 5,000달러 이하인 납세자이어야 하며, 그 다음 수정 과세 총소득 4만 달러당 일정 비율로 감소된다. 적격 입양비용은 정당하고 필수적인 입양 수수료, 법정비용, 대리인 수수료, 기타 관련 비용으로 구성된다.

- 은퇴 이후 휴가용 주택으로 이사해 그 주택을 주요 거주지로

사용함으로써 최고 50만 달러까지의 수익에 대해 비과세(독신의 경우 최고 25만 달러) 자격을 얻는다.

- 미국 조세법 179조에 의거 연간 사업소득 납세자는 사무집기를 일정기간에 걸쳐 감가 상각하는 대신 (연간한도 내에서) 비용처리 재산으로 선택할 수도 있다. 이렇게 하면 상당히 큰 규모의 비용을 상계할 수 있고 소득금액을 줄일 수 있다.[14]
- 납세자가 부모에 대한 부양금액을 절반 이상 부담한 경우, 해당 납세자는 총 7.5%의 한도 내에서 자신이 지불한 부모의 의료비용을 공제받는다.
- 개인은퇴연금에 가입한 자영업자는 당해연도의 기여금 납부 시점을 지급기일에서 당해연도 소득공제 서류를 제출하는 시점까지 연장할 수 있다.


## 은퇴설계

재무설계사는 은퇴설계의 두 가지 폭넓은 방향에 대해 고객과 논의할 것이다. 그중 첫째는 고객의 은퇴자금 규모를 결정하는 것이다. 은퇴자금 규모는 은퇴 필요자금 분석(200쪽 예시 4.5 참조)을 통해 파악할 수 있다. 두 번째는 고객에게 은퇴설계 선택 안에 대

14) 미국 조세법안 179조는 비용으로 처리 가능한 재산항목을 제한한다. 기계류 및 장비, 가구 및 비품, 대부분의 저장설비, 단일목적의 농경 및 원예 구조물 등은 적격재산이며, 건물 및 관련 부속물, 소득발생 재산(투자 및 대여재산), 재단이나 신탁이 보유한 재산, 증여 또는 상속으로 취득한 재산, 소극적 활동에 사용되는 재산, 미국 외에서 사용되는 재산 등은 세제비적격재산이다 – 옮긴이 주.

해 조언하는 것이다. 은퇴설계의 이 두 가지 방향은 PIPRIM 재무
설계 과정의 2단계와 같이 고객을 위한 정량적·정성적인 정보를
준비한 후에 검토할 수 있다(3장 참조).

고객의 은퇴자금 결정

고객이 은퇴목표를 가지고 있다면, 재무설계사는 예측할 수 없
는 인생과 재무적 변화를 고려해 목표달성을 위해 필요한 충분한
자금규모를 결정하도록 도와야 한다. 은퇴생활에서 무엇이 중요한
지 고객과 논의하라. 고객의 관점에 맞추어 적절하게 대응하면 현
실적인 은퇴목표를 설정하고 재무계획을 수립할 수 있다. 고객이
원하는 은퇴소득 수준을 달성할 수 있도록 현재부터 미래에 필요
한 저축과 투자금액을 계산해야 한다.

은퇴목표에 맞는 투자를 위해서 고객은 직장을 그만둔 다음에
필요한 자금규모를 정확히 예측해야 한다. 물론 미래는 불확실하
다. 고객은 이렇게 간단하고 잊기 쉬운 사실을 잘 이해하고 있어야
한다. 재무설계사는 고객 은퇴시점의 경제적 여건에 대한 가정에
따라, 고객이 미래의 삶(주택 한두 채, 연간 휴가일수, 주요 지출내역,
보유 자동차 대수)에 대한 적절한 가정을 세울 수 있도록 도와줘야
한다. 재무설계사는 고객이 기대하는 최소 및 최대한도의 은퇴생
활을 합리적이고 실현 가능할 정도로 그려내야 한다. 이런 기초적
인 내용이 은퇴투자설계를 위한 출발점이다. 예시 4.5(200쪽)는 고
객의 은퇴필요자금 분석과 자금마련 계획수립에 도움이 될 것이다.

## 은퇴설계의 3단계

재무설계사는 또한 은퇴설계를 자금축적, 자금보존, 자금분배라는 세 단계로 나눠볼 수 있다. 재무설계사와 고객은 은퇴에 필요한 자금규모를 결정하고 나서 이 목표를 달성하기 위한 투자계획을 세워야 한다. 고객은 세제적격퇴직연금, 개인은퇴연금 및 세제비적격연금이라는 서로 다른 세 가지 은퇴상품을 통해 자금을 축적할 수 있다.

은퇴설계의 자금보존단계는 고객이 일을 하는 동안 투자원금을 최대화하기 위한 노력을 말한다. 자산 극대화 방법에 대한 분석은 앞에서 다룬 투자설계 항목을 살펴보면 된다.

마지막으로 은퇴설계의 자금분배 단계에서 재무설계사는 은퇴자금의 인출방법과 시기를 결정한다. 은퇴자금 분배는 일시금지급, 연금지급 방식 중에서 선택할 수 있다.


## 세제적격퇴직연금

세제적격퇴직연금에 가입하면 고용주와 근로자는 많은 세제혜택을 받는다. 고용주는 퇴직연금플랜의 기여금액에 대해 세금공제를 받으며, 이 금액은 근로자의 과세연도 소득으로 인정되지 않는다. 근로자는 미래에 연금을 지급받는 시점까지 세금을 이연할 수 있다. 다음에 있는 표는 주요 세제적격퇴직연금 종류를 정리한 것이다.

**세제적격퇴직연금의 종류**

| 확정기여형(defined contribution) | 확정급여형(defined benefit) |
|---|---|
| 목표급여제(Target benefit plan)<br>금전구입제(Money purchase plan)<br>이익분배제(Profit sharing plan)<br>401(k)<br>근로자저축제도(Thrift-savings plan)<br>403(b)<br>간이근로자연금(SEP)<br>근로자저축장려연금(SIMPLE) | 확정급여형/현금잔액형<br>(Cash balance plan) |

연금 수령권

연금 수령권은 모든 세제적격퇴직연금의 핵심 구성요소다. 연금 수령권은 근로자 기여, 고용주 기여의 두 요소에 별도로 적용된다. 근로자 기여 및 급여거치 기여는 항상 100% 수령권이 보장된다. 고용주 기여는 반드시 5년 일시 수령방식, 3~7년 단계적 수령방식 가운데 한 방식에 따라 최소한도의 기본 수령권이 주어져야 한다.

이것은 근무기간의 특정한 시점에 근로자가 확정기여 또는 확정급여의 연금급부 이자가 몰수되지 않고 보장된다는 것을 의미한다. 어떤 연금이든 수급권의 인정 기한은 7년을 초과할 수 없다. 그러나 근로자 저축장려연금의 경우 연금 수령권은 근로자와 고용주 기여분에 대해 즉시 주어지며 몰수되지 않는다. 특별 연금 수령권 규정은 고소득자 연금플랜(Top-heavy plan)에 적용된다.

일반적으로 세제적격퇴직연금은 가입자가 다음 두 가지 수급일정 가운데 고용주가 기여한 연금 부분에 대한 수령권을 완전히 보장하고 있다(완전한 자격부여).

| 5년 일시 수령방식 | |
| --- | --- |
| 근무년수 | 몰수불가비율 |
| 5년 미만 | 0% |
| 5년 이상 | 100% |
| 3~7년 단계적 수령방식 | |
| 근무년수 | 몰수불가비율 |
| 3년 미만 | 0% |
| 3년 | 20% |
| 4년 | 40% |
| 5년 | 60% |
| 6년 | 80% |
| 7년 이상 | 100% |

• 5년 일시 수령방식. 5년의 근무기간이 지나면 가입자는 계좌에 대해 완전한 수령권을 가진다. 5년을 근무하지 않고 직장을 떠나는 근로자는 고용주가 어떤 것도 지급할 의무가 없기 때문에 선택적 이연 기여가 아닌 고용주가 기여한 연금계좌의 부분에 대해서는 수령권이 없다.

• 3~7년 단계적 수령방식. 이 방식은 3년의 근무기간이 지나면 매년 수령권이 최소 20%씩 발생한다. 가입자는 7년이 지나면 연금에 대해 완전한 수령권을 가진다.

위에서 언급한 두 가지 방식 외에 근로자에게 유리하다면 다른 수급방식을 사용할 수 있다. 수급방식에 상관없이 근로자는 보통 연금의 은퇴연령에 도달하면 100% 연금 수령권을 가지는 것으로 간주한다.

강조하자면, 이 수급방식은 고용주 기여에만 해당된다. 근로자 기여, 선택적인 거치 및 이로부터 발생한 이자에 대해서는 항상 완전한 수령권을 부여한다. 또한 근로자는 연금이 만기가 되면 완전한 수령권을 가진다.

### 세제적격퇴직연금 분류

세제적격퇴직연금은 일반적으로 확정기여형과 확정급여형으로 분류된다. 확정기여형 연금은 각 가입자들이 연금 기여금액과 투자이익이 누적되는 계좌를 별도로 보유하기 때문에 개인계좌연금이라고도 한다. 반대로 확정급여형 연금은 연금기금을 한 곳으로 모으고, 가입자는 발생급부를 반영하는 명세서를 받지만 기금이 개인별 계좌로 분리되지 않는다.

세제적격퇴직연금은 또한 연금플랜(Pension plan)과 이익분배형 (Profit-sharing plan)으로 분류할 수 있다. 연금플랜은 확정급여 또는 확정기여와 같은 정해진 급여를 제공한다. 확정급여 연금플랜은 정해진 은퇴급여를 제공한다. 즉 금전구입제의 연금 및 목표급여제의 연금은 고용주의 연간 기여규모를 명확하게 제시한다. 이익분배제(주식 상여금제도 포함) 연금은 확정기여금을 명확히 제시하지 않는 유일한 세제적격퇴직연금이다.

### 확정기여형 연금

확정기여형 연금에서는 가입자에게 정해진 급여를 제공하지만 가입자가 자격요건을 갖출 때까지 보증하기 않는다. 가입자의 급여는 다음과 같은 세 가지 특징에 따라 결정된다. ① 가입자의 기여규모. ② 만기가 되어 수령권이 없는 가입자의 몰수금 재조정. ③ 수입발생, 손실 및 비용 등으로 인한 급여의 증감.

연금 가입기간을 통해 발생하는 투자이익 및 손실은 궁극적으로 가입자의 급여에 영향을 미치기 때문에, 확정기여형 연금의 주요 특징은 투자이익 및 손실 위험을 고용주가 아니라 가입자가 부담한다는 것이다. 이 경우 연금 자산의 증감은 고용주의 기여 또는 납입의무에 영향을 미치지 않는다. 오히려 그러한 자산의 증감은 가입자의 최종 급여에 영향을 미칠 뿐이다. 확정기여형 연금은 반드시 그렇지는 않지만 근로자는 계좌의 일부 또는 전체 투자 금액을 감독할 수 있다.

확정기여형 연금은 몇 가지 종류가 있다. 확정기여형 연금으로 금전구입제도, 목표급여제도, 전통적인 이익분배제도, 연령가중 금전구입제도 및 이익분배제도, 주식상여금제도, 종업원지주제(ESOP), 401(k) 연금제도가 포함된다.

• 금전구입제도. 금전구입제도는 확정기여형 연금의 한 종류로서 회사는 의무적으로 기여해야 하며 보통 기여금은 각 가입자의 급여에 따라 결정된다. 고용주는 연금 가입자의 급여를 위해 매년 근로자의 급여 가운데 일정한 비율을 신탁에 맡긴다. 금전구입제도에서 고용주는 급여의 25%까지 기여할 수 있다. 근로자는 급여의 25% 또는 3만 달러 이하의 기여금을 받을 수 있다. 가입자는 은퇴시점의 계정잔액을 이용해 은퇴 후 연간소득을 제공하는 연금을 구입한다.

• 목표급여제도. 목표급여제도는 확정급여형과 금전구입제도를 혼합 또는 절충한 방식이다. 이 방식은 확정급여형의 특징과 같이 은퇴시점에 예상 급여액을 지급하기 위해 필요한 연간 기여금을

결정하는 목표공식을 사용한다. 한편 금전구입제도와 같은 특징으로는 기여금액이 직접 개별 가입자의 분리계좌로 입금된다는 점이다. 확정기여형의 특징으로는 기대한 결과가 실제와 다를 경우 고용주가 차액을 보충할 필요가 없으며, 다만 근로자의 퇴직 후 소득이 예상보다 높거나 낮아질 뿐이다. 금전구입제도와 목표급여제도의 차이점은, 금전구입제도에서는 기여금액이 일반적으로 결정되고 현재 급여의 일부로 할당되는데 반해 목표급여제도에서는 마치 연금이 확정급여를 제공하는 것처럼 기여금액이 결정된다는 점이다.

• 이익분배제도. 가장 오래된 확정기여형 연금인 이익분배제도는 회사가 일반적으로 자유롭게 결정할 수 있지만 회사가 '사실상 계속적(Substantial and Recurring)' 기여금액을 제공하는 데 동의하는 것이다. 연금 기여금액은 비과세로 투자되고 누적되어 특정 기간이 지나거나 또는 가입자가 퇴직하거나 실직, 질병, 장해, 은퇴, 사망, 해고가 있을 때 가입자 또는 수익자에게 최종 배분된다.

연금플랜의 기여와 다르게 이익분배제도의 기여금은 일반적으로 회사의 이익에 연동된다. 그러나 1985년부터 회사가 이익분배제도에 기여하기 위해서는 경상수익이나 누적수익이 발생해야 한다는 조건은 없어졌다. 가입자들 사이에 기여금을 할당하고 축적된 기금을 분배하기 위해 이 제도는 사전에 정한 공식을 제시해야 한다.

• 연령가중제도. 연령가중제도는 나이가 많은 연금 가입자에게 더 많은 금액을 기여할 수 있도록 하는 확정기여형 연금이다. 이 방식은 가입자의 연령과 급여수준에 따라 결정된다. 이 연금은 나이가 많은 가입자가 짧은 기간 내 은퇴에 필요한 적정수준의 자금을 확보할 수 있다는 장점이 있다. 이 방식은 소형사업장의 소유주

와 나이가 많고 회사에 오래 근속한 사람에게 유리하다.

• 주식상여금제도. 주식상여금제도는 회사의 주식에 의한 급여 제공을 제외하면 이익분배제도와 유사하다. 주식상여금제도는 가입자가 고용주의 주식 기여를 요구할 수 있는 권리 한도 내에서 가입자에게 주식 대신 현금을 지급할 수도 있다. 이 방식에서 현금 배분을 허용하고 있으며, 고용주의 주식이 기존 시장에서 계속해서 거래되지 않을 경우 가입자는 공정가치산출방식(Fair Valuation Formula)으로 분배된 주식을 회사에 대해 환매를 요청할 수 있다. 이 방식은 가입자가 소유한 회사주식을 이용해야 하기 때문에 개인회사, 조합, 유한책임회사에는 존재하지 않는다.

• 종업원지주제(ESOP). 종업원지주제는 세금혜택을 받는 특수한 형태의 이익분배 또는 주식상여금제도라고 할 수 있다. 주식상여금제도와 같이 고용주는 현금 대신 회사주식을 기여할 수 있다. 그러나 연금은 먼저 회사주식에 투자되어야 한다. 종업원지주제는 근로자에게 세제적격 은퇴급여를 제공할 뿐 아니라 회사주식 매매시장의 형성, 회사의 현금흐름 개선, 기업의 성장 및 확장을 위한 자금 공급, 폐쇄회사(closely held corporations)15)의 소유주를 위한 상속설계 수단으로서 고용주도 혜택을 받는다. 종업원지주제에서는 기여금액을 충당할 목적으로 자금을 대출받을 수 있다. 자금을 대출받을 목적으로 이용할 경우 차입종업원지주제(leveraged ESOP: LESOP)라고 부른다.

---

15) 폐쇄회사는 일반인을 상대로 주식을 공모하는 공개회사와는 반대로 소수의 주주가 회사를 운영하는 경우를 말한다. 개인기업, 유한회사, 합명회사, 합자회사, 조합 등이 이에 속한다 – 옮긴이 주.

• 401(k) 제도. 401(k)제도는 미국 조세법에 따라 제정된 고용주 지원방식의 주식상여금제도 또는 이익분배제도로서 현금 또는 거치연금이라고도 부른다. 다른 세제적격퇴직연금과 달리 401(k)제도는 근로자의 급여공제를 통해 세전 기여를 허용한다. 모든 401(k)제도는 특정한 현금 또는 이연제도(cash or deferred arrangement: CODA)를 포함하고 있다. 이런 제도에 따라 근로자는 고용주가 원래 지급해야 할 급여 대신 연금에 거치하도록 선택할 수 있다. 근로자는 급여를 공제하거나 상여금을 거치할 수 있다.


## 개인은퇴연금

개인은퇴연금은 세제적격퇴직연금과 같은 세금혜택을 제공하지만, 두 가지 다른 점이 있다. 첫째, 개인은퇴연금에서는 자금을 대출할 수 없다. 모든 분배금액은 정상소득으로 과세된다. 둘째, 세제적격퇴직연금에서 1936년 이전 출생한 가입자는 10년간 평균소득에 대해 세금혜택을 받을 수 있지만, 개인은퇴연금에 가입한 근로자에게는 해당되지 않는다. 개인은퇴연금에는 개인퇴직계좌(IRA), 간이근로자연금(SEP), 근로자저축장려연금(savings incentive match plans for employees: SIMPLE) 등이 있다.

### 개인퇴직계좌(IRA)의 종류

• 전통적인 IRA. 전통적인 IRA에는 개인퇴직계좌(신탁 및 관리계좌)와 개인은퇴연금(계약)의 두 가지 종류가 있다. 개인은 은퇴를 위해 하나 또는 두 가지 제도를 활용할 수 있다.

은행, 저축대출조합, 신용조합, 증권사, 적법하게 신탁을 관리
할 수 있다고 미국 국세청이 인정한 기관에서 IRA에 가입해야 한
다. 개인은 다음과 같은 요건을 충족하면 IRA에 가입할 수 있다.

① 연령 요건. 전통적인 IRA 가입자의 연령은 법률로 제한된다.
이때 개인은 과세년도 말에 70세에 도달하지 않아야 한다. 예를
들어 마티가 2000년 3월 31일에 70세가 된다면, 연말 이전에 70
세가 되므로 IRA에 가입할 수 없다. 그러나 IRA 가입을 위한 최소
연령 제한은 없다.

② 근로소득 요건. 소득은 개인적으로 근로를 제공하고 받은 대
가이어야 한다. 소득을 얻은 해당 연도에 이러한 개인적인 근로를
제공해야 한다.

③ 전환(Rollover) 요건. IRA 전환 자금은 세제적격퇴직연금에서
발생해야 한다.

④ 가입금액 제한. 개인이 IRA에 가입할 수 있는 금액은 다음과
같이 한도가 정해져 있다. 첫째, 2,000달러 이하 또는 근로소득의
100%. 둘째, 1997년 1월 1일부터 1996년 소기업직업보호법(Small
Business Job Protection Act of 1996, SBJPA '96)에 따라 공동으로 근
로소득을 신고하는 부부에 대해서는 각자의 계좌에 대해 2,000달
러까지 허용. 셋째, 타 연금에서 전환하는 가입금액은 무제한. 넷
째, IRA 가입자가 하나 이상의 전통적인 IRA에 가입했다면, 각
계좌의 가입금액 합산 금액은 위에서 제시한 한도를 넘지 않아야
한다. 또한 세제적격 가입금액은 다음에서 설명하는 것처럼 로스
IRA가입금액에 따라 줄어든다.

• 교육 IRA. 교육 IRA에는 수혜자당 매년 500달러까지 비공제
가입이 가능하다. 이 돈은 반드시 '세제적격 고등교육 비용(quali-

fied higher-education expenses)'으로 할당되어야 한다. 고등교육 비용은 세제적격 중등과정 이후의 교육기관 수업료, 수업 및 입학에 필요한 교재, 비품, 도구, 하숙비 및 기타 수수료를 포함한다. 대학원 수준의 교육과정을 위한 비용도 고등교육 비용으로 인정된다.

수익자에 대한 급여는 일반적으로 과세되지 않는다. 급여의 원금부분은 어떤 경우든지 세금을 면제받지만, 투자수입은 제외된다. 총 고등교육 비용이 해당 연도 총 IRA 급여를 초과할 경우에는 IRA 투자수입도 모두 비과세된다. 그러나 고등교육 비용이 IRA 급여보다 적을 경우에는 수익자가 신고한 소득의 소득세에 따라 투자수입의 일부 또는 전체가 과세대상이 된다.

교육 IRA에 가입할 때 현금으로 납입해야 하며, 지정된 수익자는 18세 이하이고, 수익자당 연간 500달러 이하의 금액을 납입해야 한다. 해당 주의 세제적격 교육 프로그램에 가입금액을 납부했다면 동일한 수익자를 대상으로 교육 IRA에 가입할 수 없다.

• 로스 IRA. 일반적으로 로스 IRA는 모든 인출금액에 대해 비과세 혜택을 준다. 로스 IRA가입금액은 공제받지 못하는 단점이 있다. 로스 IRA는 다음과 같은 기본 규정과 규제를 두고 있다.

① 납세자가 70½세 이후에도 가입할 수 있다(납세자와 배우자의 합산 근로소득이 로스 IRA 가입금액과 동일하거나 초과할 경우).

② 납세자는 70½세에 도달할 때 급여금을 받을 필요는 없다.

③ 납세가가 고용주 지원 은퇴연금에 가입해도 가입할 수 있다.

④ 결혼한 부부의 수정과세 총소득이 15만 달러를 초과할 경우에 단계적으로 삭감된다. 수정과세 총소득이 16만 달러에 이르면 로스 IRA의 가입금액은 없어진다. 독신의 경우 수정과세 총소득 삭감범위는 9만 5,000달러부터 11만 달러까지 적용된다.

⑤ 세제적격 가입금액은 비과세 대상이다. 그 자격은 첫째, 가입년도부터 5년의 과세년도 기간 이후 자금을 인출할 경우, 둘째, 59½세 이후에 급여금을 수령할 경우, 사망, 장해로 인해 급여가 발생할 경우, 최초 주택구입자에게 급여를 지급할 경우다. 첫째 경우에서 5년간의 과세년도는 가입한 해부터 시작된다. 이것은 2000년 1월 1일에서 2001년 4월 15일(2000년 소득신고 서류제출 시한) 사이에 IRA에 가입할 경우, 5년의 대기기간은 2001년이 아니라 2000년부터 시작한다는 것을 의미한다.

⑥ 세제비적격 인출금액이 로스 IRA계좌의 수익에서 발생할 경우 과세소득이 된다. 그러나 그 인출금액은 먼저 모든 납세자의 로스 IRA에 가입한 금액으로 형성된 것으로 간주한다.

⑦ 사망, 장해, (어떤 요건에 필요한) 주기적 지불금액(특정 조건 충족), 주택구입 또는 고등교육 비용을 충당하기 위한 인출이 아닐 경우, 59½세 이하의 납세자는 10%의 조기 인출 수수료가 부과된다.

⑧ 연간 최대 가입금액은 근로소득의 100% 또는 2,000달러 이하로 제한된다. 이전 연도 소득신고 기한인 다음 해 4월 15일 이내에 반드시 가입해야 한다.

⑨ 이 같은 세금혜택은 1998년 과세년도부터 효력을 발생한다.

⑩ 로스 IRA는 가입한 시점에서 그와 같은 자격을 가진다.

• 간이근로자연금(SEP). 간이근로자연금은 근로자를 위해 제정한 연금제도로서, 가입금액은 IRA에 예치되며 고용주에 의한 세금을 공제받을 수 있다. 이러한 세제적격퇴직연금의 간이형태는 특히 소기업에 적합하다. 종업원이 없는 자영업자를 포함해서 어떤 고용주라도 자격요건을 갖춘 모든 근로자를 위해 간이근로자연금을 개설할 수 있다. 기업의 소유주 역시 간이근로자연금의 가

입금액을 받을 자격이 있다. 이 경우 고용주가 직접 간이근로자연금 IRA에 가입하기 때문에 별도의 연금신탁은 필요하지 않다.

먼저 간이근로자연금은 IRA에 비해 연간 가입한도가 높다. 고용주는 근로자의 간이근로자연금에 급여의 15% 또는 최고 3만 달러 이하까지 가입할 수 있다. 그러나 실제로는 1999년 제정된 보상한도 16만 달러 규정으로 인해 최대 가입금액은 급여의 15% 이하 또는 최고 2만 4,000달러로 제한되고 있다. 근로자는 별도의 IRA를 개설했어도 간이근로자연금에 추가로 2,000달러를 가입할 수 있다. 그러므로 가입자에 따라 개인의 소득신고 상태와 수정과세 총소득 금액과 같은 요소에 따라 정기적인 IRA 가입금액이 공제되거나 공제되지 않을 수 있다.

• 근로자저축장려연금(SIMPLE). 근로자저축장려연금은 100인 이하 사업장에서 선택할 수 있는 은퇴연금이다. 1997년부터 시작된 이 연금제도는 1996년 소기업직업보호법의 일부로서 도입되었다. 이 제도는 일반적인 IRA에 비해 많은 과세이연 기회를 제공하며, 또 전통적인 연금제도나 이익분배제도에 비해 제한이나 행정적 요건이 적다. 근로자저축장려연금은 IRA 또는 401(k) 형태와 같다.

근로자저축장려연금 IRA에서 최소 5,000달러의 급여를 받는 근로자라면 누구나 '급여공제협정'을 체결할 수 있다. 이러한 협정에 따라 근로자는 급여 가운데 일부를 IRA에 거치하는 방식으로 매년 급여 가운데 최고 6,000달러까지 납입하는 방식을 선택할 수 있다. 이 부분은 반드시 확정금액이 아니라 급여에 대한 비율로 명시되어야 한다. 6,000달러의 최고 가입한도는 주기적으로 소비자물가의 변동을 반영해 증액될 수 있다.

### 확정급여형 연금

확정급여형 연금은 사전에 결정되거나 한정된 급여를 제공하는 고용주 지원 연금제도다. 이 연금에 가입한 가입자는 매년 최종 보장급여에 대해 금액을 추가하거나 권리를 갖는다. 정상적인 은퇴시점에 도달하기 전에 회사를 떠나는 가입자는 일반적으로 발생한 급여 가운데 일부에 대한 수령권을 가진다.

확정급여형 연금은 대개 급여, 근무기간, 연금가입금액을 합한 금액을 기초로 해 급여를 제공한다. 그러나 단체계약 방식의 확정급여형 연금은 보통 확정된 금액의 급여를 제공하는 경우도 있다. 최대 보장 급여액은 가입자가 정상적인 은퇴시점까지 연금에 가입해 있을 경우를 가정해 계산된다.

확정급여형 연금은 반드시 확정 가능한 급여를 제공해야 한다. 이 연금이 연금 수령권이 없는 근로자로부터 자금을 몰수할 경우에는 향후 고용주의 가입금액을 삭감하는 데 이 몰수금을 사용해야 하며, 나머지 가입자의 급여를 증가시키는 데 사용할 수 없다. 이 연금은 현직 근로자에게 급여를 제공하지 않는다. 다시 말해, 확정급여형 연금은 가입자가 정상적인 은퇴시점에 도달하지 않은 이상 현직 근로자에게 급여를 제공할 수 없다.

• 연금플랜(Pension plan). 연금플랜은 은퇴시점에 일정한 급여를 보장하는 세제적격 고용주연금이다. 나이가 많은 근로자는 과세이연 저축을 극대화할 수 있고, 연금가입기간이 짧음에도 적정수준의 소득을 얻기 위해 연금플랜을 이용할 수 있다. 고용주는 매년 해당 연금에 필요한 자금을 기여할 의무가 있고, 나쁜 투자성과도 감수해야 한다. 고용주와 연금급여보장공사(Pension Benefit Guaranty Corporation: PBGC)는 급여금을 보장한다. 계리사는 매년 연간 고용

주 기여 금액을 결정한다.

• 현금잔액형 연금(Cash balance plan). 현금잔액형 연금은 고용주
가 각 연금 가입자의 가상 개인계좌에 매년 일정한 비율을 기여하
는 세제적격 고용주 연금제도다. 고용주는 기여금액뿐만 아니라
각 가입자에게 최소 수익률을 보장한다.

• 혼합형 연금제도(Hybrid plan). 연금 가입자의 개별 계좌잔액을
기초로 하는 확정기여 요소가 있는 확정급여형 연금이다. 이 연금
은 혼합형 연금제도로 알려져 있으며, 확정기여형 연금이면서 확
정급여형 연금으로 간주된다.


## 세제비적격연금제도

종업원퇴직소득보장법(Employee Retirement Income Security Act: ERISA)
의 지침과 미국 조세법에서 정한 요건을 충족하지 않는 연금은
세제비적격연금으로 간주되며, 세제혜택이 없다. 한 명 이상의 중
역을 대상으로 개인별로 설계된 급여거치 협정은 세제비적격연금
의 대표적인 예라고 할 수 있다.

일반적으로 종업원은 연금의 수령권이 취소되지 않는 연도에
소득으로 인정받을 수 있다. 그렇게 해야 고용주는 기여금액을 공
제받을 수 있다. 그러나 최근 조세법의 변화에 따라 제정된 확장
보장범위 규정에 따라 일부 고용주는 세제비적격연금을 개설하면
오히려 비용이 적게 들 수도 있다.

세제비적격연금은 핵심중역들이 현재 회사에 제공하는 근로에
대해 나중에 회사가 보상하기로 정한 계약상의 협정을 의미한다.

세제비적격연금은 세제적격퇴직연금에 적용되는 보장, 기금, 급여 규정을 따르지 않는다. 따라서 세제비적격연금은 개별 중역들의 특정 니드에 맞게 설계할 수 있다.

세제비적격연금의 한 형태인 랍비신탁(rabbi trust)[16]은 본질적으로 자산을 다른 채무를 갚는 데 사용할 수 있는 취소불능 신탁(irrevocable trust)이다. 따라서 그것은 고용주가 해당 소득에 대해 세금을 납부하는 양도인 신탁으로 간주된다. 이러한 세금을 회피하려면 해당 신탁자산을 반드시 투자해야 한다. 파산할 경우 남은 자산은 고용주의 채권자에게 귀속되지만, 랍비신탁의 해당 급여의 지급에 대해서는 어떠한 조건도 없다. 핵심종업원은 기본적으로 수령권을 가지고 있다. 랍비신탁의 자산은 채권자가 권리를 가지기 때문에 재산은 양도되지 않는다. 따라서 급여를 실제로 받기 전까지는 어떠한 소득도 지정된 수익자에게 귀속되지 않는다.


## 은퇴연금 급여

일반적으로 세제적격퇴직연금에서 어떤 급여라도 수령하면 수령인의 총소득에 합산된다. 어떤 형태의 급여금은 IRA, 기타 세제

---

16) 고용주가 자신의 종업원에 대한 세제비적격 급여 의무를 지원하기 위한 목적으로 만든 신탁을 말한다. 이를 랍비신탁이라고 부르는 이유는 미국 국세청이 관련된 최초의 법규를 제정할 때 유대인회를 고려해 머리글자를 붙였기 때문이다. 이런 신탁 형태는 신탁 내 자산이 일반적으로 고용주의 통제 외부에 있고 취소 불가능하다는 점에서 종업원에게 안전을 보장한다. 이 신탁을 때때로 양도인 신탁이라고 부르기도 한다 - 옮긴이 주.

적격퇴직연금으로 비과세 전환을 통해 세금납부를 지연시킬 수 있다. 어떤 경우에는 일시금지급에 대해 세금혜택을 받을 수 있다. 세제적격퇴직연금으로부터 대출을 받을 때 특정요건을 갖출 경우 과세되지 않는다. 일반적으로 연방 상속세에서 연금 수령인의 급여는 사망한 연금 가입자의 상속재산에 포함된다.

일시금 지급

일시금 지급은 종업원의 사망, 59½세 도달, 퇴직(자영업자는 제외), 장해(자영업자만 해당)의 경우 지급되는 세제적격퇴직연금의 분배 형태를 말한다.

종업원이 지급한 연도부터 최소 5년 이상 연금에 가입하지 않은 경우 일시금을 지급받을 자격이 없다. 미국 국세청은 구 연금제도에서 새로운 연금으로 직접 계정잔액을 전환할 경우 이러한 5년 가입요건을 충족시키기 위해 두 종류의 연금에 가입한 기간을 합산하도록 규정하고 있다. 이러한 5년 가입요건은 가입자의 사망 후 연금을 수령하는 사람에게는 적용되지 않는다.

일시금으로 지급받으면 세금우대 혜택을 받는다. 또한 연금 가입자(또는 생존 배우자)는 이 급여금을 IRA 또는 다른 세제적격 은퇴연금으로 전환함으로써 세금납부를 연기할 수도 있다.

• 사망한 연금 가입자의 수익자에 대한 일시금 지급. 사망한 가입자의 생존 배우자가 연금수령인이라면 연금 가입자에게 적용되는 선택권이 배우자에게 동일하게 적용된다.

• 일시금 지급에 대한 과세. 59½세가 지나고 지급년도 이전에 5년 이상 가입요건을 충족시킨 종업원은 다음과 같은 몇 가지 소득세 과세방식 중에서 선택할 수 있다. ① 전체 급여금을 정규소득

으로 신고하고 향후 10년간 평균 계산할 수 있다. ② 향후 10년간 평균 계산하는 방식을 선택하지 않고 전체 급여금을 정규소득으로 신고할 수 있다. ③ 급여금 전체 또는 일부를 IRA나 다른 세제적격퇴직연금으로 전환할 수 있다. 전환한 금액은 과세되지 않으며, 나머지 금액은 5년 또는 10년간의 평균 계산방식 선택권이 없고 정규소득으로서 과세된다.

동일한 과세년도에 일시금을 한 번 이상 받을 경우 모든 지급금액을 합산해야 하며, 이 합산금액에 대해 향후 평균계산 방식이 적용된다.

• 급여의 조기지급. 다음과 같은 경우를 제외하고 세제적격퇴직연금으로부터 지급된 급여에 대해 10%의 벌과금이 부과되며, 급여금은 종업원의 소득에 포함된다.

① 종업원이 59½세에 도달한 시점 또는 그 이후에 지급될 경우.

② 종업원이 사망한 이후 수익자(또는 종업원의 상속인)에게 지급될 경우.

③ 종업원의 장해로 인해 지급될 경우.

④ 종업원이 퇴직한 후부터 실제 종업원의 생존기간(평균여명) 또는 종업원과 종업원의 연금수령인이 함께 생존하는 기간 (또는 공동 평균여명)에 걸쳐 동일한 기간별(1년 이상) 간격으로 지불되는 급여액의 일부로 지급되었을 경우.

⑤ 55세에 도달한 이후 퇴직한 종업원에게 지급될 경우.

⑥ 종업원지주제(ESOP)에 따라 보유한 주식의 배당금일 경우.

⑦ 가정법원의 명령(Qualified Domestic Relations Order: QDRO)[17)]

---

17) 가정법원명령(QDRO)은 연금 관리인에게 연금 급여금 전체 또는 일부를 이혼한

에 따라 대리 수취인에게 지급될 경우.

⑧ 종업원에 의해 해당 연도에 공제할 수 있는 총 의료비용과 동일하거나 적은 금액이 지급될 경우.

위에서 제시한 예외 ⑤번, ⑦번, ⑧번 항목의 경우 개인은퇴연금의 급여액에 대해서는 적용되지 않는다. 그리고 예외 ④번 항목은 개인은퇴연금에 적용되며, 퇴직요건이 적용되지는 않는다. 이 벌과금은 세제적격퇴직연금, 개인은퇴연금, 세금우대가 가능한 연금에만 적용된다.

10%의 벌과금은 소득세에 귀속되는 지급금액에 대해서만 적용되며, 소득세에 부가된다. 따라서 10%의 벌과금은 소득세가 면제되는 지급분에 대해서는 적용되지 않는다. 이 벌과금은 연금 가입자가 이 법의 제정일자, 효력발생일자 이전에 최종적으로 연금 수령을 연기하고 나서 수령한 사람에게 적용된다. 조기 연금지급이 전환자격이 있거나 다른 세제적격퇴직연금 또는 IRA로 전환될 경우에 10% 벌과금을 회피할 수 있다.

• 대출. 연금제도상 가능하다면 가입자는 연금플랜을 포함해 어떤 종류의 세제적격퇴직연금에서 대출을 받을 수 있다. 사실 관련 세법요건을 충족하는 대출은 급여금으로 취급하지 않는다. 따라서 이 대출금은 대출시점에 세금이 부과되지 않는다. 그러나 대출이 세법의 요건을 충족시키지 못할 경우 또는 채무를 지급할 수 없는

배우자, 자녀, 기타 부양가족(이를 대리 수취인이라고 함)에게 지급하는 방법에 대한 세부 지침을 제공하는 법원의 명령을 말한다. 이는 연금을 배우자 자산, 이혼수당, 자녀양육비(이전에 누락된 지급액 포함) 등으로 나누는 데 이용될 수 있다. 이러한 세부지침은 반드시 국세청의 규제에 따라야 하며, 회계상 문제가 없고 연금 수익자가 이를 받아들여야만 한다 — 옮긴이 주.

상황이거나 저당권이 상실되었을 경우 연금 가입자는 대출원금에 대해 세금을 납부해야 한다.


## 상속설계

상속설계의 목적은 생전 또는 사망 시점에 지정된 수익자에게 재산을 양도하는 것이다. 상속설계는 장기적으로 한 가족을 부양하기 위한 중요한 수단이다. 사망으로 인해 발생하는 법률적·재무적 영향에 대비한 계획을 세우지 못하면 사랑하는 사람이 그 결과로부터 영향을 받을 수밖에 없다. 미리 계획한다면 재무에 관한 통제를 더 잘할 수도 있다.

재무설계사는 고객에게 도움이 되는 다양한 상속설계 수단 및 기법에 관한 정보를 제공해야 한다. 재무설계사는 변호사가 아니기 때문에 고객에게 상속설계 관련서류를 작성해 줄 수 없다. 만약 그렇게 한다면 자격증 없이 변호사 업무를 하는 것과 같다. 상속설계에서 고객의 상속계획에 따라 목표를 성공적으로 달성하기 위해 적합한 수단 및 기법을 활용하는 것은 재무설계사의 가장 중요한 일이라고 할 수 있다.

다음과 같은 400만 달러 규모의 제조업 회사를 소유한 어느 형제의 사례를 보면 부적합한 상속설계의 위험을 잘 알 수 있다. 그 형제는 모두 40대로서 각각 이 가족 회사를 물려받을 아들을 한 명씩 두었다. 가족모임이 있을 때마다 형제의 두 아들은 아버지들로부터 사업을 물려받아 사업규모를 두 배로 확장할 것이라고 농담했다. 그러던 중 불행하게도 형제 가운데 한 사람이 예기치 못한 심장발작으로 사망했다. 고인의 지정 유언집행자가 읽은 유언장에 따르면, 회사의 절반을 자신의 아들에게 물려준다는 것이었다. 장례식을 마친 후 고인의 아들은 삼촌과 함께 회사를 경영하기 위해 출근했다. 삼촌은 조카에게 무엇을 하겠냐고 묻자, 조카는 아버지의 뒤를 이어 삼촌과 함께 회사를 800만 달러 규모로 키우고 싶다고 대답했다. 그러자 삼촌은 잠시 자리를 비우더니 회사의 소유권에 관한 서류 한 장을 가지고 왔다. 그 서류에는 생존자 권리를 보장하는 공동소유권(joint tenancy with right of survivorship: JTWROS)이 설정되었다. 이런 형태의 재산권이 설정되어 있으면 유언장을 대체하는 효과가 있으며 회사에 관한 고인의 유언 가운데 일부는 그 효력을 상실한다.

고객의 의도는 문서로 작성되고 그 내용이 명확해야 함을 이 사례를 통해 배울 수 있다. 그 내용은 또한 다른 사업과 상속재산 문서와 일치해야 한다. 그렇지 않으면 즉시 내용을 변경해야 한다. 문제가 어느 정도의 범위를 넘으면 상속설계 전문 변호사를 소개해 줘야 한다.


생전에 재산이전

• 증여. 증여는 유언검인 대상이 되는 재산의 규모를 줄이기 위한 가장 효과적인 재산이전 기법이다. 유언검인은 정해진 절차에 따라 유산을 분배하기 위한 법률 절차다. 유언검인을 통해 피상속인의 모든 재산을 통합해 보호하며, 모든 부채를 청산하고 수익자는 즉시 지정된 재산을 수령할 수 있다.

법률상 모든 사람은 매년 개인 수령인에게 1만 달러, 부부에게 2만 달러까지 증여할 수 있다. 법률에 수령인의 수는 제한되어 있지 않지만, 개인에 대해 1만 달러, 부부의 경우 2만 달러를 초과하는 증여 금액에 대해서는 과세대상 증여로 간주한다. 보통 증여자가 이 세금을 납부한다. 사망 시점에 미국 국세청은 생전에 증여한 과세대상 증여금액을 합산하고 그 금액을 상속공제(unified credit) 한도에서 차감한다.

2000년 현재 미국 법률상 상속세를 내지 않고 수령할 수 있는 금액은 총 67만 5,000달러다. 공제 상당액이라고 불리는 이 금액은 2006년까지 100만 달러로 늘어난다.


사망시점의 재산이전

재산은 사망 시점에 유언, 무유언 사망, 계약, 신탁, 법률적 효력 등에 의해서 이전될 수 있다.

• 유언장. 유언장은 어느 사람(유언자)이 사망 시점에 소유한 부동산 및 동산을 처분하는 방식을 정한 문서다.

• 무유언 사망. 피상속인이 유언 또는 유언장 없이 사망한 경우에는 피상속인이 거주한 주에서 그 재산을 어떻게 처분할 것인지 결정한다. 이 경우 각 주에서는 재산 이전에 관한 법률이 서로 다르다. 이들 법률은 보통 사망 시점에 피상속인 직계 또는 방계 가족관계에 관한 내용을 규정하고 있다.

• 계약. 피상속인은 상속설계 계약서에 특정 당사자, 수익자를 지정한다. 피상속인이 재산을 상속받을 수익자를 지정한다. 계약은 생명보험(제1순위 수익자와 제2순위 수익자가 명시된다), 연금(수익자가 지정된다) 또는 신탁을 통해 성립된다. 계약상의 수익자는 유언장에서 해당 재산에 대한 기타 수익자의 지위를 대신하게 된다.

• 신탁. 신탁은 수익자의 이해관계를 재산의 관리로부터 분리하

기 위해 사용하는 법률적인 관계다. 신탁에는 여러 가지 유형이 존재한다. 좀더 대중적인 신탁으로는 배우자신탁(marital trust. A유형), 우회 또는 상속공제신탁(bypass or credit shelter trust. B유형), 세제적격기한부수익신탁(Qualified terminable interest property. C유형), 상속재산신탁(estate trust. D유형) 등이 있다.

배우자신탁은 보통 생존 배우자의 여생을 위해 재산을 관리하려는 목적에서 만들어진다. 신탁을 통해 생존 배우자에게 제한 없이 재산을 양도할 수 있다. 생존 배우자에게 재산을 이전하는 방법은 상당히 유연하다. 재산은 완전히 유산으로써 또는 법률상의 효력에 따라(아래 설명 참조) 배우자에게 이전할 수 있다. 그렇지 않으면 신탁의 수익권을 지정할 수도 있다.

생존 배우자는 생애에 걸쳐 신탁으로부터 정기적인 수입을 제공받으며, 생존하는 동안 또는 사망 시 해당 자산의 처분방식을 지정할 수 있다. A유형 신탁은 무제한적인 배우자공제를 인정받으며, 종종 자산관리를 편리하게 하거나 생존 배우자가 자산을 투자하거나 감독할 수 없을 경우 수탁자를 통해 자산을 투자할 목적으로 이용된다.

우회신탁은 상속공제신탁 내지 비배우자신탁이라고 부르며, 먼저 사망한 배우자의 상속공제를 활용하기 위해 설계되었다(상속공제는 2000년 현재 총 67만 5,000달러까지의 상속재산에 대해 상속세를 차감하는 연방 공제를 말한다. 67만 5,000달러보다 많은 상속재산에 대해서는 상속세를 내야 한다). 우회신탁은 배우자공제신탁과 함께 활용된다. 우회신탁은 일반적으로 사망자가 승계자(재산의 최종 수령인)를 선택하며 무제한적인 배우자 공제가 인정되지 않기 때문이다. 우회신탁은 피상속인의 사망시점에 남아있는 상속공제(2000년 현재 67만 5,000달러)를 흡수하는 데 충분한 자산만 수령할 뿐이다.

B유형의 신탁에서 나오는 수입은 보통 생존 배우자가 받는다. 그러나 생존자는 최종적인 신탁자산의 처분에 대해 어떠한 권리도 없다. 우회신탁은 또한 생존 배우자에게 5-5 권한을 주는데, 이는 생존자가 자산의 5% 또는 매년 5,000달러 가운데 더 많은 원금을 회수할 수 있도록 허용하는 것을 말한다. B유형의 신탁을 통해 생존 배우자는 자산으로부터 발생하는 경제적 수익(일반적으로 신탁으로부터 받는 정기적 수입)을 지급받고 사망한 배우자의 상속공제의 이점을 활용할 수 있다. 그러나 B유형의 신탁자산은 생존 배우자의 재산에 포함되지 않는다. 어떠한 가치상승이나 소득 축적에 따라 해당 재산이 생존 배우자의 재산에서 과세를 회피하기 때문에 우회신탁이라고 한다.

세제적격기한부수익(QTIP)신탁은 유언장에 배우자가 사망할 경우 그 재산을 누가 상속받을 것인지 지정하고 생애에 걸쳐 배우자에게 수입을 제공할 수 있는 점을 제외하면 A유형 신탁과 유사하다. QTIP신탁은 지정 유언집행자가 선택하는 한도까지 배우자 공제를 인정받는다. 이는 첫 상속재산에 대해 세금을 납부하면 어느 정도의 세금 혜택을 받을지 유언 집행자가 선택할 수 있기 때문에 상속재산에 대해 더 많은 유연성을 제공하고 있다. 재혼한 생존 배우자의 수익을 위해 재산을 남기고, 첫 번째 결혼에서 낳은 자식이 재산을 상속받기를 원하는 고객에게 이 기법이 유용하다.

상속재산신탁을 이용하면 신탁수익을 매년 지급하지 않고 자금을 축적할 수 있다. 이것은 사망 시 생존 배우자의 유언검인 상속재산으로 원금과 축적된 자금을 분배하기 때문에 D유형 신탁에 이전된 자산에 대해 무제한적인 배우자 공제를 인정받는다. 이 신

탁은 수탁자가 지급한 수익을 기금에 축적할 수 있기 때문에 신탁
인이 많은 재산을 소유한 부유층일 경우에 적합하다.

　• 법률적 효력. 계약 이외에 법률적 효력도 유언장에 우선한다.
예를 들어 앞에서 지적했듯이 생존자 권리를 보장하는 공동소유권
이 설정되어 있다면 유언장을 통한 재산양도는 효력이 없다.

## 월간 예산편성 방법

| 월간지출 | 자동차 대출금 상환 | $________ |
| | 자동차 유지비 | $________ |
| | 양육비 | $________ |
| | 의류비 | $________ |
| | 기부금 | $________ |
| | 신용카드 사용액 결제 | $________ |
| | 회비 | $________ |
| | 오락비 | $________ |
| | 의료비 | $________ |
| | 주택관리비 | $________ |
| | 소득세, 주민세 | $________ |
| | 보험료 | $________ |
| | 용돈 | $________ |
| | 재산세 | $________ |
| | 임차비, 모기지 상환 | $________ |
| | 연금저축 | $________ |
| | 저축, 투자 | $________ |
| | 교통비(기름, 요금) | $________ |
| | 공과금 | $________ |
| | 기타 | $________ |
| | 월간지출 합계금액 | $________ |

| 월간수입 | 임금 또는 급여 | $________ |
| | 배당(뮤추얼펀드, 주식) | $________ |
| | 이자(양도성예금증서, 예금계좌) | $________ |
| | 임대료, 특허권 | $________ |
| | 기타 | $________ |
| | 월간수입 합계금액 | $________ |

| 순현금흐름 | 총월간수입 | $________ |
| | 총월간지출 | $________ |
| | 월간 순현금흐름 | $________ |

# 순자산 계산서

| 자산 | 현재가치 |
|---|---|
| 사업지분(개인회사, 조합, 주식회사) | $__________ |
| 생명보험 적립금 | $__________ |
| 예금증서 | $__________ |
| 기타 수입형 투자(채권, 채권형 뮤추얼펀드, 머니마켓 뮤추얼펀드) | $__________ |
| 주택가격 | $__________ |
| 기타 수입(신탁수익, 상속재산) | $__________ |
| 개인 은행예금(당좌, 저축, MMDA) | $__________ |
| 동산(귀금속, 수집품, 자동차, 가구) | $__________ |
| 부동산투자 | $__________ |
| 은퇴연금 투자   개인퇴직계좌(IRA) | $__________ |
|   401(k) 또는 403(b) | $__________ |
|   키오플랜 | $__________ |
|   간이근로자연금 | $__________ |
|   이익분배제도 | $__________ |
|   연금플랜 | $__________ |
| 주식 및 주식형 뮤추얼펀드 | $__________ |
| 총자산 | $__________ |

| 부채 | 현재가치 |
|---|---|
| 자동차 대출금 | $__________ |
| 신용카드 | $__________ |
| 모기지 | $__________ |
| 학자금 대출 | $__________ |
| 기타 대출 | $__________ |
| 미결제 어음 및 기타 채무 | $__________ |
| 총부채 | $__________ |
| 순자산(자산에서 부채를 뺀 금액) | $__________ |

## 생명보험 필요보장금액 분석 양식

아래 각 항목별 필요한 금액을 적으면 생존 배우자의 모든 니드를
충족시키는 예상 가능한 최고한도의 보험금액을 산출할 수 있다. 모
든 금액은 현재가치로 작성해야 한다.

### 생명보험 필요 보장액

현재 가족 부양에 사용할 수 있는 자산

| | |
|---|---|
| 기 보유한 생명보험의 사망보험금 | $________ |
| 현금, 저축 | $________ |
| 부동산 지분(생존자가 매도할 경우) | $________ |
| 유가증권 | $________ |
| 개인퇴직계좌, 키오플랜 | $________ |
| 고용주저축플랜 | $________ |
| 퇴직일시금 | $________ |
| 기타 재원 | $________ |
| **총자산** | $________ |

### 비용

1. 최종경비(사망으로 인해 발생하는 일시적 비용)
   a. 최종질병(의료비용은 건강보험의 공제금액과 공동보험을
      초과할 수 있으므로, 고객이 최소한의 금액을 마련할
      필요가 있다고 가정)   $________
   b. 장례비   $________
   c. 유언검인 비용(불확실할 경우, 유언검인 절차를
      통과한 자산의 4%로 가정)   $________
   d. 연방 상속세(배우자가 아닌 타인에게 유언으로 남긴
      67만 5,000달러가 넘는 대부분의 상속 재산에 적용)   $________
   e. 주 상속세(해당 주마다 다름)   $________
   f. 법률비용, 상속재산 관리   $________
   g. 기타 비용   $________
   h. 최종경비 합계   $________

2. 미상환 채무(사망 시 상환)
   a. 신용카드, 소비자채무                                    $________
   b. 자동차 채무                                            $________
   c. 모기지(사망 시 상환할 경우.
      그외에는 생애소득에 주기적 상환액을 추가)                  $________
   d. 기타 채무                                             $________
   e. 미상환 채무 합계                                        $________

3. 조정기 비용(사망으로 인한 충격에서 벗어나기 위한 비용)
   a. 자녀양육비                                            $________
   b. 추가 가정부 비용                                        $________
   c. 직업상담비, 교육훈련비(일하지 않고 있거나
      취직을 원하는 배우자)                                    $________
   d. 기타 비용                                             $________

4. 부양가족 비용(모든 자녀가 독립할 때까지)
   a. 현재의 가계 연간지출예상액                                $________
   b. 사망자의 비용을 차감하기 위해 다음에 해당하는 비율을 곱한다.
      · 한 명의 유가족에 대해 70%
      · 두 명의 유가족에 대해 74%
      · 세 명의 유가족에 대해 78%
      · 네 명의 유가족에 대해 80%
      · 다섯 명의 유가족에 대해 82%
      $________(a항목) × ________ (4번의 b계수)=      $________
   c. 생존자의 근로로부터 발생하는 연간 소득               $________
   d. 소유한 자산 및 보험으로 충당해야 할
      현재 연간비용(a−b−c)                               $________
   e. 총부양가족 비용을 계산하려면 막내가
      독립할 때까지 남은 연수를 곱한다.
      $________(4번 d항목) × __________(연수)=      $________
   f. 부모 부양자금이 필요하다면 부양에 필요한 연수를
      매년 부양금액에 곱한다.
      $________ × ________(연수)=                $________
   g. 부양가족 비용 합계(4번 e항목과 4번 f항목을 더한다) $________

5. 교육비
   a. 현재가치로 환산한 연간 사립학교 교육비
      (필요한 경우)                                      $________
   b. 교육기간과 남은 자녀수를 곱한다.
      $________(5번 a항목) × ________(연수)=          $________
   c. 현재가치로 환산한 연간 대학 등록금                 $________
   d. 교육기간과 남은 자녀수를 곱한다.
      $________(5번 c항목) × ________(연수)=          $________
   e. 교육비용 합계(5번 b항목과 5번 d항목을 더한다)$________

6. 은퇴전소득(자녀가 모두 독립한 이후 은퇴 전까지 생존한 배우자에게 필요)
   a. 원하는 연간소득 금액(현재가치)                    $________
   b. 배우자의 예상 연간 근로소득                        $________
   c. 보유한 자산 및 보험으로 충당해야 할
      연간비용(a-b)                                      $________
   d. 막내가 독립할 때와 생존한 배우자가 사회보장
      급여와 은퇴소득을 수령하게 되는 시점 사이의 기간을 곱한다.
      $________(6번 c항목) × ________(연수)=          $________

7. 생존 배우자를 위한 은퇴소득
   a. 원하는 연간소득 금액(현재가치. 사회보장급여
      및 기타 연금소득을 차감한 금액)                    $________
   b. 은퇴시점 이후 평균여명의 연수를 곱한다.
      $________(7번 a항목) × ________(연수)= $________

8. 비용을 부담하기 위한 총필요자금
   (1-h. 2-e, 3-d, 4-g, 5-e, 6-d, 7-b를 더한다)       $________
9. 가용 자산                                            $________
추가적으로 필요한 생명보험
________________________________________________________

10. 비용을 부담하기 위해 필요한 총자금(8번)에서
    가용자산(9번)을 뺀다. 여기서 부족한 금액이
    생명보험을 통해 반드시 보장되어야 할 추정금액.
                                                        $________

■ 예시 4.4

# 고객 위험보유성향 평가 설문지

## 개인 기본정보

생년월일:
성명:
주소:
전화번호: 주간 ______________          야간 ______________
주민등록번호:
직업:
은퇴 예정 연령:
배우자 성명:

## 투자경험 및 분석

1. 귀하는 투자자로서 다음 중 어디에 위치하고 있습니까?(해당 위치에
   ○표 하시오)

|  1    2    3 |  4    5    6    7 |  8    9    10 |
| --- | --- | --- |
| 가능한 손실과<br>변동을 최소화한다 | 성장성·변동성을<br>조합한 균형 있는<br>투자 | 위험 또는 변동성을<br>감수하고 자산의<br>성장성 극대화 |

2. 귀하의 연령은 다음 중 어디에 속합니까?
   a. 25세 미만          d. 45세~54세
   b. 25세~34세          e. 55세~65세
   c. 35세~44세          f. 65세 초과

3. 장래에 큰 규모의 자금 — 주택구입, 대학교육비, 건강비용, 은퇴 또는
   창업 등 — 이 필요하십니까? 필요한 자금이 한 가지 이상이면 가장
   먼저 발생할 부분의 기간을 표시하시오.
   a. 아니오. 그렇지 않을 것으로 예상한다.
   b. 16년~20년 내에 필요할 것이다.
   c. 10년~15년 내에 필요할 것이다.
   d. 5년~9년 내에 필요할 것이다.
   e. 5년 이내에 필요할 것이다.

4. 어떤 사람은 투자할 때 먼저 가치성장을 기대하고 다음으로 정기적인 수입이 발생하기를 바랍니다. 반대로 다른 사람은 성장성보다는 정기적인 수입을 먼저 원하고 있습니다. 이러한 목표들은 장기(5년 이상), 중기(2년~5년 사이) 또는 단기(최대 2년까지)적인 것일 수 있습니다. 다음 내용 가운데 어떤 것이 귀하의 목표와 그 기간을 가장 잘 반영하고 있습니까?

   a. 투자로부터 정기적인 수입발생보다는 투자기간에 지속적인 가치성장을 원한다.

   b. 투자기간은 중기이지만 투자가치가 성장하기를 원한다.

   c. 투자기간은 장기이지만 투자로부터 정기적인 수입을 원한다.

   d. 투자기간이 중기이므로 투자가치의 성장과 정기적인 수입 둘 다 중요하지만, 가치성장보다는 정기적인 수입을 원한다.

   e. 먼저 투자기간이 단기이므로 정기적인 수입보다는 투자가치의 성장을 기대한다.

5. 사람들은 몇 가지 목적을 가지고 저축합니다. 물론 귀하는 항상 비상사태에 대비한 여유자금을 가지고 있어야 합니다. 그러나 귀하는 멀지 않은 장래에 환상적인 여행이라든지 미래의 은퇴와 같은 이유로 저축하기도 합니다. 귀하의 현재 투자의 주된 목적은 무엇입니까?

   a. 은퇴자금을 준비하거나 추가한다. 이 자금은 20년 이상 사용하지 않을 것이다.

   b. 비상예비자금을 준비하거나 추가한다. 이 자금은 당분간 필요하지 않을 것으로 본다.

   c. 저축을 시작하거나 추가한다. 이 자금은 5년 또는 10년 내 예기치 않은 사태가 발생할 때 사용할 생각이다.

   d. 가까운 장래의 특별한 목적을 위해 돈을 모은다.

   e. 양도성예금증서 또는 예금계좌보다 좀더 높은 수익률을 올리고자 한다.

6. 향후 2년간 귀하의 연간소득이 어떻게 변할 것으로 생각하십니까?

   a. 상당히 증가할 것이다.

   b. 다소 증가할 것이다.

   c. 물가상승 수준만큼 증가할 것이다.

   d. 감소할 것이다.

   e. 상당히 감소할 것이다.

7. 상대적으로 볼 때, 향후 2년 동안 재량구매, 저축, 투자를 위한 가
   용자금은 어느 수준이 될 것으로 기대하십니까?
    a. 현재보다 상당히 많은 수준
    b. 좀더 많은 수준
    c. 동일한 수준
    d. 좀더 적은 수준
    e. 상당히 적은 수준

8. 투자시장은 변동성이 심합니다. 장기적인 추세가 일반적으로 상승
   하더라도, 그 사이에 하락하는 기간도 있습니다. 현실적인 관점에
   서 귀하의 위험보유성향을 고려하지 않는다면, 귀하는 투자자산가
   치가 하락한다면 이 하락부분을 더 많은 장래근로소득으로 쉽게
   충당할 수 있습니까?
    a. 매우 쉽다.
    b. 쉽지만, 어느 정도 계획이 필요하다.
    c. 어렵다.
    d. 매우 어렵다.
    e. 불가능하다.

9. 주식시장의 등락을 바라보는 귀하의 개인적인 느낌을 떠올려보십
   시오. 주식시장에 투자하고 있을 경우 귀하는 시장의 등락에 따라
   어떤 영향을 받습니까?
    a. 아무런 영향을 받지 않는다.
    b. 영향이 미미하다.
    c. 간접적으로 영향을 받는다.
    d. 직접적으로 영향을 받는다.
    e. 엄청난 영향을 받는다.

10. 귀하는 하락장세에서 기존의 투자자금을 어떻게 처리하십니까?
    a. 하락세가 아무리 커도 시장에서 투자자금을 회수하지 않는다.
    b. 하락세가 상당히 큰 경우에만 투자자금 회수를 고려한다.
    c. 하락세가 상당히 큰 경우에는 투자자금을 회수할 것이다.
    d. 하락세가 상당히 큰 경우가 아니더라도 투자자금을 회수한다.
    e. 시장이 하락하면 그 규모에 관계없이 투자자금을 회수한다.

11. 귀하의 투자선호도를 가장 잘 설명한 것은 다음 중 어느 것입니까?
   a. 주로 가치상승을 기대하고 투자한다.
   b. 가치상승 잠재력이 다소 작아진다고 해도 정기적 수입을 위해 투자한다.
   c. 먼저 정기적 수입을 위해 투자하며, 가치상승은 별로 중요하지 않다.
   d. 투자원금보전이 가치상승이나 수입보다 더 중요하다.


본인은 ○○ CFP가 권유한 투자 포트폴리오가 본인이 제공한 정보를 기초로 하여 _____________ 되었음을 알고 있습니다. 본인의 재무상태 또는 투자목표에 실질적인 변화가 발생할 경우에는 언제든지 ○○ CFP에게 이 사실을 알려드리겠습니다.


________________________________________
서명                    날짜


________________________________________
서명                    날짜

# 고객 점수표

| 고객성명: | | | | | | 점수 |
|---|---|---|---|---|---|---|

문항 1    `1 2 3` | `4 5 6 7` | `8 9 10`    _____

문항 2    a=6   b=5   c=4   d=3   e=2   f=1    _____

문항 3    a=10   b=8   c=6   d=4   e=2    _____

문항 4    a=10   b=8   c=6   d=4   e=2    _____

문항 5    a=10   b=8   c=6   d=4   e=2    _____

문항 6    a=10   b=8   c=6   d=4   e=2    _____

문항 7    a=10   b=8   c=6   d=4   e=2    _____

문항 8    a=10   b=8   c=6   d=4   e=2    _____

문항 9    a=10   b=8   c=6   d=4   e=2    _____

문항 10    a=10   b=8   c=6   d=4   e=2    _____

문항 11    a=10   b=8   c=6   d=4    _____

총점    _____

| | 고객 점수 |
|---|---|
| 공격적인 성장형 포트폴리오 | 92~106 |
| 성장형 포트폴리오 | 74~91 |
| 보통형 포트폴리오 | 56~73 |
| 수입과 성장의 균형 포트폴리오 | 38~55 |
| 수입형 포트폴리오 | 22~37 |

# 은퇴설계 양식

귀하가 은퇴시점에서 필요한 수입규모와 이 목표를 달성하기 위해 필요한 저축수준을 결정하기 위해 아래의 세 부분으로 구성된 양식을 작성하십시오. 본 양식을 작성한 후에 은퇴계획을 수립하기 위해 재무설계사를 만나도록 하십시오. 귀하는 매년 생활상태와 장기적인 목표가 변할 경우 관련 정보를 갱신해야 합니다.

## 제1항: 은퇴비용 예측

이 항목을 작성하면서 귀하가 은퇴 후 생활수준을 유지하는 데 필요한 연간 은퇴수입 수준을 측정할 수 있습니다. 먼저 귀하가 원하는 생활수준을 유지하는 데 필요한 정확한 수입규모를 현재가치로 계산합니다. 은퇴기간 매년 생활비를 예상하기 위해서는 반드시 생활비에 인플레이션 계수를 곱해야 합니다.

연간 은퇴비용 예측
현재 총연간수입[1]                                    $＿＿＿＿
연간 저축액 차감[2]                                   $＿＿＿＿
소계(현재 지출금액)                                   $＿＿＿＿
80% 곱하기[3]                                        $＿＿＿ ×0.80
당신이 올해 은퇴할 경우 현재 생활수준을 유지하는 데
필요한 연간비용(현재가치)의 근사치 계산                 $＿＿＿＿
다음 표에서 제시된 인플레이션 계수를 곱한 금액[4]        $＿＿＿＿
은퇴 시 현재 생활수준을 유지하는 데 필요한
연간비용(미래가치) 근사치 계산                          $＿＿＿＿

재무설계사를 위한 해설
(1) '현재 총연간수입'은 모든 수입원천에서 발생한 수입을 포함한다.
(2) '연간 저축액'은 통상적인 저축수단 외에 재투자된 배당 및 자본이득, 연간수입으로부터 발생한 모든 종류의 은퇴연금 기여금액을 포함한다.

(3) 은퇴자는 은퇴 전 연간소득의 대략 80%를 지출하면 대개 은퇴 전 생활수준을 유지할 수 있다. 개인적인 상황에 따라 이 비율은 다소 높아지거나 낮아질 수 있다. 이상적으로는 세부적인 예상 비용에 맞는 수준의 은퇴예산을 준비해야 할 것이다. 이런 정보는 3장에서 설명한 '상호 정보수집 단계'를 통해 얻을 수 있다. 어떤 상황(예를 들어 주택비용을 줄이기 위해 모기지를 상환한 고객의 경우)에서는 준비예산이 80%보다 낮아도 되지만, 또 다른 경우(예를 들어 많은 여행계획이 있는 고객의 경우)에는 이보다 많은 예산이 필요하다.

(4) 인플레이션 계수는 은퇴시점의 물가상승을 반영하기 위해 연간 생활비용 곱한다.


인플레이션 계수

| 은퇴시점까지 남은 연수 | 계수 | 은퇴시점까지 남은 연수 | 계수 |
| --- | --- | --- | --- |
| 5 | 1.2 | 25 | 3.0 |
| 10 | 1.6 | 30 | 3.7 |
| 15 | 1.9 | 35 | 4.7 |
| 20 | 2.4 | 40 | 5.8 |

제2항: 은퇴수입 및 저축 예측

이 항목에서 은퇴비용으로 충당할 수 있는 미래수입을 발생시키기 위해 필요한 연간 저축수준을 측정할 수 있습니다. 첫 번째 계산은 첫 해 은퇴를 위한 저축규모를 산출하기 위한 것입니다(7번 항목). 연간 저축액은 은퇴시점까지 매년 5%씩(또는 그 이상) 증가되어야 합니다.


**연간 은퇴저축 예측    현재가치    인플레이션 계수[1]    미래(은퇴연령)가치**

1. 은퇴시점의 예상 연간 생활비(제1항 참조)
   $________ × ______ = $____________
2. 인플레이션 계수를 곱한 연간 연금소득(은퇴연령에서
   고용주에게 받을 수 있는 연금 예상액)[2]
   $________ × ______ = $____________
3. 인플레이션 계수를 곱한 연간 사회보장급여(은퇴연령에서
   사회보장을 통해 수령할 수 있는 예상 급여액)[3]
   $________ × ______ = $____________
4. 연금 및 사회보장 예상액 소계(2번 항목과 3번 항목을 더한다)
   $____________
5. 반드시 개인저축, 투자로부터 마련해야 할
   부족분(1번 항목에서 4번 항목을 제한다)
   $____________
6. 17을 곱한다.[4]   $____________
7. 은퇴자금을 마련하기 위해 은퇴연령 시점까지
   미래가치로 필요한 저축, 투자금액을 계산한다[5]
   $____________


재무설계사를 위한 해설
(1) 적절한 승수를 위해 앞에서 제시한 인플레이션 계수를 사용한다.
(2) 고용주는 보통 은퇴연령 시점의 연금 예상액을 현재가치로 나타낸다. 이
    수치를 미래가치로 적절히 표시하기 위해 인플레이션 계수를 곱한다.
(3) 사회보장 급여는 현재가치로 표시되며 따라서 인플레이션 계수를 감안해
    야 한다.

(4) 일반적으로 은퇴연령 시점에 연간 소득 1,000달러가 발생하도록 자금을
    준비하려면 인플레이션을 감안할 때 최소 1만 7,000달러를 저축하거나
    투자해야 한다. 만약 62세 이전에 은퇴한다면 17이 아니라 20을 계수로
    사용해야 한다.

(5) 고객은 은퇴자금을 마련하기 위해 필요한 저축수준을 보고 놀랄 것이다.
    젊은 사람, 최소 연금 급여를 받는 사람의 경우 그 금액은 쉽게 100만 달러
    를 초과하기 때문이다. 그러나 올바른 저축습관과 복리이자의 위력은 일반
    적으로 현재 재원과 최종적인 필요자금 사이의 간극을 메워줄 수 있다.

제3항: 은퇴저축 추정액

은퇴설계용 양식에 속하는 이 항목으로 은퇴시점의 퇴직연금 및 사회보장 급여 수준을 예측하고, 이러한 급여와 총필요자금 사이에 발생할 수 있는 부족분을 채우기 위한 필요한 추가 저축 및 투자규모를 계산할 수 있다.

1. 은퇴자금을 마련하기 위해 은퇴연령까지 저축할
   미래가치로 환산한 저축, 투자규모(제2항 참조)           $__________
2. 현재 은퇴 목적의 가용재원 차감[1]                      $__________
3. 가치상승 계수 곱하기(아래 계수표 참조)[2]              ×__________
4. 현재 가용 은퇴재원의 미래가치 계산
   (2항목과 3항목을 곱한다)                               $__________
5. 은퇴연령에 필요한 은퇴자금(1항목에서 4항목을 차감한다)
                                                          $__________
6. 연간 저축 계수 곱하기(아래 연간저축 계수표 참조)[3]
                                                          ×__________
7. 차후 연도에 필요한 저축규모 계산
   (5항목과 6항목을 곱한다)[4]                            $__________

가치상승 계수

| 은퇴시점까지 남은 연수 | 계수 | 은퇴시점까지 남은 연수 | 계수 |
|---|---|---|---|
| 5 | 1.4 | 25 | 6.1 |
| 10 | 2.1 | 30 | 8.8 |
| 15 | 3.0 | 35 | 12.6 |
| 20 | 4.2 | 40 | 18.0 |

연간저축 계수

| 은퇴시점까지 남은 연수 | 계수 | 은퇴시점까지 남은 연수 | 계수 |
|---|---|---|---|
| 5 | 0.1513 | 25 | 0.0088 |
| 10 | 0.0558 | 30 | 0.0054 |
| 15 | 0.0274 | 35 | 0.0034 |
| 20 | 0.0151 | 40 | 0.0022 |

재무설계사를 위한 해설

(1) 현재 가용 재원은 보통 고객이 은퇴 이전에는 사용하지 않을 것으로 예상하는 모든 투자관련 자산의 현재가치를 포함한다. 고객이 은퇴자금을 마련하기 위해 주택을 팔려고 하지 않는 한 이 주택의 가치를 포함해서는 안 된다. 제2항의 2문항에서 이미 반영한 연금급여 수령권 역시 포함해서는 안 된다.

(2) 가치상승 계수에 의해 현재 가용 은퇴자금원의 은퇴시점에서 가치를 평가할 수 있다. 가치상승 계수는 증가분에 대해 7.5% 세후 수익률을 가정한다.

(3) 연간저축 계수에 의해 고객이 은퇴시점까지 은퇴자금을 축적하기 위해 다음 해 동안 저축할 금액을 계산할 수 있다. 연간저축 계수는 7.5%의 세후 수익률을 가정한다.

(4) 은퇴자금 축적을 위해 필요한 연간저축은 고객이 정기적으로 저축할 것이라는 사실을 가정한다.

# Chapter 5

# 법률준수와 법률문제

　다른 전문직종에 종사하는 사람들과 마찬가지로, 재무설계사도 반드시 엄격한 규정과 규제를 준수해야 한다. 투자 및 보험에 대해 조언하는 재무설계사는 특히 이 분야를 감독하는 다양한 규제를 준수해야 한다. 이번 장에서는 재무설계업의 이러한 두 가지 측면을 관리하는 법규에 초점을 맞춘다.

　연방 및 주 정부 모두 증권산업을 규제한다. 이러한 법률은 증권 발행, 등록, 판매, 거래에 관한 방법과 주체를 관리한다. 연방 정부차원에서 해당산업을 규제하는 주요 법률은 1933년 증권법(Securities Act of 1933)과 1934년 증권거래법(Securities Exchange Act of 1934)이 있으며, 나중에 두 법률을 자세히 살펴볼 것이다. 통일

증권법(Uniform Securities Act)은 업계규제의 기본 법률로서, 각 주에서 전부 채택하거나 그렇지 않을 수도 있다.[1]

보험 영업사원은 사업을 영위하는 해당 주의 보험감독청으로부터 면허를 취득해야 한다. 재무상담사가 투자상품을 판매하거나 권유할 경우에는 반드시 전미증권거래인협회(National Association of Securities Dealers: NASD)가 제정한 증권사 규제사항을 따라야 한다. 투자상담 서비스만 제공한다고 해도 관리자산의 규모에 따라 연방정부 또는 주 정부에서 제정한 투자상담사 규제를 따라야 한다. 투자상담사는 반드시 NASD 또는 영업하는 주에 등록하고 허가를 받아야 한다.

---

1) 미국의 증권규제법의 주축은 1933년의 증권법, 1934년의 증권거래법, 1940년의 투자회사법, 투자상담사법 등 연방의회에서 제정한 연방증권법이다. 이에 비해 각 주의 증권규제법은 그 이전에 제정되어 대부분 증권업자의 등록제, 간단한 불공정거래 금지규정을 내용으로 하는 법과는 별도의 규제가 있어 그 제약을 받는 경우가 있다. 1933년에 제정된 미국 증권법은 증권시장을 규제하기 위한 법률로서, 사업설명서(Prospectus)에서 적절한 재무정보와 다른 자료의 공개, 허위 제출과 공표를 금지하는 반사기 조항을 담고 있다. 증권거래법은 주식시장을 감독하기 위한 법률로서, 허위진술(misrepresentation), 시장조작(manipulation), 증권발행의 악용행위를 금지한다. 연방 증권법은 많은 주에서 독자적으로 제정한 법률인 블루 스카이 법률(Blue Sky Laws)을 대체하지는 않는다. 블루 스카이 법률이란 미국의 각주에서 증권행정을 운영하기 위해 독자적으로 입법한 증권규제법의 총칭을 말한다. 각 주마다 상이한 조항을 가지고 있으나, 사기행위에 관한 규정과 증권 판매자의 자격에 관한 조항을 포함하고 있는 것이 일반적이다. 블루 스카이라고 부르는 것은 회사의 발기인이 하늘의 소유권과 같은, 즉 실체가 없는 것을 매도하는 것(사이비기업의 유가증권 매각행위)을 규제하기 위해 만들어졌기 때문이다. 통일증권법은 미국의 각 주 증권법에 통일성을 유지하기 위해 1956년에 제정된 법률로서, 증권과 거래인의 등록과 부정에 대한 처리 등을 다루고 있다. 각 주는 자유롭게 이 법의 전부 또는 일부를 채택하거나 채택하지 않을 수도 있다 — 옮긴이 주.

그렇다면 어떤 법률을 준수해야 할지 어떻게 알 수 있는가? 이
장에서는 재무상담사에게 중요한 각종 단체, 자격시험, 주 정부와
연방정부의 규제사항을 설명하려고 한다. 재무설계사의 재무설계
사업범위에 따라 적용되는 법률이 결정될 것이다.

투자분야에서 사용하는 약어

**BD(또는 B/D):** 중개인, 거래인(증권사를 말함)의 약자로, 개인이나 회사
로부터 일임된 주식 매매주문을 처리함으로써 업무수수료나 판매
수수료를 받는 개인이나 회사를 말한다. 증권사는 고객의 대리인
역할도 할 수 있으며 고객에게 이 서비스에 대한 판매수수료를 청
구한다.

**IAR:** 투자상담사대리인(Investment Adviser Representative)의 약자. 이들은
투자상담업체에 고용되거나 협력관계에 있는 파트너, 직원, 관리인
또는 기타 개인을 총칭하며, 투자조언이나 제안을 하거나, 고객의
계좌 내지 포트폴리오를 관리하거나, 투자권고 또는 상담서비스를
선택하거나, 이상의 모든 활동에 관여하는 직원을 감독하는 일을
담당한다.

**NASAA:** 북미증권거래감독협회(North American Securities Administrators
Association)의 약자. NASAA는 투자자 보호를 목적으로 결성된 가장
오래된 조직이다. 이 조직은 일반 투자자를 보호하고 효율적인 자
본형성을 담당하는 50개 주 증권기관의 의견을 대변한다.

**NASD:** 전미증권거래인협회(National Association of Securities Dealers)는 증
권거래감독원(SEC)의 감독하에 있는 증권사로 구성된 회원조직이
다. 증권산업의 공정한 거래를 장려하기 위해 1934년 증권거래법의
수정조항을 통해 만들어졌다. NASD의 하부조직 가운데 하나인
NASD 규제법인(NASD Regulation Inc.)은 투자자를 위해 주식시장을
규제하고 있다. 이 조직의 임무 가운데 하나는 회원사와 회원사의
직원이 연방 및 주 정부 증권법률과 규제, NASD 규정을 준수하도
록 하는 것이다.

**RIA:** 등록투자상담사(Registered Investment Advisor)는 유가증권에 대한 투

자상담 서비스를 제공하며 증권거래감독원, 주 정부 증권감독청에 등록된 개인이나 회사를 말한다.

RR: 등록대리인(Registered Representative)은 등록 증권사(BD)의 후원하에 자신이 판매하려는 투자상품에 따라 요구되는 NASD, 주 정부에서 시행하는 증권시험을 치른 개인을 말한다. 뮤추얼펀드, 변액연금 또는 변액종신보험 등의 상품을 매매하고 싶은 상담사는 반드시 시리즈 6 시험에 합격해야 한다. 뮤추얼펀드를 제외한 유가증권을 매매하려는 상담사는 시리즈 7 시험을 치러야 한다. 일단 등록대리인이 면허를 취득하면 증권사가 등록대리인의 면허를 보관하고 등록대리인이 증권법률을 준수하도록 감독해야 한다. 증권사를 통해 등록대리인은 적합한 유가증권을 매매할 수 있다. 등록대리인은 증권사에 의해 고용된 직원일 수도 있고 증권사가 관리하는 독립계약자일 수도 있다. 등록대리인의 등록은 해당 등록대리인이 등록된 증권사와 제휴할 경우에만 효력을 발휘한다.

SEC: 미국 증권거래감독원(Securities and Exchange Commission)은 1934년 의회에서 통과된 증권거래법에 따라 독립적인 미국 정부의 준 법률 기구로 탄생되었다. SEC는 증권분야의 법률을 집행하며 증권거래에서 투자자 및 대중을 보호하는 역할을 한다.

UPIA: 통일신중투자자법(Uniform Prudent Investors Act)은 현대적인 투자기법에서 등장하고 있는 많은 변화를 수용해 신탁투자 법률과 수탁자의 책임에 대한 내용을 갱신한 법률이다.[2]

---

2) 1992년 미국 법률협회(American Law Institute)는 신탁재산의 투자기준인 신중인의 원칙(prudent man rule)을 채택하는 내용으로 신탁법을 개정했다. 이 개정에 따라 수탁자는 개별 투자대상의 위험성이 아니라, 유가증권 전체의 합리적인 위험을 판단해 투자해야 한다는 것이다. 여기서 신중인의 원칙이란 수탁자는 신중하고 분별력이 있고 지성 있는 사람이 자기의 사무를 행하는 것처럼 재산을 운용하고, 투기라는 관점이 아닌 신탁재산의 항구적 적용이라는 견지에서 투자한 원금의 안전성뿐만 아니라 수익성도 고려해 행동해야 한다는 원칙을 말한다. 미국은 원래 신탁재산의 투자운용에 대해 투자대상을 지정하는 보수주의적인 법정종목원칙(legal list rule)으로 주법에서 한정하고 있었지만, 이 원칙에 의해 자유주의적 배경에서 수탁자에게 자유재량권이 주어졌다. 1995년 통일 주 법률(Uniform State

# 법률준수

## 보험판매 자격요건

보험상품을 판매하려는 사람은 영업하는 주에서 면허를 취득해야 한다. 맥카렌-퍼거슨법(McCarran-Ferguson Act)에 따르면 개별 주에서 보험영업활동을 규제할 책임이 있다.[3] 플로리다의 다수 보험 대리점이 부당한 판매행위에 관여된 사실이 밝혀진 1994년 사건을 계기로 각 주에서는 이 문제를 더욱 신중하게 고려하고 있다.

Laws)에 대한 법무장관회담에서는 각 주의 개별 법률을 제정하기 위한 지침으로 UPIA를 수용했다. 이후 많은 주에서 이를 법률로 제정했고, 캘리포니아의 경우 1996년 UPIA란 명칭을 붙인 법률을 제정했다. 이들 법률은 현대적인 포트폴리오 이론을 중시한다. 이는 본질적으로 신탁재산 수탁자에게 신탁재산의 신중한 투자 방식이 주가지수 펀드라고 말하는 것과 같다. 이 법률은 상속설계 전문 변호사, 신탁 수탁자, 투자상담 등을 위한 법률적 로드맵 역할을 하고 있다. UPIA는 기존 신탁법에 다음과 같은 5가지 근본적인 변화를 줬다. 첫째, 신중한 투자기준을 개별 투자에 대해서가 아니라 전체 포트폴리오에 적용한다. 신탁의 경우 포트폴리오라 함은 신탁재산 전체를 포함한다. 둘째, 모든 투자에서 위험과 수익률 간의 균형이 수탁인의 핵심 고려의 대상으로 간주된다. 셋째, 특정 투자유형에 대한 모든 절대적인 금지를 폐지한다. 수탁자는 신탁의 위험/수익률 목표를 달성하는 데 적절한 역할을 하고 기타 신중한 투자요건을 충족시키는 한 모든 유형의 투자를 시행할 수 있다. 넷째, 수탁자가 투자를 분산해야 한다는 오랫동안 잘 알려진 요건은 신중한 투자라는 규정에 통합된다. 다섯째, 그동안 많은 비판을 받아왔던, 수탁자가 투자 및 관리 역할을 위임하지 못하도록 금지한 기존의 신탁법이 거부된다. 이제는 안정장치를 갖추는 한에서 위임행위가 허락된다 — 옮긴이 주.

3) 당초 미국의 보험요율은 1869년 'Paul vs Virginia Ins. 사례' 판결에 의해 각 주의 보험업법의 규제를 받아왔으나 1944년 연방대법원의 'South Eastern Underwriter Association 사례' 판결로 연방법의 규제를 받게 된다. 이에 대해 하원에서는 이른바 맥카렌-퍼거슨 법을 제정해 주에서 규정하는 부분은 연방독점금지법(federal antitrust law)의 적용을 배제했다. 이 법률은 보험산업에 대해 보험업법을 우선적으로 적용하고, 사업자에 대한 강요, 협박, 보이콧 등을 위한 행위 등 특정사안을 제외하고는 독점금지법의 적용을 받지 않도록 규정하고 있다 — 옮긴이 주.

보험규제는 대중이 영업사원에게 속아 현명치 못하거나 잘못된 의사결정을 내림으로써 대중의 재무와 안정에 영향을 주지 않도록 보호하는 데 그 목적이 있다.

생명보험, 소득보상보험, 연금, 건강보험 등을 판매하는 보험 영업사원은 주에서 실시하는 '생명보험과 건강보험' 자격시험을 통과해야 한다. 증권사에서 변액보험이나 변액연금 상품과 같은 모든 종류의 유가증권을 판매하려고 하는 사람은 NASD에 등록해야 한다. 주택화재보험, 자동차보험, 배상책임보험 등을 판매하려는 사람들은 '재산 및 배상책임보험' 자격시험을 치러야 한다. 이러한 보험 자격시험은 별로 어렵지는 않지만, 형식적인 시험 응시절차 때문에 상당히 번거롭고 시간도 오래 걸린다. 거주지역과 다른 주에서 영업하려는 사람들은 다른 주의 상호인증협정을 따라야 한다. 상호인증협정에 따르면 자격시험을 치르거나, 해당 주 유가증권관리국으로부터 자격인정서를 받거나, 윤리시험을 치르거나 보증을 받거나 (보험가입) 해야 한다.

### 투자상품 판매자격 요건

뮤추얼펀드, 변액연금, 변액보험 등을 판매하려는 사람은 NASD에서 시행하는 시리즈 6 시험에 합격해야 하고, 해당 주의 생명보험과 건강보험 자격시험(상기 내용 참조)을 치러야 한다. 모든 투자관련 자격시험 가운데 시리즈 6 시험은 준비하는 데 걸리는 시간이 가장 짧다. 시리즈 6 시험을 통과한 사람은 뮤추얼펀드나 일부 변액보험상품 등과 같은 매우 특수한 종류의 투자상품을 판매할 수 있다. 뮤추얼펀드, 변액연금, 변액종신보험 또는 주식, 채권, 옵션 상품 등을 모두 판매하려면 시리즈 7 시험을 치러야 한다. 이

NASD 자격취득 절차

1. 제휴할 증권사(BD)를 선택한다.
2. U-4 서류양식(증권산업 규제 및 유가증권 명의변경 통합지원서류)을 작성한다. 이 양식은 입사지원서와 유사하며 지원자가 준수할 증권 법률 및 규제 준수사항이 언급되어 있다. 지원자는 이 서류를 증권사에 제출하고 등록을 원하는 주에 대해 조사한다.
3. 검사장소에서 지문카드를 제출한다. 증권사가 경력조사를 실시한다.
4. 증권사가 U-4 서류 및 지문카드를 NASD에 제출함으로써 지원자를 등록한다.
5. NASD는 지원서류를 승인하거나 거부하고, 증권사에 자격통보서를 발송한다. 투자상담사로서 적합하지 않은 행위에 대해서 승인을 거부할 수 있다. 일단 승인을 받은 사람은 해당 자격시험 일정을 정하기 위해 자격통보서를 제출한다.
6. 해당 증권 자격시험을 치른다. 시험결과는 전산으로 기록되고 즉시 지원자에게 송부된다.
7. NASD가 제휴 증권사에 지원자의 등록 수수료를 청구한다.
8. 정확성을 유지하기 위해 필요한 경우 U-4 서류를 갱신한다.
9. 본인이 제휴 증권사를 떠날 경우 그 증권사는 반드시 NASD에 U-5 서류양식(통합 증권업 등록종료 통보서류)을 제출해야 한다. 다른 NASD 회원사에 채용될 경우 이전 U-5 사본을 제출하고, 새로운 증권사는 새로운 U-4 서류양식 및 지문카드를 받아서 NASD에 제출한다.

시험은 시리즈 6에 비해 훨씬 어렵고 포괄적이며 많은 시간이 소요된다. 시리즈 7 시험은 유가증권의 정의, 법률준수, 기타 요소에 대한 지식을 판단하며 총 6시간에 걸쳐 실시된다. 1997년에는 총 3만 2,000명이 이 시험에 응시했으며, 이중 9,500명이 불합격했다. NASD에서는 이 시험의 지원자가 불합격한 횟수에 따라 최소 30일부터 최대 6개월까지의 대기기간을 두고, 원하는 대로 자유롭게 시험에 응시하도록 허용하고 있다. 하지만 대형 증권사의 경우 보통 이 시험에 단 한 번이라도 불합격하면 해당 직원을 해고한다.

시험에 응시할 사람은 NASD에 지원서를 제출해야 한다. NASD는 지원서류(U-4)와 지원자가 치르려는 시험 종류를 명시한 서류양식(U-10)을 검토한다. 시리즈 6 또는 시리즈 7 시험에 합격한 사람은 해당 주에서 실시하는 시리즈 63 시험을 치러야 한다. 이 시험은 보통 '블루 스카이'라고 부르는데, 한때 많은 투자상담사가 모르는 고객에게 이른바 '블루 스카이'[4]를 판매했기 때문이다. 이 자격시험의 내용은 미국 전역에 적용되는 증권산업 관련법률 외에도 해당 주 관련 법률을 포함한다. 시리즈 6 또는 시리즈 7 시험에 합격한 후 시리즈 63 시험에 합격한 사람은 일반인에게 유가증권을 판매할 수 있는 자격이 인정된다.

### 투자상담사 규제

투자상담사 명칭을 사용하는 전문가는 대개 재무설계사, 연금 컨설턴트 또는 스포츠 및 연예 대리인이다. 투자상담사는 관리자산이 2,500만~3,000만 달러 이하일 경우에 해당 주에, 그 이상의 많은 금액을 관리할 경우는 SEC에 등록해야 한다. 등록한 전문가들은 등록투자상담사(Registered Investment Advisor)가 된다. 1940년 투자상담사법률(Investment Advisers Act of 1940)의 202조(a)(11)에서는 투자상담사를 다음과 같이 정의하고 있다.

……보수를 목적으로 다른 사람에게 유가증권의 가치, 유가증권

---

4) 유가증권 사기판매: 유가증권의 이익이 마치 푸른 하늘만큼 높다고 고객에게 사기를 친 것에서 유래했다 — 옮긴이 주.

의 투자, 매입, 매도 권유에 대해 직접적으로 또는 출판 및 저술활
동을 통해 상담업무에 종사하거나 보수를 목적으로 정규 사업의
일환으로 유가증권에 관련된 분석이나 보고서를 작성하거나 발표
하는 모든 사람을 말한다.……

다시 말하면 등록투자상담사는 상담, 사업, 보수로 이루어졌다
고 간단히 정의내릴 수 있다.

상담은 그 범위에 상관없이 유가증권에 대한 모든 정보에 관련
된다. 사실 상담활동이란 구체적으로 정할 필요가 없다. 따라서
유가증권의 종류를 대상으로 일반적인 자산배분에 관해 조언하거
나 고객에게 비과세 지방채를 매입하도록 제안하더라도 상담사가
상담서비스를 제공하는 행위이므로 첫 번째 평가기준을 충족한다.

사업이란 '사업에 종사'하거나 일정한 정규적인 사업활동의 일
부일 경우를 의미한다. 또한 해당 사업에 종사할 자격을 갖추고
있다면, 즉 예를 들어 명함에 자신을 투자상담 서비스를 제공하는
사람이라고 명시할 경우에는 그 사업에 종사한 사람으로 간주하
며, 따라서 두 번째 기준을 충족한다.

보수는 누군가 상담 서비스에 대해 돈을 지불하는 것을 말한다.
그것은 업무수수료, 판매수수료, 그 두 방식의 조합일 수도 있다.
어떤 곳에서든 업무수수료를 받을 수 있다. 상담사의 전문지식으
로 혜택을 받은 당사자에게서 업무수수료를 직접 받을 필요는 없
다. 사실 제3자, 재무설계사, 머니매니저로부터 받은 소개료도 모
두 업무수수료에 해당한다. 이런 모든 사례에 해당할 경우 세 번째
기준을 충족한다.

투자상담사 자격에 관한 예외사항

투자상담사를 정의하는 데 많은 예외사항이 있으며 다음과 같은 사항도 포함된다.

① 은행, 저축기관 또는 신탁회사의 금융기관.

② 변호사, 회계사, 엔지니어, 교사와 같이 서비스 성과가 자신의 전문직업 활동에 따라 부수적으로 발생하는 전문직 종사자.

③ 증권 영업행위의 일환으로써 투자 포트폴리오 상담 서비스를 제공하고, 이 서비스에 대해 별도의 보수를 받지 않는 증권사.

④ 일반대중에게 일반적인 투자정보를 배포한 모든 금융출판업체(신문, 잡지 등)의 출판업자 또는 직원.

⑤ 고객을 법인만으로 한정하고, 해당 주에 사무실이 없는 개인.

⑥ 해당 주에 사무실이 없이 사업상 직접 교류하는 고객(기관 이외)이 5명을 넘지 않는 사람.

⑦ 해당 주에서 통일증권업법에서 정한 관리국에서 투자상담사 자격으로 포함하지 않기로 결정한 자.


등록 면제

앞서 제시한 예외 항목은 투자상담사에 대한 법률상의 정의와 SEC에서 수립한 기준에서 제외되는 개인 또는 법인을 말한다. 그러나 면제란 투자상담사로 등록해야 할 사람을 면제해 주는 것이다. 다음과 같은 사람은 면제된다. ① 해당 주에서 영업하지 않는 사람. ② 최소허용(de minimis)5) 면제요건을 가진 투자상담사, 즉

---

5) 최소허용 규칙은 미국법의 개념이다. 작은 것을 의미하는 라틴어로부터 온 이 말

매년 고객이 5명 미만인 경우 또는 각 주에서 정한 최저인원 이하의 고객을 보유한 경우. 고객은 증권사, 금융, 기관투자자(은행, 보험사 또는 투자회사 등), 기타 투자상담사 등으로 구성된다.


## 등록절차

투자상담사로서 SEC 등록 자격을 갖추려면 지원, 자격시험 합격, 윤리규정 준수 등의 과정을 거쳐야 한다.


### 지원

지원서류(아직 제출하지 않은 사람의 경우 U-4양식, ADV양식6))를 작성하고 해당 분야의 서류신청비(주별로 책정)를 납부한다. 지원서류는 다음과 같은 정보를 담고 있다.

은 양(금액), 손해 또는 행위가 최소한이거나, 작거나 사소해서 어떠한 강제작용, 규제행위 또는 책임을 촉발시키지 않을 때 사용된다(어떤 사례든지 될 수 있다). 이 말은 민사 및 규제분야에서 사용되고 형사분야에서는 사용되지 않는다. 예를 들어 투자상담사는 주 증권당국에 등록하도록 요구하는 주 법률이 있다. 그렇지만 많은 주의 법률은 만일 투자상담 고객이 5명 미만일 경우 등록할 필요가 없다고 규정하는 조항을 가지고 있다. 이것이 보통 de minimis 예외로서 언급된다. 5인 미만의 고객은 최소한으로 간주된다 — 옮긴이 주.

6) 상담사가 SEC에 투자상담사로 등록할 때 이용하는 양식. 2,500만 달러 이상의 고객 자산을 관리하는 상담사는 SEC에 등록해야 하지만, 2,500만 달러 이하의 자산을 관리할 경우 주요 영업장소가 위치한 주의 증권규제당국에 등록해야 한다. ADV양식 파트 1은 상담사의 학력, 사업, 상담사의 최근 10년간의 징계기록을, 파트 2는 상담사의 서비스, 수수료, 투자전략에 관한 정보를 담고 있다. 파트 1은 SEC에 온라인으로 제출해야 한다 — 옮긴이 주.

- 사업체의 형태와 위치.
- 사업방식.
- 지원자의 자격 및 사업경력.
- 법원의 금지명령을 받은 사실.
- 재무상태 및 내력.
- 고객용 홍보 소책자.

### 시험

각 주별로 특수한 요건이 있다. 대부분의 주에서는 시리즈 65 시험(통일투자상담사법 시험, Uniform Investment Adviser Law Examination)과 시리즈 63 시험(통일증권대리인 주 법률 시험, Uniform Securities Agent State Law Examination)을 요구하고 있다. 이 두 시험을 하나의 시험으로 치르고 싶은 투자상담사는 대신 시리즈 66 시험(통일결합 주 법률 시험, Uniform Combined State Law Examination)을 치르면 된다. 이 시험을 이미 통과한 지원자도 면허, 등록이 승인될 때까지는 사업을 영위할 수 없다.

### 업무수행 윤리기준 준수

투자상담사는 수탁자로서 고객의 돈을 관리할 때 엄격한 윤리규정을 지켜야 할 의무가 있다. 이러한 규정은 NASAA가 투자상담사의 비윤리적인 영업행위를 정의하고 다음과 같은 내용을 강조하는 정책설명서(Statement of Policy: SOP)를 통해 개발한 것이다.

- 적합성(Suitability). 투자상담사는 제안을 하기 전에 먼저 고객의 재무상태, 투자목표, 니드를 합리적으로 조사할 책임이 있다.
- 재량권(Discretionary authority). 투자상담사는 계좌 주문을 내기

전에 사전에 구두 또는 서면에 의한 권한위임을 받아야 한다.

• 과도한 매매거래. 투자상담사는 고객의 목표, 재원, 개인적 특성을 고려하지 않고 빈번하게 매매를 해서는 안 된다.

• 권한 없는 거래. 투자상담사는 고객이 구두 또는 서면에 의한 권한을 위임하지 않은 이상 마음대로 고객의 계좌에 주문을 낼 수 없다.

• 권한 없는 제3자 거래. 투자상담사가 제3자의 주문을 실행하려면 사전에 고객에게 서면상의 권한위임을 받아야 한다. 여기에는 남편이 부인 대신 주문을 낼 수 없으며, 그 반대도 마찬가지라는 제한규정이 포함된다.

• 자금 또는 유가증권 대출. 고객이 증권사, 은행, 여신 금융기관 또는 투자상담사와 제휴한 사람이 아닐 경우 자금이나 유가증권 대출을 허용하지 않는다.

• 자금대출. 투자상담사가 은행, 여신금융기관, 투자상담사와 제휴한 개인이 아니라면 자금대출을 허용하지 않는다.

• 허위고지 및 누락. 투자상담사는 과장, 왜곡 또는 상담사와 그 고용인의 자격, 서비스 내용 또는 수수료를 누락하거나 허위고지를 해서는 안 된다.

• 제3자 보고서 및 제안. 투자상담사는 제안내용의 기초자료로 어떤 정보를 사용하지 않는 한, 출처를 밝히지 않고 제3자가 작성한 보고서나 제안내용을 고객에게 제공할 수 없다.

• 부당한 수수료. 부당한 수수료는 고객이 미리 동의했더라도 비윤리적인 것이다.

• 실질적인 이해상충. 투자상담사의 서비스를 이용할 수 있는 고객의 의사결정에 영향을 미칠 수 있는 이해상충은 고객과 상담

계약을 체결하기 전에 공개해야 한다.

• 성과 보장. 투자상담사는 고객에게 수익을 높이거나 투자를 지원한다는 것과 같은 특정 투자성과를 보장할 수 없다.

• 광고. 구체적인 사실에 대한 거짓 진술이나 증언, 특정 과거 제안내용만의 언급, 미래 투자성과 보장, 업무수행 의도가 없는 무료서비스 제공, 차트, 도표, 공식, 기타 수단을 사용할 때 그 맹점과 한계에 대해 밝히지 않고 주가를 예측하는 데 사용하는 것은 법률상 금지된다.

• 고객정보 공개. 투자상담사는 법률상의 요구나 고객의 동의가 없으면 제3자에게 고객의 정보를 공개할 수 없다.

• 고객의 자금 또는 유가증권의 보관 · 소유. 고객의 자금은 고객별로 분리해 안전하게 관리해야 한다. 고객에게 미리 통보한 이후 수탁자의 계좌에 자금을 예치해야 한다. 분기별로 항목별 보고서를 제공해야 하며, 독립계 공인회계사의 수시 회계감사를 통해 해당 계좌가 정확하게 확인되어야 한다.

• 투자상담사 계약. 모든 투자 상담계약은 반드시 서면으로 작성하고, 서비스의 내용, 계약조건, 상담 수수료 금액 또는 수수료 계산 공식, 선불수수료에 대한 환불방식, 상담사의 재량권 여부, 계약의 양도에 필요한 고객의 동의 등이 명시되어야 한다.

1996년 미국 증권거래개선법(National Securities Improvement Act of 1996)이 시행되었다. 투자상담사감독조정법(Investment Adviser Supervision Coordination Act)으로 알려진 이 법률의 3장은 1997년 7월 8일부터 효력이 발생하게 되었다. 이 법률이 제정되어 전통적인 이중등록 요건이 중지되었다는 점에서 투자상담사에게 중요한 의미가 있다. 따라서 등록투자상담사는 더 이상 SEC와 해당 주 모두 등록할 필요가 없어졌다. 이 법률로 투자상담 업체가 이미 SEC에 등록되어 있을 경우 해당 주에서 계속해서 투자상담사 대리인을 등록할 수 있도록 허용한다. 그러나 SEC에 등록한 등록투자상담사는 더 이상 본점이 있는 주에서 기록유지, 정보공개, 순자본 요건을 따르지 않아도 된다. 이 법률에 따라 또한 전국적으로 고객 5명이라는 최소한도의 규정이 적용되었고, 기록유지, 순자본, 보증금에 관련된 해당 주 법 규정이 주 등록투자상담사에게 적용된다.


## 주식시장의 주요 입법규제

미국 의회는 오랜 기간에 걸쳐 주식시장을 체계화하기 위해 많은 입법안을 통과시켰다. 투자상담사는 증권업계의 근간이 되고 업무수행에 영향을 미치는 다음 규제내용을 숙지해야 한다.

• 1933년 증권업법(The Securities Act of 1933). 이 법률은 주로 주식의 신규 발행을 다룬다. 주식 발행인이 처음 주식을 공모할 때 발행주식을 등록해 신규 발행주식으로부터 대중을 보호한다는 취지였다. 또한 이 법률은 청약자에게 기업안내서를 제공하도록 규정하고 있다. 인수회사(발행증권의 마케팅을 담당한 회사)가 증권을 매도할 지역 주마다 반드시 신규 발행증권을 등록해야 한다. 잘못된 정보를 제공할 경우에는 형사상 처벌을 받으며, 매입자는 손해배상청구 소송을 제기할 수 있다.

• 1934년 증권거래법(The Securities Exchange Act of 1934). 이 법률에 따라 증권 유통시장까지 정보공개요건이 확대·시행되고,

SEC가 설립되어 등록과 정보공개요건을 관리했다. 일반 투자자를 위해 시장의 공정성과 질서를 유지하기 위해 이 법률이 제정되었다. 증권거래법은 조직적인 증권 거래는 SEC에 등록하도록 함으로써, 기존 입법을 따르도록 하여 이 목표를 달성하려고 했다. 그 외에도 이 법률은 연방준비제도이사회(Federal Reserve Board)가 결정한 증거금 요건을 통한 신용 규제와, 내부자거래, 공매(short sales),7) 대리매매 등의 등록, 거래행위 및 고객계좌에 대한 규제, 증권사의 순자본 요건 등을 주로 다루고 있다. 증권을 등록한다고 해서 증권을 구매한 투자자의 자금손실을 방지하는 것은 아니다. 등록은 단지 법적으로 발행인의 충분한 정보공개를 의미할 뿐이다.

• 1936년 멀로니법(Maloney Act of 1936). 이 법률은 SEC의 통제력을 장외(over-the-counter: OTC) 시장으로 확대했다. 장외시장 거래인을 인가하고 규제하는 증권거래인협회를 통해 장외시장의 중개인 및 딜러의 자율규제를 감독하고 있다.

• 1939년 신탁증서법(The Trust Indenture Act of 1939). 이 법률에 따르면 발행규모 500만 달러 이상이며, 만기가 향후 9개월 이상인 모든 회사채는 신탁증서와 함께 발행되어야 한다. 신탁증서는 투자자를 위해 수탁회사와 발행회사 사이의 계약서를 말한다. 이 증서에는 채권 소유자를 보호하기 위해 독립 수탁인이 감시한 특정

---

7) 공매(Short Sale)란 소유하고 있지 않은 자산을 매도하는 것을 말하는 것이다. 즉, 자신이 보유하고 있지 않은 자산을 매각함으로써 자산의 가격이 하락하면 이익을 얻고 반대로 자산의 가격이 상승하면 손실을 입는 포지션을 말한다. 다른 사람에게 증권을 빌려서 매각하는 경우는 대주라고 부른다. 공매는 차익거래의 기회가 존재할 때 투자전략의 일환으로 사용할 수 있다. -옮긴이 주.

계약내용이 포함되어 있다.

• 1940년 투자회사법(The Investment Company Act of 1940). 이 법률은 투자회사의 SEC 등록과 투자회사가 사업을 영위할 때 준수할 규제의 체계를 규정하고 있다. 이 법률은 투자회사의 조직 운영, 투자상품의 가격책정 및 공모, 공시요건의 표준을 제정해 투자회사 유가증권의 발행을 규제한다. 각 투자회사는 등록신고서와 기업안내서에 투자 목적을 설명해야 한다. 투자회사는 중요한 정보를 공개하고 주주를 보호하기 위해 고안된 정해진 절차를 준수해야 한다.

• 1940년 투자상담사법(Investment Advisor Act of 1940). 이 법률에 따라 투자상담 서비스를 제공하는 개인이나 기업은 SEC에 등록해야 한다. 등록은 관련 법률을 준수해야 한다는 것을 의미한다. 이번 장의 다음 항목에서 이 법률의 일부 중요한 수정내용에 대해 다루고 있으니 참고하라.

• 1970년 증권투자자보호법(The Securities Investor Protection Act of 1970). 이 법률에 따라 증권사가 파산할 경우 투자자를 보호하기 위해 보험회사의 역할을 담당하는 증권투자자보장법인(Securities Investor Protection Corporation: SIPC)이 설립되었다. SIPC는 비영리 법인이지만, 연방예금보험법인(Federal Deposit Insurance Corporation: FDIC)과 같은 정부 산하기관은 아니다. 1934년 증권거래업법에 따라 등록한 모든 증권사, 전미증권거래소 회원 전체, NASD 회원 대부분이 SIPC 회원이다. 증권사의 각 고객은 유가증권 40만 달러 및 현금 10만 달러까지 보장받는다. 상품 계좌는 보장되지 않는다. 50만 달러 이상의 배상을 청구하는 고객의 경우 초과금액에 대해서는 일반 채권자로 간주된다. 한 증권사에 본인명의로 여러 계좌

를 가지고 있는 고객의 경우에도, 최대 보장금액이 계좌별로가 아니라 고객별로 인정되기 때문에 50만 달러까지만 보장받을 수 있다는 사실에 유의해야 한다. 증권사 등이 납입한 회비로 기금을 마련하고, 정부 지원금도 받는다.

• 1975년 증권업법 수정조항(The Securities Amendment Act of 1975). 이 수정조항은 고정 중개수수료를 폐지하고 이를 전국 증권시장으로 확대했다.

• 1988년 내부자거래 및 증권사기 방지법(The Insider Trading and Securities Fraud Enforement Act of 1988). 이 법률은 비공개 정보의 불법적인 사용에 따른 배상책임과 제재에 대한 규정을 확장한 것이다. 내부자(비공개 정보에 접근하는 사람)는 단순히 자신의 계좌에서 거래하는 것 이상의 책임을 진다. 이 법률은 발행인의 내부자, 주주, 내부 정보를 이용한 거래에 영향을 받을 수 있는 다른 사람에 대해 수탁인(다른 사람을 대신하는 대리인으로서 합법적으로 임명되고 권한을 부여받은 사람)의 책임을 인정한다. 내부자거래로 인해 금전상의 손해를 본 투자자는 내부자와 비공개 정보의 오용에 대한 책임이 있는 상대방에 대해 법률적 자구수단을 가진다. SEC는 내부자정보를 사용할 경우 최고 100만 달러 또는 거래로 인해 발생한 수익금(또는 회피된 손실금)의 세 배까지 벌금을 징수할 수 있다. 법인의 내부자이면서 그 법인의 주식을 소유한 개인은 누구나 SEC에 지분소유 신고서를 제출해야 한다.

• 대중에 대한 전화통화 규제법(The Telephone Communications with the Public Act). 이 법률은 연방통신위원회(Federal Communications Commission: FCC)에 의해 집행되며, 원하지 않는 권유 전화로부터 소비자를 보호하기 위해 제정되었다. 판촉전화와 같은 텔레마케팅 서비

스를 수행하는 회사에 대해 수신거부 명부 보존, 수신거부 명부 유지 절차상 필요에 따라 활용할 수 있는 서면상의 정책수립, 해당 명부에 대해 직원교육 실시, 직원은 다시 전화를 받지 않기를 원하는 고객의 이름과 전화번호를 확인하고 즉시 기록하고, 회사를 대신해 판촉전화를 거는 경우는 누구든 고객에게 해당 조직의 이름과 전화번호 또는 주소를 알리고 텔레마케터가 이러한 명부의 고객에게 향후 10년간 전화를 걸 수 없으며, 판촉전화는 오전 8시부터 오후 9시 사이에만 걸도록 이 법률은 규정하고 있다.

의회에서 새로운 법안이 통과되거나 1940년 투자상담사법과 같은 기존 법률을 크게 수정할 경우에는 대개 혼란스럽고 실망스러운 법률 및 규제, 절차상의 문제가 발생하기 마련이다. 이런 현상은 의외의 상황 또는 예상할 수 없는 결과가 아니라 항상 반복적으로 발생한다. 새로운 법률이 제정될 때 나타나는 일부 현상으로서 더 적용범위가 넓고 다른 준법 책임감이 발생하기 때문이다.

SEC — 문제가 되는 법률의 집행을 책임지고 있는 연방정부 기구 — 는 새로운 법률이 제정되고 나서 즉시 명확한 규제내용을 공표하고 법률 개정에 따라 영향을 받는 사람들이 새로운 책임감을 숙지하고 더 잘 이해할 수 있도록 해야 한다.


### SEC 공식문서

1996년 말 SEC는 두 가지 매우 포괄적이며 정교하게 작성된 발표문인 SEC 세부지침 IA-1601과 SEC IA-1602를 발표했다. 이들 세부지침은 많은 미해결 의문사항을 해결했고, 투자상담사법의 일부 수정내용을 명확하게 설명해 주고 있다. SEC의 세부지침으로 다음과 같은 분야가 수정되었다.

• SEC 등록자격. SEC는 1997년 7월 8일부터 새로운 법률이 시행되면서 SEC 등록자격을 결정하기 위해 미국 내에서 활동중인 모든 등록투자상담사는 SEC가 설계한 ADV-T 서류양식을 작성해 제출해야 한다. 등록투자상담사는 ADV-T 서류를 제출한 날로부터 10일 이내 관리 자산규모를 기재해야 한다. 또한 이 서류양식에 따라 등록투자상담사는 SEC 등록자격을 발표해야 한다. 자격에 관한 세부적인 사항들은 ADV-T 서류양식에 나열되어 있다 (ADV-S 양식은 폐기되었다).

• 관리자산 규모 결정. '관리자산'은 등록투자상담사가 계속 반복적으로 감독 또는 관리 서비스를 제공하고 있는 유가증권 포트폴리오를 말한다. 1997년 세부지침에서는 '유가증권 포트폴리오'를 총가치의 최소 50% 이상이 유가증권으로 구성된 모든 계좌로 정의했다. 부동산, 상품, 수집품은 유가증권이 아니며, 따라서 자산 규모를 계산할 때 포함되지 않는다. 현금과 현금등가물 역시 계산에서 제외된다. 유가증권 포트폴리오는 ADV-T 서류가 제출된 날로부터 10일 이내 결정된다. 해당 계좌는 반드시 '계속적이고 정기적인 감독 및 관리 서비스'를 받고 있어야만 2,500만~3,000만 달러 최소 자산규모 계산에 포함될 수 있다.

이러한 세부지침이 크게 개선되어 등록투자상담사가 재량권이 없는 경우 해당 계좌는 자동적으로 2,500만~3,000만 달러의 계좌로 간주되지는 않는다. 그러나 SEC는 등록투자상담사가 계속해서 관리 서비스를 제공하고 있다면 재량권이 없는 경우에도 해당 계좌는 포함될 수 있다. SEC 세부지침에 다음과 같이 언급되어 있다. "SEC는 제한적인 재량권이 없는 상담계약은 지속적이고 반복적인 감독 및 관리 원칙에 따라 관리되는 자산을 의미한다고 믿는다.

어떤 계좌의 재량권이 없는 투자상담사가 계속해서 정기적인 관리 또는 감독 서비스를 제공했는지 여부는 투자상담사가 가지는 책임의 종류에 달려 있을 것이다."

등록투자상담사가 재량권이 없고 관리자산이 2,000만~3,000만 달러 한도를 초과한다고 주장하며 SEC 등록 자격을 갖추려고 한다면, 계속적이며 정기적인 감독 및 관리 서비스를 증명하기 위해 ADV-T 서류양식에 별도로 설명해야 한다.

• 주 및 SEC 사이의 등록이전. SEC는 2,500만 달러 한도가 변동되거나 그 이하의 관리자산 규모를 보유한 등록투자상담사의 등록 반복을 방지하려고 한다. 이에 따라 제안규정 203A-1은 2,500만~3,000만 달러의 관리자산 규모를 보유한 등록투자상담사가 해당 주에서 SEC로 등록처의 이전 여부 및 그 이전 시기를 결정할 수 있도록 허용하고 있다.

• SEC 등록요건 면제. SEC는 새로운 규정 303A-2를 제안해, 다음 네 가지 상담사 유형에 대해 SEC 등록요건을 면제하고 있다. ① 전국적으로 인지도가 있는 통계상의 조직. ② 연금 컨설턴트. ③ 특정한 제휴 투자 상담. 예를 들어 차별화된 상담영업을 수행하기 위해 별도의 자회사를 운영하는 투자상담사. ④ 장래에 자격을 갖출 것으로 기대할 수 있는 투자상담사. 여기에는 등록이 효력을 발생하는 날로부터 90일 이내에 SEC 등록이 허락된 새로 등록한 등록투자상담사도 포함된다. 90일 기간이 종료되는 날에 해당 등록투자상담사는 수정 항목 1(Schedule I)을 제출해야 한다.

이런 네 가지 유형의 투자상담사는 관리 자산규모에 상관없이 SEC에 등록할 수 있다.

• 해당 주에 등록하지 않은 투자상담사에 대한 SEC 등록요구.

1997년 법률에 따라 주된 영업활동을 하는 본점 소재 주에서 '투자상담사로서 규제를 받지 않거나 규제 대상이 아닌' 투자상담사는 관리자산 규모에 상관없이 SEC에 등록해야 한다.

이 규제에 따르면 투자상담사에 대한 법률상의 정의를 충족하는 사람은 다음의 경우에 한해 SEC에 반드시 등록해야 한다고 해석하고 있다. ① 주된 영업활동을 하는 본점이 위치한 주에서 투자상담사의 지위를 가지고 있으나 등록대상이 아닌 상담사, 실제 해당 주에 등록되어 있지 않은 사람. ② 등록투자상담사 지위가 존재하지 않는 주에 본점이 위치하고 주된 영업활동을 하는 자(2000년 1월 현재 오하이오 및 와이오밍).

• 투자상담사 대리인에 대한 규제. 1997년 법률은 투자상담사가 SEC에 등록된 경우라도 주에서 사업을 영위하는 회사의 투자상담사 대리인을 인가·규제하거나 또는 자격을 부여할 수 있도록 했다. 이 새로운 규제 내용은 SEC에 등록된 투자상담사를 대리해 투자상담 서비스를 제공하는 사람은 계속해서 해당 주에서 등록하고 허가를 받아야 한다고 명시하고 있다.

의회에서 사용되는 투자상담사 대리인이란 용어는 투자상담사의 감독을 받으며 '자연인(단체 또는 기업이 아님)'인 고객에게 실질적인 투자 상담 서비스를 제공하는 자를 의미한다고 이 새로운 규제에서 결론을 내리고 있다. 따라서 이 용어는 투자회사, 사업체, 교육기관, 자선기관 또는 자연인이 아닌 기타 법인에 상담 서비스를 제공하는 해당 투자상담사의 감독하에 있는 자를 포함하지 않는다. 그러나 소속 회사가 SEC에만 등록하더라도 이들 대리인은 계속해서 주 규제당국에 등록해야 한다.

• 전국 최소허용 기준(National de minimis standard). 1997년 규제

법률은 '6명 미만의 고객' 규정에 따라 고객 수의 계산방법을 설명해 전국 최소허용 기준을 명시했다. 이 새로운 규제는 고객에 대한 정의를 전혀 내리고 있지 않다. 자연인과 동일 주택에 거주하는 모든 친족 및 배우자, 그러한 사람들이 유일한 제1수익자로 지정된 모든 계정을 하나의 고객으로 취급한다고 SEC는 언급하고 있다.

오하이오 주 미들타운에 있는 텍스트 라이브러리 시스템(Text Library System: TLS)에 요청하면 이 정보의 인쇄물을 무료로 받아볼 수 있다(전화 800-666-1656).


## 주 증권 법률

연방 법률 외에도 각 주별로 유통시장에서 유가증권의 발행과 거래에 관련된 법률이 존재한다. 각 주마다 별도로 제정한 '블루 스카이 법'은 어느 주에서도 따라야 할 모델법인 통일증권업법(Uniform Securities Act: USA)에 의해 대체되었다. 이 법률의 다수 조항은 투자상담사를 규제하는 연방 법률과 유사하지만, 법률을 위반하면 처벌내용에 일부 차별적인 조항도 존재한다. 연방 법률은 징역 최고 5년 또는 벌금 1만 달러의 제재를 가하고 있다. 주에서는 이것보다 낮은 최고 징역 3년, 벌금 5,000달러로 처벌하고 있다. 또한 앞서 살펴본 것처럼 3,000만 달러 이상을 관리하는 투자상담사는 반드시 SEC에 등록하고 2,500만 달러 미만의 자산을 관리하는 투자상담사는 반드시 주에 등록해야 한다. 관리자산 규모가 2,500만~3,000만 달러인 경우 어느 쪽에 등록할 것인지 선택할 수 있다. SEC에 등록한 경우 등록을 철회할 때까지 효력이 유지되지만, 주에 등록할 경우 매년 12월 31일이 되면 자동적으로 등록이 해지된다는 것이 또 다른 점이다.

## 배상책임에 대비

투자 및 보험설계 상담 서비스를 제공하는 전문직 종사자는 업무수행 과정에서 발생하는 우발적 과실에 따른 소송 가능성에 대비할 필요가 있다. 많은 재무설계사가 고객의 자료를 수집하는 데 알맞은 시스템을 보유하지 못하거나 핵심 정보를 제공할 적절한 훈련을 받지 못하고 있다. 모든 재무설계사가 고객의 기대를 적절히 관리할 수 있는 것은 아니다. 불행하게도 일부 재무설계사는 고객의 이익보다 자신의 이익을 우선함으로써 위험한 영업을 한다.

고객이 상당히 큰 재산상의 손실을 입었을 때 재무설계사의 잘못이 아니더라도 고객은 고소할 수 있고, 배심원의 동정을 받으면 소송에서 이길 수도 있다. 따라서 실수나 불가피한 곤란으로부터 자신을 보호하는 것이 중요하다.

자신을 보호하는 두 가지 방법이 있다. 첫 번째 사업형태(2장 참조)를 통해 보호하는 것이다. 두 번째는 직무상 과실에 따른 하자배상책임보험에 가입하는 것이다.

### 직무상 과실에 따른 하자배상책임보험

증권사는 자신의 과실이나 고용한 등록대리인의 과실에 대비하기 위해 손해보험회사와 보험계약을 체결하는 경우가 많다. 독립계 재무설계사도 보험에 가입해야 한다. 증권사, 보험 또는 투자회사의 등록대리인은 회사를 통해 직접 하자배상책임보험의 피보험 자격을 획득할 수 있다.

증권사와 등록대리인의 관계는 본인과 대리인의 관계와 같다. 원래 본인은 자신의 대리인(들)의 행위에 대해 법률적인 책임을 진다. 그러나 증권사의 경우 본인이 대리인의 과실행위에 대비해 보험에 가입하는 것은 대부분의 다른 전문직종과 확실히 다르다. 증권사는 '단체' 보험 프로그램을 지원하는데, 일반적으로 회사의 모든 등록대리인에게 채용조건으로 보험가입을 요구한다.

증권사가 단체 하자배상책임보험을 지원함으로써 고객이 배상을 요구할 경우 등록대리인이 재무적 책임을 져야 한다는 것을 분명히 보여주고 있다. 그러나 증권사가 그런 보험가입을 지원할 때, 보장정도가 불충분하다면 마지막에 증권사가 보험자가 된다. 다시 말하면, 증권사는 암묵적으로 보험으로 충분히 보장하고 있다는 것을 보증하고 있다.

다음과 같은 최악의 사태를 예상해 보자. 어떤 투자자가 등록대리인 및 증권사에 대해 모두 손해배상을 청구했다. 증권사는 이 배상청구를 해결했지만 보험의 면책조항 때문에 등록대리인에 대한 보장범위가 충분하지 않아 등록대리인이 값비싼 대가를 치러야 했다. 그러면 등록대리인은 보험중개사와 증권사를 상대로 법률 소송을 준비한다. 그 등록대리인은 다음과 같은 점을 지적한다.

· 증권사가 보험가입을 요구했다.
· 증권사는 등록대리인에게 그 보험은 일반적인 보험에서 제공하지 않는 특징을 가지고 있다고 했다.
· 이 보험가입 시 등록대리인을 보장하지 않는다는 보험 특징이 전혀 언급되지 않았다.

· 등록대리인은 증권사가 전적으로 승인하고 서명했기 때문에 보장범위가 충분하다고 판단했다.

· 등록대리인은 실제로 배상청구가 발생하기 오래전에 해당 보험의 보장내용에 대해 의문을 제기했으나, 증권사의 준법 담당부서는 이의제기에 대한 답변을 거부했다.

이렇게 불쾌한 소송 시나리오를 통해서 등록대리인이 보험의 보장범위에 대한 정보에 근거해서 의사결정을 내리고 증권사가 소송으로부터 보호받기 위해서는, 보험회사와 관계가 충분히 그리고 제한 없이 공개되어야만 한다는 사실을 잘 알 수 있다.


보장범위

대부분의 증권사 등록대리인이 직원으로 채용되어 사내 교육프로그램을 통해 폭넓은 교육을 받을 때부터 증권사는 단체보험을 보급하기 시작한다. 등록대리인은 초기에는 증권거래 이외의 업무는 수행하지 않았다. 그러나 오늘날에는 전혀 상황이 달라졌고, 증권사와 등록대리인의 관계도 달라졌다.

오늘날 전형적인 등록대리인은 대개 계약직으로서 직접 증권사와 관련이 없는 많은 활동에 참여하고 있다. 앞서 지적한 바와 같이, 이러한 활동에는 재무설계, 자산배분, 재량권이 있거나 없는 상태에서 투자관리, 연금, 생명보험, 건강보험, 소득보상보험 등을 포함한 생명보험상품의 판매, 회계 또는 법률서비스를 포함한 기타 서비스, 신탁 서비스, 제3자 연금 관리, 보험계리 서비스가 포함된다. 비록 하나의 증권사가 제공하는 보험만으로 이러한 모든 서비스를 지원받을 수 없더라도, 유가증권 매매에만 초점을 맞춘 보험만으로 분명히 기대에 미치지 못하고 있다. 이러한 하나의 단체

보험 설계를 통해 모든 것을 해결하려는 접근방법은, 특히 의무적으로 보험에 가입해야 한다면, 손해배상 책임은 말할 것도 없고 서비스를 제공한 증권사나 투자상담사에 대한 불만의 씨앗이 된다.

### 이전 행위에 대한 보장

등록대리인이 지원 회사의 단체 구성원일 경우에만 단체보험에 가입할 수 있다. 사업과 보험 계약관계는 근무기간만 존속한다는 가정에 기초한 것이다. 그러나 현실은 이와 상당히 다르다. 등록대리인이 한 증권사에서 다른 증권사로 직장을 옮기거나 판매수수료 중심의 영업활동에서 업무수수료를 받고 일하는 방식으로 점점 바뀌어가고 있다. 등록대리인이 업무를 변경하면 그후부터 증권사가 제공하는 보험을 보장받지 못한다. 게다가 대리인이 이전 증권사에서 등록대리인으로 활동했던 당시에 제공된 서비스는 보험으로 전혀 보장받지 못한다.

### 소송 회피하기

"예방이 최선의 방어"라는 말은 소송에서 벗어나고 싶은 모든 재무설계사에게도 해당되는 가장 적절할 금언이다. 상담사는 고객의 행복을 돌보면서 자신의 안전도 지켜야 한다. 다음에 제시한 4가지 지침을 따르면 장래에 발생할 수도 있는 문제점을 예방할 수 있다.

• 의사소통 내역과 정보공개 기록을 보관하라. 고객과 계약을 체결한 많은 생명보험 영업사원과 재무설계사는 제공한 정보를 보관하는 것이 얼마나 중요한 것인지 제대로 이해하지 못하고 있다. 직무상 과실로 인한 손해배상 소송은 해당 영업사원이 직무상

고객에게 정보를 공개하고 고객이 그 내용을 충분히 이해했다면 고객의 손해를 방지했거나 최소한 손해발생의 원인이 되지 않았음을 법정에서 입증하느냐에 따라 직무상 과실손해배상청구 소송의 승패가 좌우될 수 있다.

여기서 공개란 대리인과 고객 모두의 의무와 책임을 포함한 보험판매와 관련한 기술적 행위에 대해 고객과 대리인 사이의 의사소통을 말한다. 만일 영업사원이 보험으로 보장되지 않는 부분에 대해서도 손해보상 청구금을 회사측이 보상할 것이라고 고객이 잘못 생각하도록 영향을 미쳤다고 법원과 중재인이 판단할 경우 해당 영업사원은 법원이 판결한 보장금액을 가장 먼저 지불해야 한다. 몇 년이 지난 후에 호의적인 배심원, 판사, 중재인은 영업사원이 보유한 어떤 서류보다 고객의 구두진술에 비중을 두고 이 문제에 대해 판결을 내릴 것이다.

판매하는 과정에서 직무상 과실에 따른 손해배상청구가 발생하지 않도록 고려해야 한다. 정직하고 성실하게 영업한다면 법원 청문회에서 유리할 것이다. 잘못된 기억은 확실히 드러나기 마련이다. 법원은 법률에 따라 재무상담사에게 공정한 청문회의 기회를 제공한다. 그러나 고객에게 충분한 정보를 제공하고, 고객이 필요한 보험에 가입하도록 고객이 질문한 내용에 대해서 충분하고 정직하게 답변했다는 사실을 법원에 제시할 자료로 보관하는 것은 전문상담사의 의무라고 할 수 있다. 기록된 자료를 남기지 않고 불완전한 기억에만 의존하는 전문직 종사자는 신뢰를 받지 못한다.

보험과 증권을 판매하는 과정에서 공개한 정보를 기록하기에 좋은 기회가 있다. 상담사가 제안서를 제출할 때 소개서를 통해 고객의 니드와 관심을 요약하고 첨부된 제안서에서 문제를 어떻게 해결할지 설명할 수 있다. 청약을 받고 보험에 가입하거나 보험 증권이나 증명서를 전달할 때에도 이러한 기회가 있다.

• 5년 이상 기록을 보관하라. 재무설계사나 보험 영업사원에게 제기된 소송은 다른 과실에 따른 손해배상청구 소송에 비해 방어하기가 어렵다. 변호사들은 보통 소멸시효법(statute of limitation)에서 정한 시한 직전까지 소장을 제출하지 않는다. 「최우수 보험변호사 및 손해사정사 추천 명부」에 따르면, 보험계약에 대한 소송 착수 기한은 4년이다. 불법행위에 대한 배상청구의 법률적 시한은 1년으로 한정된다.

그러나 영업사원이나 재무설계사가 판매한 보험증권과 같은 서면계약은 계약 이후 수정작업 또는 정기적인 서비스 등으로 인해 그 기간이 더 연장될 수 있다. 이러한 요인 때문에 사실관계가 소멸되거나 입증할 수 없을 수도 있다. 기록된 자료를 활용할 수만 있다면 일련의 불리한 상황을 극복하는 데 도움이 될 것이다.

• 고객에게 책임감을 심어주고 고객이 내린 의사결정 내용을 이해하고 있는지 확인하라. 주로 고객이 과거병력과 부양가족의 전체 건강상태를 완전히 공개하지 않을 경우에 소송이 자주 발생한다. 비교적 규모가 큰 손해배상청구가 발생하면 의사나 병원의 진료기록을 조사하고 원래 청약서 내용과 비교한다.

보험청약서에 고객의 과거병력(이전 건강상태)을 허위로 고지할 경우 보험회사는 원래 청약서를 작성한 날로부터 소급해 전체 보험계약을 취소할 수 있다. 회사는 보험증권에서 정한 어떤 보험금 계약보다 적은 기납입 보험료를 반환할 수 있다. 또 회사는 수년 동안 보험금을 지급했다면 기납입 보험료를 초과한 금액을 고객에게 청구할 수 있다.

그러면 누구에게 청구할 것인가? 피보험자는 보험을 구입하면서 약속받은 보험보장이 제대로 제공되지 않아 보험 영업사원을 나쁜 사람으로 취급한다. 피보험자가 보험을 가입한 것이 잘못된 선택이라고 판명되면, 재무설계사는 이 선택을 유도한 사람이 된다.

보험회사가 보험금 지급을 취소할 경우 법원이 영업사원에게 배상금을 지불하도록 명령할 가능성이 높다. 따라서 충분한 정보를 제공받았다고 고객이 서명하고 날짜를 기입한 서류를 반드시 보관해야 하다.

재무설계사의 정보공개 요건은 보험뿐만 아니라 위험보유성향, 은퇴계획, 직업선택과 같은 문제까지 확장된다. 종합적인 재무설계범위는 더 광범위하기 때문에 정보공개 요건도 더 많다. 고객이 분산투자 원칙을 충분히 이해했는가? 고객이 정액분할투자(dollar-cost averaging) 원칙을 이해했는가? 고객이 생명보험 가입금액을 줄이는 것과 세제적격퇴직연금을 늘리는 것 사이의 상충관계를 이해했는가?

• 법률적인 증거를 통해 자신을 보호하라. 청약서의 답변뿐만 아니라 고객이 청약할 때 들었다고 주장하는 내용에 대해서도 소송이 자주 발생한다. "회사의 가입안내장, 필요한 경우 증권사본에 기재·승인·기술된 내용 외에 어떤 추가적인 혜택을 약속하거나 의미하는 것은 없습니다. 보장에 대한 질문은 신청서를 통해 서면으로만 할 수 있습니다"와 같이 변호사는 제안서에 쓸 수 있는 문장 초안을 작성하도록 도울 수 있다. 이러한 서면작업은 소득보상이나 의료보장에 대해서도 적용할 수 있다.

청약서를 제출할 때 이렇게 정보기록에 초점을 맞춰도 소송이라는 악몽에서 결코 벗어날 수는 없다. 어떤 경우에는 보험금을 지급받지 못한 고객이 영업사원의 증거자료를 검토한 후에 포기한 배상청구를 재개할 수도 있다. 소송이나 중재재판이 발생할 경우, 증거자료를 제대로 보관하고 있다면 소송에서 더 유리한 위치에 설 수 있다. 고객이 청약서에 철저하게 고지할 의무가 있다는 것을 이해하기 때문에 이것은 고객이 충분한 보장을 받는 데 큰 도움이 될 것이다.

법원은 피해 당사자를 구제한다. 재무설계사 또는 보험 영업사원은 고객이 서명한 자료를 보관하지 않을 경우 법원은 각 상대방(영업사원과 고객)의 의도를 해석할 수밖에 없다. 쌍방이 납득할 만한 기록이 없을 경우, 법원은 영업사원이 암묵적인 대리관계에 대한 책임이 있으며, 고객이 입은 손해를 보상하기로 한 보험을 판매한 영업사원에게 책임이 있다고 계속 판결을 내린다.

판매와 서비스를 제공하는 기본적인 의도가 기록되지 않거나 불명확할 경우 변호사와 법원은 피해 당사자에게 유리한 판결을 내려야 할 책임이 있다. 보험회사가 보험금을 지급하지 않으면 영업사원이 책임을 진다.

전문직 배상책임보험

하자배상책임보험에 가입하지 않는 영업사원은 자신과 가족의 미래 재무상황을 위험에 빠뜨리는 것과 같다. 나중에 하자배상책임보험에 가입하겠다는 영업사원은 보험사고가 발생하면 보험에 가입할 수 없다는 약관을 모르고 있는 것이다. 영업사원이 문제가 발생한 것을 통지받으면 그 문제에 대해 보험에 가입할 수 없다.

보험은 훌륭한 관리업무의 대안이 아니다. 오늘날 전문직 종사자에게는 이 두 가지 모두 필요하다. 복잡한 사건의 경우 변호비용만 해도 10만 달러가 넘게 들어갈 수도 있다. 올바른 관리업무를 통해 배상청구가 발생하지 않도록 관리할 수 있으며, 직무상 하자로 인한 배상책임보험의 비용을 줄일 수 있다.

오하이오 주 미들타운의 '텍스트 라이브러리 시스템'에 문의하면 이 주제에 대한 자료를 무료로 받아볼 수 있다.

### SEC 감사 절차

1940년 투자상담사법의 209조에 따라 SEC는 위반사항을 조사하고 그런 행위를 금지하기 위해 소송을 제기할 수 있다. 이러한 조사와 관련해 출석 증언, 법률적 질의에 대한 답변, 장부나 기록 제출 요구를 정당한 사유 없이 이행하지 않거나 거부한 사람은 연방 경범죄에 해당하며 벌금, 구금 또는 두 가지 처벌을 모두 받을 수 있다.

SEC 보고서에 발표된 최근 연구에 따르면, 1981년 이래 등록투자상담사에 대한 회계감사는 115%로 크게 증가했다. 사람들이 생각하는 것이나 이전에 발표된 자료와는 달리 SEC는 회계감사 수준을 낮추지 않고 있다.

오하이오 주 미들타운의 텍스트 라이브러리 시스템은 전형적인 SEC 감사에 관해 다음과 같은 정보를 제공해 주고 있다.

• SEC 검사원과 일차적인 접촉. 잘 알려진 바와 같이 SEC 검사원은 불시에 방문한다. 통보 여부에 관계없이 검사원은 방문하면 반드시 적절하게 신분을 밝혀야 한다. 회사의 등록투자상담사 또는 대표이사는 검사원에게 협력해야 하며 필요한 기록을 제공해야 한다.

불시 방문은 계속 시행될 것인지 장담할 수는 없지만, 현재 법률원칙의 예외로 생각된다. 실제 SEC 검사원이 검사에 착수하기 며칠 전에 등록투자상담사의 사무실로 전화를 건다. 미리 전화를 하더라도 검사원의 방문에 대비할 수 있는 시간은 고작 며칠밖에 없다.

• 회계감사 절차. 검사원은 어떤 형태든지 '투자상담 활동'에 관련되어 있는 한 등록투자상담사의 모든 장부와 기록을 조사할 합법적인 권한을 가진다. 비록 SEC 회계검사원이 준수할 교본이 있지만, 모든 검사원의 성격은 다르고 각 검사원마다 고유의 방법과 절차를 따르고 있다. 예를 들어 어떤 검사는 몇 시간 만에 끝나, 검사원이 '업무안내서 규정'을 준수하고 있는지 필요한 사본이 고객 서류철에 제대로 갖춰져 있는지 알기 위해 임의적으로 몇 가지 서류만을 조사할 수도 있다.

그러나 어떤 회계검사 활동은 3일 내지 4일이 소요되며, 검사원이 17가지 기록보관 절차를 조사하고, 거의 모든 서류를 정밀하게 검토하기도 한다. SEC의 검사기간이나 범위를 예측할 수는 없다. 그러나 등록투자상담사에 대한 민원이 발생할 경우 철저하게 검사한다.

• 후속 절차. 회계검사가 완료되면 SEC 검사원은 검사과정에서 발생한 문제점이 해결되지 않았을 경우 간단한 보고서를 작성해 이 검사결과를 발표한다. 이것을 평가보고서(Deficiency Letter)라고 한다.

검사원은 검사과정에서 발견한 위반행위가 비교적 경미한 사항일 경우에는 단지 등록투자상담사에게 서면으로 문제점을 지적하고, 그 문제점을 시정하기 위해 어떤 조치를 취할 것인지 SEC에 통보하도록 요구한다.

그러나 문제점이 많거나 심각할 경우 또는 아무리 사소한 것이라도 적발된 위반사실을 적절한 시간 내에 등록투자상담사가 시정하지 않을 경우, 해당 SEC 지역사무소가 '위법행위'를 금지하거나 등록투자상담사의 영업활동을 제한하는 준법조치를 실시할 수 있다. 이런 일이 발생할 가능성은 거의 없기는 하지만, 그래도 그럴 가능성이 분명히 존재하는 것이 사실이다.

• 지적사항에 대한 대응조치. 당신이 평가보고서를 받으면 즉시 그 문제를 시정하는 조치를 취해야 할 것이다. 그리고 회계검사원에게 각 문제에 대한 조치를 기록한 문서를 전달해야 한다. 그것으로 회계검사는 완전히 종료된다.

여기서 동일한 문제가 재발하지 않도록 반드시 영업활동을 개선해야 한다. 향후 수년 후에 회계검사를 받을 경우 회계검사원은 분명히 해당 서류를 보고 계속해서 법규를 준수했는지 확인할 것이다.

# Chapter 6

# 영업기반 확립

사업구조를 신중하게 계획하고 설계한다면 재무설계 사업은 평생 가장 좋은 기회가 될 수 있다. 기업가는 처음에 위험을 무릅쓰고 사업을 시작했다는 것을 자랑스럽게 생각한다. 성공한 기업은 차고에서부터 사업을 시작했다는 말을 자주 듣고 있지 않은가? 그러나 재무설계는 이와 다르다. 재무설계사가 견고한 사업기반을 구축하기 위해서 반드시 고려할 원칙이 있다. 전문서비스 직종에서는 튼튼한 사업기반만큼 중요한 것은 없다. 재무설계사는 몇 가지 기초적인 문제를 해결해야 한다. 사업에서 어떤 이미지를 예상하고 있는가, 진취적인 이미지를 원하는가 아니면 안정적이고 보수적인 이미지를 원하는가? 영업지역에 있는 타 경쟁사를 모방할 것인가 아니면 독자적인 사업전략과 그에 걸맞는 조직을 구축할 것인가? 신입 재무설계사는 사업계획을 수립하면서 이런 문제를 포함해 다른 여러 가지 문제를 해결해야 한다.


## 사업계획

### 사업계획의 필요성

재무설계사는 사람들의 인생목표를 성취하도록 도와주면서 동기부여를 받는다. 다른 사람을 위해 계획을 수립하는 것과 마찬가지로 훌륭한 사업계획의 수립을 통해 재무설계사는 자신의 목표를 달성할 수 있다.

과학적인 방법과 마찬가지로 사업계획은 과정이며 수단이다. 야망을 품은 재무설계사가 사업계획을 치밀하게 수립한다면 대형기업과 같은 재원과 안전성 없이도 냉혹한 현실 속에서 열정을 유지하면서 번영할 수 있다. 이러한 사업계획을 작성하면서 목표의 실현 가능성, 사업기반에 필요한 자원 정도, 가장 중요한 요소인 성공을 위한 청사진을 생각해 볼 수 있다.

목표를 지향하고 역할기능이 원활하고 지속될 수 있는 사업구축이 사업계획의 최종목표라 할 수 있다. 그 첫 단계로서 장기적인 목표는 자영업자 스타일에 적합한지 확인해야 한다. 사업계획 준비는 어떤 점에서 박사학위를 취득하기 위해 치르는 구두시험과 유사하다. 이 시험은 준비과정만큼 어렵지 않다. 당신이 사업계획 단계를 무사히 넘어 복잡한 직무나 독자적인 사업에 따르는 위험을 감내한다면 사업 초년도를 극복할 기회를 맞게 된다. 따라서 사업계획은 사업기반 구축의 모습을 제시하면서 인내와 자신감을 주는 역할을 한다.

사업계획에서 해야 할 것과 하지 말아야 할 것

· 사업계획을 과대평가하는 용어를 사용하지 마라. 과장어구를 사용해서는 안 된다. 환상적인, 특별한, 세계적 수준의 또는 패러다임 이동 같은 용어는 건전한 사고를 방해하며, 현명한 투자자, 동료 또는 종업원은 이것을 즉시 알 수 있다.

· 되도록 간략하게 작성하라. 누구든지 25쪽 분량의 사업계획서를 작성할 수 있지만, 사업의 핵심내용을 이해하는 사람만이 5쪽 분량으로 설명할 수 있다.

· 수치를 사용하라. 사업계획서의 계획·전략·전술은 믿을 만한 수치로 표현할 때 의미가 있다. 사업의 차별화를 통해 적절한 매출성장 및 영업비용을 유지할 수 있는가? 목표로 하는 고객, 상품, 가격에 따라 사업소득 규모를 책정하고 있는가? 시간을 내어 재무관련 자료의 기초가 되는 가정을 설명하라. 이것은 계산결과의 신뢰성을 높이는 확실한 방법이다.

· 투자자, 동료, 종업원이 제기하는 모든 의문점에 답변하라. 종종 사업계획에 간단하지만 일관성이 없는 문제가 있으면 관계자는 사업계획에서 관심을 돌릴 수 있다. 관계자는 다음과 같은 질문을 할 수 있다.

① 사업내용은 독창적인가?

② 특화된 서비스를 제공할 시장규모는 충분한가?

③ 장래 재무계획은 보수적이며 사업의 성장을 위해 적절한가?

④ 사업계획상의 목표를 달성하기 위한 적절한 경험과 기술을

보유하고 있는가?

### 사업계획의 구성요소

사업계획은 거시적인 주제에서 미시적인 주제로 논리적인 순서를 따라 작성된다. 시장과 경쟁은 그중에서 가장 큰 비중을 차지하는 주제다. 시장기회와 과제에서 시작해 사업을 실행하는 데 필요한 세부 실행전략으로 끝난다. 사업계획은 다음과 같이 구성된다.

① 요약: 사업목표를 성취할 이유를 설명하는 한 쪽 분량의 내용 정리.

② 회사개요: 재무설계 사업의 개요.

③ 산업분석: 사업에 유리한 시장추세.

④ 목표시장: 상품과 서비스를 구입할 고객.

⑤ 경쟁: 시장 확보를 위한 경쟁대상과 그 이유.

⑥ 마케팅계획 및 판매전략: 가망고객 발굴에서 수익발생까지의 주기.

⑦ 사업운영: 사업소재지와 집기비품.

⑧ 경영 및 조직: 인력.

⑨ 장기적인 발전 및 퇴출전략: 사업의 최고가치를 실현했을 때의 모습.

⑩ 재무정보: 중기 손익계산서와 현금흐름표.

⑪ 부록: 첨부자료.

• 요약. 요약은 사업계획서에서 가장 중요하고 가장 어려운 부분이다. 관계자가 사업의 독창성, 건전성, 잠재성을 쉽게 이해할 수 있도록 작성해야 한다. 관계자가 이 요약을 읽으면서 의문을 갖지 않아야 한다. 요약은 자신의 비전, 능력에 관한 정보를 담고

있다. 사업내용을 명확하고 간결하며 흥미를 주는 한 장의 분량으로 표현할 수 없다면, 관계자는 나머지 내용을 힘들게 읽을 수밖에 없다. 관계자는 이 요약의 글을 통해 당신을 배울 수 있는 기회를 갖는다. 이 요약에서 사업적 사명을 간단하고 간결하게 기술하라. 사업계획의 핵심 내용을 정리한 후 요약을 작성하라. 친구나 동료에게 이 요약을 읽게 하고 핵심 부분을 반복하게 하면 사업계획이 명확한지 제대로 검증할 수 있다.

• 회사개요. 사업에 관한 잘못된 판단을 보여주는 사례로서 회사의 대표가 시장을 제대로 읽지 못하거나 고객과 단절되어 있으면 사업은 실패한다. 효과적인 마케팅 계획을 수립하기 전에 사업의 변수를 명확히 규명해야 한다. 이 항목에서 기본적인 사항, 즉 회사명, 경영진, 사업소재지, 상품 및 서비스, 보수체계, 법률적 회사형태를 설명한다. 이 항목은 또한 회사의 사명을 회사의 세부목표로 풀어서 설명하고 사업원칙으로 삼아야 한다.

• 산업분석. 이 항목은 전반적인 금융서비스 산업에 대해 설명한다. 비록 자신이 대형 종합투자회사 및 회계법인과 경쟁하지 않더라도 이들 대형 경쟁사의 경영방식과 그들이 사업에 미칠 영향을 고려해야 한다. 자신이 제공하는 상품, 서비스, 목표고객, 지리적 위치에 의해 정의된 산업분야의 한 부분에 사고를 집중해야 한다. 자신의 역량을 고려할 때, 이러한 분야 가운데 어느 것이 가장 잠재력이 높은지 신중하게 주목해야 한다. 비슷한 경쟁자가 많은 시장은 진입이 상대적으로 쉽고 경쟁은 주로 가격에 의존한다. 반대로 소수의 지배적인 경쟁자가 존재하는 시장에서는 진입이 좀더 어렵고 차별화에 따라 경쟁한다. 따라서 가격으로(이는 결국 더 많은 고객이 필요하다) 경쟁할 것인지 차별화(이럴 경우 고객의

수는 더 적어진다)로 승부를 걸 것인지 결정해야 한다. 수많은 제조회사와 유통회사가 존재하는 금융서비스 산업에서는 진입비용이 낮은 곳이 좋다. 그러나 사업계획은 반드시 사업을 유지할 수 있는 방법에 대해 다루어야 한다.

• 목표시장. 거래하고 싶은 고객유형에 따라 제품 및 서비스의 전체적인 구성이 결정되고 사업성공 여부에도 영향을 미친다. 더구나 자금조달을 위해 사업계획서를 활용할 계획이라면 해당 시장의 성격과 규모를 규명해야 한다. 은행이나 투자자는 충분한 규모의 경쟁시장이 존재하는지 알고 싶어한다. 시장에서 경쟁이 치열하면 위험수준이 더 높고 자금을 모으기도 더 어렵다. 재무설계사는 시장조사를 통해 광고, 상품구성, 사업소 위치, 판매체계, 서비스의 특징과 이점 등에 대한 생각을 바꿀 수 있다.

• 경쟁. 모든 사업은 경쟁을 통해 구성된다. 현재 자신의 업무를 재무설계로 규정하고 있는 사람의 수만 해도 25만 명에 이른다. 이들 가운데 7만 명, 약 30%는 일부 재무설계 관련 자격증을 보유하고 있다. 일반적으로는 공인자격증을 보유한 재무설계사는 판촉전화를 통해 가망고객을 끌어들이기가 더 쉬울 것이다. 그러나 실제 자격증은 성공을 보장하지 않는다. 경쟁자를 존중하라. 경쟁자의 능력을 과소평가하지 말고 자신의 능력도 과대평가하지 마라. 경쟁자의 강점과 약점을 잘 파악하라.

경쟁 대상자를 표로 작성하라. 가로에 경쟁할 재무설계사 유형(또는 좀더 나아가 시장지배자)의 이름을 써넣고, 그중 자신의 회사를 맨 끝에 기입한다. 세로에는 가격, 명성, 전문가 네트워크, 경험, 상품 및 서비스 수준, 사업소재지 등 경쟁을 차별화하는 중요한 특징을 열거한다. 표 안에 경쟁자 수준에 따라 상ㆍ중ㆍ하로 표시한다. 자신의 경쟁력이 중상 수준이라면, 좀더 강력한 경쟁력이 필요할 것이다. 경쟁자에 대해 자신의 강점을 앞세우고 약점은 보강하도록 하라.

• 마케팅계획 및 판매전략. 마케팅계획은 고객의 인지도를 높이고 서비스에 대한 효과적인 메시지를 전달하기 위한 것이다. 한편 판매전략은 고객을 획득하기 위해 마케팅을 활용하는 과정이다. 사업 초기에 새로운 고객을 꾸준히 확보하는 것이 성공적인 마케팅의 핵심 요소다. 사업이 정착되면 고객의 소개가 주요 마케팅 수단이 된다. 마케팅계획은 제공하는 서비스를 고객에게 알리는 방법과 자신, 상품, 회사에 대해 전달하려는 특별한 메시지가 무엇인지 분명히 나타나야 한다. 마케팅은 많은 돈을 들이거나 대규모로 실행할 필요는 없지만, 초점을 맞추고 잘 관리해야 한다. 7장에서 마케팅계획 수립방법을 더 상세하게 설명하고 있다.

• 사업운영. 성공의 10%는 훌륭한 아이디어에서 나온다. 그러나 나머지 90%는 그 훌륭한 아이디어를 적절히 실행하느냐에 달려 있다. 사업계획의 본문은 아이디어를 어떻게 실행할지, 즉 회사의 일상적인 기능을 설명하고 있다. 가장 기본적인 사업활동을 어쩔 수 없이 하는 재미없는 사소한 일로 판단하지 마라. 사업체계를 구성하는 여러 요소는 나름대로 평가와 개선 여지가 있다. 충분한 시간을 투입해 기초적인 표준 운영절차(standard operation procedures: SOP) 지침서를 준비하라. 이 지침서에 서비스의 생산, 공급, 관리 과정의 상세한 사항을 설명해야 한다. 처음에 혼자서 사업을 시작하는 경우라도 직원을 채용한 후 다시 시간을 투자해 지침서를 작성하고 싶지 않을 것이다.

• 경영 및 조직. 조직 내부의 사람들이 사업의 성공 여부를 결정

한다. 실제로 은행이나 투자자는 신규 업체의 사업상 위험을 대개 이 사업에 참여하는 사람의 능력에 의해 평가한다. 투자자는 먼저 사업계획서의 경영항목을 읽는 경우가 많다. 그러므로 함께 사업하는 사람을 신중하게 고려해야 한다. 자문위원, 컨설턴트와 같은 사람들은 당신의 신뢰성에 영향을 주기 때문이다. 어떤 가망고객은 대형 규모의 조직에 깊은 인상을 받을 수도 있다. 하지만 현명한 고객이라면 재무설계사의 생각이 아니라 재무설계사의 간접비에 돈을 내고 있다는 사실을 잘 알고 있다. 되도록 가장 작은 조직을 구성하라. 소수정예 조직을 만들어 투자자와 가망고객을 감동시켜라.

• 장기적인 발전 및 퇴출전략. 당신이 설립한 회사의 최종 목표는 무엇인가? 5년, 7년, 10년 후에 당신이 원하는 사업의 모습은 어떤 것인가? 사업계획 가운데 이번 항목은 재무설계사가 개인적·직업적·재무적으로 원하는 목표지점으로 향하는 방향을 설정하는 데 도움이 된다. 자신의 회사를 평가할 때 듣고 싶은 말을 구체적으로 표현하라. 예를 들어 공동체 의식이 있는 회사, 자신이 거주한 주에서 최고의 회사, 가장 많이 소개받는 회사, 파트너가 가장 많은 회사, 높은 윤리성과 가치를 지닌 회사와 같이 표현하라. 이러한 이정표는 사업을 유지하고 사업의 진행과정을 평가하는 데 도움이 된다. 사업계획을 수립할 때는 논리적인 연도별 추진계획, 성장을 위한 실행전략이 최종 목표와 연결되도록 해야 한다.

• 재무정보. 재무설계사에게 이 항목은 가장 어려운 부분이다. 현실적으로 정확한 수치로 어떻게 미래를 예측할 수 있는가? 그러나 앞서 지적했듯이 사업계획서가 효과를 발휘하려면 그 내용이 명확하고 측정 가능해야 한다. 그러므로 반드시 명확하고 측정 가

능한 결과를 제시할 필요가 있다. 이런 작업은 두 가지 이점이 있다. 첫째, 매출(규모 및 가격)과 운영비용, 미수금(수취계정)에 대한 가정은 사업을 유지하는 데 필요한 수익창출 및 현금흐름과 일치해야 한다. 훌륭한 사업계획서는 이러한 수치의 흐름(및 실행)에서 잘 나타난다. 둘째, 투자자들은 재무자료에 대해 듣고 싶어한다. 훌륭한 마케팅계획은 명확하게 표현된 요약재무제표를 통해 더 효과를 발휘한다.

손익계산서(P/L)와 자금출처와 용도(현금흐름표)는 당신의 의사결정 품질과 사업계획서에 서술한 의사결정의 결과를 반영하고 있다. 예를 들어 상품 및 서비스 포트폴리오, 가격책정은 매출 예상 결과에 반영된다. 광고전략은 운영비용에 반영된다. 한편 보상모델과 확보한 고객의 질은 현금흐름 속에 나타난다. 세 번째로 필요한 재무자료는 대차대조표다. 회계사(또는 회계소프트웨어 패키지)가 이러한 재무자료를 제공한다.

• 부록. 부록은 사업계획의 내용을 보완할 수 있어야 한다. 사업계획서 본론에 너무 상세한 사항을 서술하지 않도록 주의해야 한다. 오히려 본문에는 사업계획의 결론과 그 근거를 서술해야 한다. 부록에서는 사업계획 전반에 걸쳐 내린 결론을 뒷받침하고 확신을 주며 보완하는 구체적인 내용, 사례, 관련 자료를 제공해야 한다.


## 사업기반 구축

사업계획을 완성하고 동료와 함께 그 계획의 현실성을 점검하고 나서 사업의 운영방식, 즉 사업기반 구축에 관심을 기울여야 한다.

### 보상체계 확립

고객이 개인재무설계 서비스 계약을 체결할 필요를 느낀다면 재무설계사에게 기꺼이 대가를 지불할 것이다. 고객은 재무설계사가 전문가로서 전문지식에 대해 충분히 보상받아야 한다는 것을 알고 있다. 재무설계사에게 가장 큰 문제는 자신의 가치를 과소평가 — 고객에게 너무 적은 금액을 청구한다 — 하는 것이다. 고객이 매년 방문해 새로운 계획수립에 대한 대가를 지불하지 않는다는 점을 명심하라. 고객은 서비스 대가를 미리 지불하고 나서 매년 정기적인 점검을 받거나 계획을 갱신하기 위해 방문할 것이다. 이런 서비스 갱신비용은 초기 비용과 비교하면 미미한 수준이다. 따라서 재무설계사는 사전에 고객과 만남의 중요성을 고려해야 한다.

재무설계사가 선택하는 보상체계는 흔히 제공하는 서비스 유형을 반영한다. 그것은 고객에게 직업적이며 개인적인 이미지를 반영하고 고객에게 그 모습이 드러난다. 또 그것은 재무설계사가 추구하는 고객의 유형을 반영하기도 한다. 앞으로 이 한 가지 방식에 따라 사업을 할 것이기 때문에 보상체계는 사업을 착수하는 시점에서 결정해야 할 문제다. 보상체계는 자주 변경할 수 없다. 물론 사업이 성장하면서 주기적으로 이러한 문제가 다시 발생할 것이다. 그러나 처음부터 자신에게 적절한 보상체계를 확립하는 것이 매우 중요하다. 적절한 보상방식과 잘못된 보상방식은 따로 없다. 선택한 보상방식은 자신의 업무유형의 장점에 따라 평가해야 한다. 그러한 검토과정에서 어떤 방식이 자신에게 유리하고 불리한지 알 수 있다. 또한 어떤 방식이 다른 방식에 비해 자신의 윤리적

기준과 일치하는지 느낄 수 있다. 무엇보다 사업을 통해 성취하고 싶은 것에 초점을 맞춰야 한다.

재무설계사가 고객에게 요금을 청구할 때 활용할 수 있는 5가지 보상방식이 있다. 순수판매수수료형(commission-only), 순수업무수수료형(fee-only), 업무수수료와 판매수수료 병용형(fee based. 판매수수료+업무수수료), 업무수수료차감형(fee-offset), 관리자산기준형(assets under management) 등이 그것이다.

1. 순수판매수수료형. 순수판매수수료를 받고 일하는 재무설계사는 대개 보험사 및 투자회사인 제3자로부터 수수료를 받는다. 물론 재무설계사의 보수는 고객이 제3자에게 지불하는 금액에 포함되어 있지만, 실질적인 수수료는 제3자가 직접 지급한다. 이러한 수수료의 지급은 고객에게 매출이 발생하는 시점에서 일시금 지급형태 또는 고객이 판매회사 상품에 대한 대가를 지불할 때마다 재무설계사가 보상받는 장기적인 '후속지급(trailer)' 형태를 취할 수 있다. 수년간에 걸쳐 수수료를 지급할 수도 있다. 일부 재무설계사는 자신의 객관성과 독립성을 왜곡하기 때문에 이런 방식을 반대한다. 그러나 문제의 핵심은 항상 계속해서 고객에게 적합한 방식을 취해야 한다는 것이다. 고객에게 적합하다면 이런 지급방식이 문제되지 않을 것이다.

사업을 시작할 때 수수료 지급방식이 가장 쉽고 아마도 생계를 유지하는 가장 빠른 방법이기 때문에 재무설계사는 판매수수료 방식을 이용한다. 업계에서는 판매수수료(순수판매수수료형 또는 보수와 결합하는 혼합방식)가 아직도 지배적인 보상체계를 이룬다. 이런 지급방식이 가장 일반적인 보험업과 증권업에 그 기원을 두고 있기 때문이다. 특정 상품을 제안하고 판매과정 전체를 관리하는 서비스를 제공한다면 판매수수료 방식이 적합하다. 이 경우는 지불금액이 많고 사업을 통해 충분히 생계를 유지할 수 있다.

그러나 재무설계사의 소득은 상품구매와 직결되어 있기 때문에 고객은 고유한 이해상충을 인식할 수도 있다. 보통 재무설계사가 수년간 이 사업에 종사했다면 이런 이유 때문에 수수료 방식을 탈피하고 싶어한다. 소득 — 반복적으로 생기는 수수료 — 이 고갈되고 준비 없이 보수를 벌 때까지 견뎌야 하기 때문에 이런 과제를 달성하기란 쉽지 않다. 그러나 이런 방식은 시간이 다소 걸리더라도 장기적인 관점에서 그만한 가치를 지니고 있다.

기존 고객을 상대로 보상체계를 성공적으로 전환시키려면 고객이 (재무설계사에게 지급하는 수수료가 고객이 상품판매회사에게 지불한 금액의 일부로 포함되어 있으므로) 오랫동안 무료로 제공받은 서비스에 대해 이제는 따로 보수를 지급해야 한다는 생각을 받아들여야 한다. 이것은 고객이 수수료를 지불한다는 것을 인식하지 못했다는 말이 아니다. 반대로 고객은 이 사실을 인식하지만 직접 현금을 지급하지 않았기 때문에 거의 신경을 쓰지 않았다. 고객은 사례비를 판매회사에게 보험료로 납입하고 판매회사는 다시 재무설계사에게 그 돈의 일부를 지급한 것이다. 수수료는 생명보험 보험료나 투자상품 안에 포함되기 때문에 고객은 그것을 사업비용라고 생각한다. 업무수수료 방식으로 변경하면 재무설계사와 회사가 받을 돈을 분리해야 하며, 이렇게 업무수수료를 통해 이전과 동일한 수준의 소득을 올리려면 적게는 몇 개월에서 길게는 1년 내지 2년 정도가 걸릴 수도 있다.

2. 순수업무수수료형. 업무수수료는 고객에게 직접 청구하는 요금이다. 이것은 한두 가지 형태가 있다. 먼저 재무설계사는 고객

에게 시간당 요금을 부과할 수 있다(시간당 보수 약정). 예를 들어 재무설계사는 보통 시간당 100달러에서 400달러 사이의 보수를 청구한다. 재무설계사는 반드시 서비스에 몇 시간 정도가 소요될 것인지 고객에게 알려줌으로써 고객이 보수액을 합리적으로 예측할 수 있도록 해야 한다. 두 번째 유형은 프로젝트의 범위에 따라 결정되는 정액수수료다. 예를 들어 재무설계사는 보통 종합적인 재무계획 프로젝트당 2,000달러에서 5,000달러 정도를 청구한다. 재무설계사는 약정을 이행하는 데 걸리는 시간을 근거로 하여 이런 보수를 결정한다. 만약 재무설계사가 시간당 300달러를 받으면서 재무계획을 작성하는 데 총 10시간이 소요될 것이라고 결정했다면, 정액수수료는 3,000달러가 된다. 만약 실제로 계획을 수립하는 데 10시간이 넘게 걸린다면 재무설계사가 그 차이를 감수해야 하며, 다음부터는 프로젝트 소요시간을 너무 낮게 평가하지 말아야 한다. 이 방식은 상품 제안에 따른 수수료 지급에서 발생하는 이해상충이 없기 때문에 일부 재무설계사는 이런 방식을 선호한다. 또한 재무설계사는 업무수수료 위주로 영업하는 공인회계사나 변호사와 같은 전문가로 대우받고 싶어한다.

서비스 요금청구방식은 어느 정도 고객에게 무슨 서비스를 제공하느냐에 따라 결정된다. 만약 모든 고객에게 비교적 동일한 형태의 서비스를 제공한다면 공식으로 결정된 업무수수료방식이 효과가 있다. 그 공식은 고객의 소득, 투자자산, 순자산과 같은 여러 가지 요소에 근거를 둘 수 있다. 고객이 처한 상황의 복잡성에 따라 업무수수료를 책정할 수도 있을 것이다. 이 방식의 주요 장점은 업무수수료 결정의 단순성과 청구의 용이성을 들 수 있다. 단점은 그 공식을 통해 계산된 보수금액이 실제 서비스 제공 비용과 완전히 어긋날 수 있다는 것이다. 공식을 통해 산출된 보수가 낮게 청구된 것이라면 재무설계사가 파산할 수도 있다. 반면 의도와 달리 고객에게 지나친 보수를 청구할 경우에는 고객이 받은 가치보다 비용이 훨씬 많기 때문에 결국 고객을 잃게 될 것이다.

고객마다 제공되는 서비스가 다를 경우에 시간당 비용청구가 적절하다. 재무설계사가 고객마다 다른 상황을 해결할 수 있다는 것이 장점이다. 주요 단점으로는 서비스 제공시간을 기록하기 어렵고 특정한 활동이나 작업을 완수하기 위해 걸린 시간을 놓고 고객이 불만을 가질 수 있다는 것이다.

순수업무수수료 방식으로 이행하는 것은 업계의 추세다. 재무설계 시장은 앞으로 수년 후에 모두 이런 방식으로 이행하게 될 것으로 예상된다. 업무수수료를 기반으로 영업하는 재무설계사는 상품판매의 압박감에서 벗어날 수 있기 때문에 고객에게 더 객관적인 태도를 유지할 수 있을 것이다. 이러한 전문 직업의식을 가진 재무설계사는 고객을 위해 더 만족스러운 직무를 수행한다고 느낄 것이다. 그러나 이런 보수체계가 전적으로 긍정적인 면만 있는 것은 아니다.

신입 재무설계사가 순수업무수수료 방식으로 이행하는 데는 많은 시간이 걸리며, 일부 재무설계사는 이런 방식만으로는 생계를 유지하기 힘들다고 주장한다. 또 다른 문제점은 재무설계사가 사후관리를 통해 별도로 보수를 지급받지 않기 때문에 계획실행을 관리하는 동기가 유발되지 않는다는 점이다. 세 번째 단점은 특히 제3자가 수수료를 받아가는 경우에는 재무설계 과정에서 발생하는 총비용이 당초 제시한 것보다 더 많을 가능성이 있다는 점이다. 업무수수료를 확정해 놓고 나중에 너무 낮게 책정되었다는 것을 확인하는 셈이다. 하지만 고객은 당신의 전문성을 신뢰하고 책정된 금액을 지급하기 때문에 재무설계사는 자신의 말에 반드시 책임을 져야 한다.

당신이 고객에게 지속적인 서비스를 제공한다면 정기적인 비용을 책정하고 싶을 것이다. 이런 경우는 정상적인 청구비율로 서비스 소요시간을 곱해 계산한다. 업무수수료는 판매수수료보다 오히려 서비스에 따라 책정되기 때문에 명백한 이해상충은 없어진다. 고객은 우수한 상담 서비스에 대해서 업무수수료를 지급하길 원한다. 물론 항상 그렇지는 않다.

3. 업무수수료와 판매수수료의 병용형. 두 가지 보상체계를 조합하면 고객에게 업무수수료와 판매수수료를 모두 받을 수 있다. 이런 방식은 고객에게 이중 청구하기 쉽다. 서비스가 완전히 다르며 각 서비스에 대해 요금이 별도로 청구된다는 사실을 분명히 하면 이 문제를 피할 수 있다.

고객은 재무설계사가 동일한 작업에 대해 두 번에 걸쳐 돈을 지급받기 때문에 재무설계사가 받는 전체 보상금액을 지나치게 많은 금액으로 생각할 수 있다. 즉, 재무설계사는 고객에게 상담보수를 받고 나서 제안내용에 따라 다시 돈을 지급받는다. 아마 재무설계사는 이것을 다르게 평가할 것이다. 재무설계사는 두 가지 별개의 업무 ─ 즉 계획서를 제출하는 것과 보험 또는 투자상품 판매수수료를 받는 것 ─ 에 따라 돈을 지급받기 때문이다. 이 방식을 이용하면 재무설계사는 시장에서 유용한 상품유형에 대해 더 민감하게 반응한다.

이러한 이중 청구방식은 재무설계사가 자신이 수행하는 모든 일에 대해 보상받기를 원한다는 사실을 단적으로 보여준다. 어떤 전문가는 고객에게 제공하는 가치가 적고 또 장기적인 고객기반을 형성하는 데 효과가 적기 때문에 이런 방식을 되도록 피하라고 제안한다.

4. 업무수수료차감형. 업무수수료차감형은 본질적으로 고객의 직접적인 자금지출을 판매회사가 대신해 수수료를 지급함으로써 결국 고객이 부담하는 금액을 줄이는 방식이다. 예를 들어 재무설계사가 고객에게 총 2,000달러를 청구하고 보험상품 가입권유를 통해 800달러의 수수료를 받게 되었다면, 고객에게 직접 1,200달러만 받는 것이다. 이렇게 고객은 보험상품 판매수수료로 나머지 800달러를 지급한다. 따라서 재무설계사는 작업을 완수하는 비용을 지급받고 고객은 할인혜택을 받는다. 이것은 재무설계사와 고객 모두에게 가장 많은 이익을 가져다준다. 재무설계사가 고객에게 일정한 규모의 보상을 보장받고 싶을 때 이 방식을 활용하면 좋다. 본질적으로 재무설계사는 투자를 권유하고 그에 대한 비용은 선불보수로 가격에 책정되었기 때문에 계약 초기에 얼마를 받을 수 있을지 알게 된다. 한편 이 방식은 지불할 수수료 총액이 한정되어 있고 추가적으로 상품을 구입할 경우 그에 따라 지불할 금액이 줄어든다는 점에서 고객에게도 적절한 방식이다. 고객은 나머지 금액(총수수료에서 판매수수료를 제외한 금액)만 지불한다. 이 방식은 모든 주에서 합법적으로 인정되지 않고 있다는 것이 단점이다. 따라서 자신이 거주한 주의 투자 또는 보험감독청을 통해 이 내용을 문의해야 한다.

5. 관리자산 기준방식. 이 보상형태는 관리 또는 통제하는 자산 규모에 따라 고객에게 수수료를 받는 방식이다. 재무설계사는 대개 장기적인 약정을 통해 고객의 자산을 몇 가지 투자부문에 할당

하고 관리함으로써 전체 자산에 대한 특정 비율만큼의 금액 또는 정액보수를 받는다. 고객에게 관리 수수료로 1%를 청구하는 경우가 많다. 만약 고객이 100만 달러를 투자하고 있다면 재무설계사는 매년 관리 수수료로 1만 달러를 받는다. 이 수수료는 매 분기 초 고객의 계좌에서 공제된다.

고객으로부터 분기마다 지정된 금액을 받고 싶다면 고객의 자산관리에 따른 비용을 청구할 수 있다. 이 방식은 앞에서 살펴본 어떤 방식과 비교해 보더라도 가장 안정적인 소득을 유지할 수 있다. 재무설계사가 충분한 규모의 자산, 예를 들어 1,000만 달러를 관리하고 이 자산에 대해 1%의 관리 보수를 청구한다면 매년 10만 달러의 수입을 벌어들일 수 있다.

그러나 이 방식 또한 고유한 단점을 가지고 있다. 첫째, 고객이 퇴직계좌 또는 부동산투자에 많은 자산을 보유하고 있을 경우 이런 자산은 실질적인 관리자산에서 제외된다. 재무설계사는 자산배분 과정에서 이러한 자산도 반드시 고려해야 하지만, 그래도 직접 관리자산으로 보수를 청구할 수 없다. 이런 상황이 발생했을 경우에는 착수금을 높게 책정함으로써 문제를 해결할 수 있을 것이다.

둘째, 재무설계사가 고객유치를 위해 수익률을 내세우고 있다면, 그런 사업의 수명은 짧을 수밖에 없다. 왜냐하면 장기적으로 볼 때 시장수익률 이상의 성과를 달성할 수 없기 때문이다. 따라서 고객의 기대를 효과적으로 관리할 필요가 있다. 이런 방식을 활용하는 재무설계사는 투자는 장기적인 과정이며 단기적인 미봉책이 아니라고 고객을 교육시킴으로써, 즉 기본적으로 고객과 고객의 목표에 가장 적합한 투자방식을 선택할 수 있다고 말하면서 고객에게 가치를 제공해야 한다. 그러면 시장의 변동에 대비하고 안정적으로 소득창출을 유지할 수 있다.

　업계의 추세는 점차 업무수수료 또는 관리자산 기준방식으로 바뀌어가고 있다. 재무설계사는 고객 자산의 성장을 관리할 책임이 있다. 그들은 고객의 재무적 미래를 위해 투자대상을 선택하고 균형적인 접근방식을 추구하면서 보람을 느낀다. 재무설계사는 대부분 처음에는 최소 약정규모로 10만 달러 정도로 시작해 고객이 늘어나면 그 최소금액을 상향조정한다. 그러면 재무설계사가 그 모든 고객의 자산을 어떻게 관리할지 시간관리 문제가 종종 발생한다. 재무설계사는 관리할 고객수를 제한할 수밖에 없다. 예를 들어 투자자산 규모가 50만 달러 미만인 고객을 새로운 고객으로 유치하지 않는다는 것이다.

　재무설계사는 서비스 비용을 충당하기 위해서 상품을 판매하는 것보다는 서로 다른 수준의 서비스에 대해 시간단위로 비용을 청구하는 것이 훨씬 효율적이라는 사실을 알게 된다. 예를 들어 재무설계사가 어떤 고객과 약정을 맺고 기본 보수 1,700달러를 청구했다고 하자. 이때 재무설계사는 동료에게 서비스 작업을 할당하고, 그 비용을 다음 표와 같이 고객에게 청구할 수 있다.

### 고객 청구서 세부 내역

| | |
|---|---|
| 상호 목표설정 및 자료수집 과정에서 | |
| 　고객에게 할애한 2시간(시간당 200달러) | 400달러 |
| 직원이 재무자료를 작성하는 데 소요된 6시간 | |
| 　(시간당 100달러) | 600달러 |
| 투자상담에 소요된 2시간(시간당 150달러) | 300달러 |
| 재무설계 내용의 설명, 투자제안, 실행계획 개발에 | |

| 소요된 2시간(시간당 200달러) | 400달러 |
|---|---|
| 총 보수내역 | 1,700달러 |

보상체계를 결정하는 것은 너무 중대한 문제이기 때문에 당장 결정을 내리지 못할 수도 있다. 사실 재무설계사에게 편리하고 고객에게도 공정한 보수체계를 선택하기까지는 어느 정도 시행착오를 거쳐야 할지도 모른다. 그러나 올바른 보수체계를 선택하면 회사의 성장과 사업 확장을 위해 필요한 소득이 어느 정도 증가할 것인지 합리적으로 예상할 수 있다. 경제여건이 변하거나 사업이 전혀 새로운 방향으로 나아갈 수 있기 때문에 재무설계사는 이 문제를 계속 재검토해야 할 것이다.

### 사업 소재지 선택

지리적 위치가 부동산투자와 사업에서 가치와 성공을 결정한다. 지리적인 위치는 피상적인 고려사항으로 보일 수도 있지만, 실제로 어떤 사업을 막론하고 가장 중요한 요소가 될 수 있다. 보통 적절한 위치는 자신이 원하는 사업형태에 따라 다르며, 그 반대도 마찬가지다. 순자산 규모가 큰 고객을 원하는가? 그렇다면 사무실 단지가 적당할 것이다. 아니면 중산층 고객을 확보하고 싶은가? 그렇다면 지역 쇼핑몰, 사업용도 전환 주거지역 또는 자신이 살고 있는 집을 활용하는 것도 좋다.

### 사업팀 구축: 내부 직원구성

사업은 운영하는 사람들에게 달려 있다. 사업성공에 필요한 모든 것을 혼자서 다 해낼 수는 없다. 그래서 되도록 가장 우수한

인재를 발굴해 채용하고 확보할 필요가 있다. 간단히 말해 그렇게 할 수밖에 없다. 고객에게 제안하거나 투자 의사결정을 내리거나 중대한 고객의 문제점을 처리하는 일이 아니라면 직원에게 그 일을 위임하라. 직원에게 업무를 위임한다고 해서 사업통제력이 상실되는 것은 아니다. 오히려 당신은 위임을 통해 업무를 더 효율적으로 관리하고 있음을 의미한다.

최소한 기본적인 회계 및 핵심 관리업무를 담당할 사무관리자 한 명은 필요할 것이다. 신규 업체에서 전문가를 제외하면 이 사무관리자가 가장 중요한 인물이다. 신규 업체나 소형 업체에서는 이 직책을 맡은 사람이 기장업무와 관리업무를 수행할 수 있다. 대형 기업의 경우에는 전문분야에 따라 직원을 구성하는 것이 좋다.

한편 사무장을 둘 수도 있다. 사무장은 변호사 사무장과 같은 일을 수행한다. 이 숙련된 사무장은 기본적인 재무설계 교육과정을 이수하고 회계분야의 관련 자격증을 보유하고, 계산문제를 능숙하게 처리하는 사무관리 개발을 통해 재무설계사의 업무를 지원한다. 사무장은 고객 상담용 양식의 정보를 입력해 재무설계사가 저장된 정보를 쉽게 활용하도록 돕고 적시에 고객의 문제를 검토하고 가망고객과 고객의 일반적인 질문에 대해서 답변한다. 이런 지원을 통해 재무설계사는 고객상담과 프로젝트 관리에 전념할 수 있다. 사무장은 바로 재무설계사의 오른팔과 같은 사람이다. 사무장은 고객의 문제가 더 커지기 전에 확실히 해결해야 한다. 예를 들어 사무장은 재무설계사가 언제 처음으로 고객을 만났는지 기억하고 재무설계사가 미리 필요한 정보를 모두 갖추도록 도와줘야 한다. 사무장은 당신보다 한 발 앞서 생각해야 하기 때문에, 훌륭한 사무장은 보석과 같은 가치가 있다고 해도 과언이 아니다.

표준화된 업무절차를 기초로 직원에게 권한과 업무를 위임할 수 있다. 어떤 일을 왜 그리고 누가 무엇을 언제 수행할 것인지 설명한 업무절차 지침서(이번 장의 후반부를 참조하라)를 따르면 사무실에서 업무의 통일성을 유지할 수 있다.

### 직원 채용

적절한 직원을 발굴해 채용하고, 그 직원을 계속 유지하기란 매우 어려운 일이다. 직원 채용 광고를 내기는 쉽지만 적절한 지원자를 채용하는 데 성공을 예상하기는 매우 어렵다. 다른 사람과 마찬가지로 당신도 직원을 채용할 때 실수를 저지를 수 있다. 따라서 되도록 실수를 최소화하고 각 채용 경험을 통해 교훈을 배워야 한다.

• 인재 검색. 어디에서 직원을 찾아낼 것인가? 먼저 지역대학 또는 준전문직 양성기관의 취업 사무실로 연락하라. 여기서 최근 졸업생과 동창회 명부를 입수할 수 있다. 취업 사무실은 프로젝트별 업무나 시간제로 근무할 수 있는 인턴사원을 보유하고 있다. 그 다음에는 지역 재무설계협회(FPA) 지부에 연락한다. 대부분의 경우 이들 지부는 취업은행에 구직자로 등록된 재무설계사, 사무관리자, 학생, 기타 인력을 보유하고 있다. 따라서 이곳은 적임자를 찾을 수 있는 훌륭한 장소다. 세 번째, 교육비와 생계비 마련뿐 아니라 실전 현장실습 기회를 찾고 있는 CFP 분야의 학생이 많이 있으므로 이들을 활용한다. 취업 관련 웹사이트를 활용하면 이러한 후보자를 쉽게 찾아낼 수 있다.

• 면접 준비. 지원자를 면접할 때는 미리 질문할 내용과 답변을 준비해야 한다. 이렇게 하면 지원자가 과연 당신이 바라는 전문기술을 보유하고 있는지 판단하기가 쉽다. 지원자의 개인적 성향이

라든지 대표가 자리를 비운 동안 관리감독 없이 일할 수 있는 능력을 제대로 예상하기란 매우 어렵다. 다음과 같은 질문은 예비 직원의 관심사와 능력을 측정하는 데 도움이 될 것이다.

① 이전에 서비스 산업에 종사한 적이 있는가? 그 일이 얼마나 마음에 들었는가? 자신의 성공 요인은 무엇인가?

② 재무설계 분야에서 일하고 싶은 동기는 무엇인가?

③ 어떤 근무환경을 바라는가?

④ 지금부터 5년 후 자신의 모습은 어떻게 변할까?

⑤ 특정 프로젝트의 세부적인 작업을 수행하고 싶은가, 아니면 거의 아무것도 확정되지 않은 새로운 프로젝트를 선호하는가?

⑥ 고객 응대를 원하는가?

⑦ 전화 업무처리를 좋아하는가?

⑧ 종종 일박 이상의 출장업무도 가능한가?

⑨ 형용사 세 단어를 활용해 자신을 설명하라. 다른 사람이 당신을 어떻게 생각하는가?

⑩ 어떤 종류의 보상제도(급여, 수수료, 상여금 또는 시간수당)를 원하는가?

• 면접. 위에서 제시한 질문에 대한 토론기회를 제공하고 자발적으로 의견을 교환하도록 면접을 실시한다. 당신은 지원자가 자신의 사무실에서 업무를 수행하는 데 필요한 기술을 갖추었는지, 현재와 미래의 사무환경에 적합한지 결정해야 한다. 채용한 사람은 앞으로 매주 40시간 동안 함께 일하기 때문에 되도록 신중하게 판단해야 한다. 재무설계사는 기술은 배울 수 있지만 인성은 타고난다는 논리에 따라 경력보다는 인물의 적합성을 강조한다. 어떤 기준을 활용할 것인지 결정하고 나서 최선의 결정을 내리기 위해

명확한 비교기준을 마련한 질문과 대답형식의 점검목록을 개발해 두어야 한다.

• 의사결정. 지원자의 태도와 기술이 당신이 영업하는 업무환경과 영업형태에 적합한가? 초기 심사과정을 거친 후에 적격 지원자에 대해서는 나머지 임직원, 컨설턴트, 훌륭한 직원채용 판단능력을 갖춘 동료와 함께 집단면접을 실시하도록 한다. 이 과정을 통해 2차 평가를 실시할 수 있으며 면접직원이 지원자가 조직에 적합한지 판단할 기회가 된다. 지원자와 면접이 끝나면 직원을 모아 직접적인 반응을 청취한다. 현재 임직원과 동료가 이 사람의 채용에 대해 어떻게 생각하는가? 임직원의 견해에 많은 비중을 두는 것이 좋다. 그들은 새로 채용한 직원과 대부분의 시간 동안 함께 일하기 때문이다. 채용하고 나서 최선의 결과를 얻기 위해서는 임직원이 자신의 업무의 질에 영향을 미칠 이 신입사원에 대해 적절한 정보를 얻었는지 확인해야 한다. 채용 의사결정을 내리면 지원자에게 보낼 채용통지서를 작성해 우편이나 팩스로 송부한다. 당신은 신원보증, 경력조사, 건강 및 마약검사를 조건부로 채용할 것인지 결정해야 한다. 모든 지원자에게 채용 전 미리 심사내용에 대해 빠짐없이 알려주도록 하라.

• 사무절차지침서. 사무절차지침서는 두 가지 역할을 한다. 첫째, 사무지침서에는 무슨 사업이며, 무엇을 하는 것인지, 무엇을 해야 하는지, 누가 그 일을 할 것인지 상세하게 나타나 있다. 둘째, 사무지침서는 모든 고객정보의 참고자료 역할을 한다. 고객주소, 전화번호, 팩스번호, 전자우편 정보가 이 서류에 포함되어 있기 때문에 직원이 고객정보를 찾을 때 이 한 권으로 해결할 수 있다. 이 지침서는 또한 처음 고객을 상담할 때부터 시작해 첫 사무실

방문, 재무계획서를 전달할 때까지 전체적인 업무절차를 규정하고 있다.

예를 들어 소개를 받아 일한다면 소개받은 가망고객이 전화를 걸면 당신은 미리 준비해둔 한 묶음의 신규 고객용 안내 자료를 발송한다. 이 자료에는 고객의 정보양식과 컬러판 소개책자, 증권거래감독원의 ADV서류의 파트 2(또는 관계가 있다면 투자상담 업무를 설명하는 NASD 소책자), 개인재무설계 절차의 설명, 대표 및 직원의 소개 자료가 포함되어 있다. 지침서에 가망고객에게 점검 전화를 걸어 약속을 정하는 방법, 고객이 사무실에 방문할 때 지참할 모든 항목이 잘 나타난 서신을 작성하는 방법, 보수 지불일정을 전달하는 방법이 설명되어 있다. 고객이 사전상담을 위해 사무실을 방문하고 나서(3장에서 다룬 PIPRIM 과정의 1단계) 직원이 계약서를 보낸다. 지침서에는 이런 절차를 상세하게 설명해야 한다.

• 컨설턴트 활용. 때로는 외부에 업무를 위탁하는 것이 타당한 경우도 있다. 실제로 쿠퍼스 앤 라이브랜드사(Coopers & Lybrand LLP)가 실시한 유행선도자 지표(Trandsetter Barometer) 조사에 따르면, 미국에서 성장속도가 가장 빠른 기업 가운데 83%가 한 가지 이상의 업무기능을 외부에 위탁하고 있는 것으로 나타났다. 아웃소싱이 지니는 장점은 대단히 많다. 먼저 비용이 적게 든다. 컨설턴트는 성과가 부진할 때는 보수를 받지도 않을 뿐더러 실제로 줄 필요도 없다. 둘째, 전문 컨설턴트는 당면한 문제점을 해결하고, 가망고객의 확보, 임직원에게 새로운 기법을 습득하도록 도와준다. 셋째, 아웃소싱은 과잉업무를 처리하도록 해준다. 사업이 활기를 띠면 아웃소싱할 수 있는 컨설턴트의 유무에 따라 업무의 수임여부가 결정된다.

그러나 아웃소싱도 문제가 발생할 수 있다. 먼저 전문가를 고용하는 비용은 프로젝트별 또는 시간당 비용 면에서 상근직원보다 많다. 둘째, 컨설턴트는 항상 다른 일을 찾아서 일하고 있기 때문에 업무를 급하게 처리해야 할 경우 이들을 활용할 수 없다.

• 직원 보상 문제. 어떻게 더 경쟁적인 방식으로 직원에게 급여를 지급하고, 팀워크를 촉진하고 우수한 성과를 거둔 직원에게 보상할 것인가? 유능한 직원은 보상이나 근무환경에 만족하지 않으면 최소한의 성과만 보인다. 그러면 사업을 해나가면서 지원조직을 확대할 때 필요한 창의적 문제해결이나 혁신은 꿈도 꾸지 못한다. 사무실 운영은 단지 관리위주의 절차적이며 반복적인 일로 생각한다면 그에 걸맞는 보상을 제공하면 된다. 하지만 직원이 사업계획에 따라 성장하면서 새로운 고객 서비스 방법을 찾아내고 사업을 개선하기를 바란다면 직원에 대한 대우와 보상제도는 차별화되어야 한다. 사업계획이 더 역동적일수록 조직과 보상제도도 역동적으로 변한다.

그러므로 주로 직원이 수행하는 업무형태에 따라 보수가 결정된다. 앞서 언급했듯이 당신과 대표이사가 직접 고객을 관리하고 금융상품을 설계하고 마케팅 전술을 실행하는 것이 이상적이다. 사무직원은 업무를 관리한다. 당신은 감독하면서 업무의 권한을 위임해야 한다. 포기할 정도는 아니지만 적절한 균형을 유지하는 것은 대단히 어려운 일이다. 업무가 한쪽 방향으로 지나치게 치우치는 것은 통제력의 상실 또는 지나친 통제를 의미한다. 명확한 업무 정의와 성과기준 확립은 업무의 일관성을 보장하는 가장 좋은 방법이다. 사무직원이 처리해야 할 업무는 다음과 같다.

① 고객정보시스템의 전산관리
② 고객접촉 프로그램

③ 신규 고객용 제안서 준비

④ 사무비품 유지 관리

⑤ 전체의 중요한 일정 관리

⑥ 가망고객의 전화문의

⑦ 잠재적인 문제해결

⑧ 직접 마케팅(DM) 프로그램의 실행

⑨ 매출채권 관리

사무직원은 수행하는 어떤 업무에 대해서도 비밀을 유지해야 한다. 주 또는 연방정부당국이 일부 정보와 고객의 지위를 기밀로 유지할 것을 요구할 수도 있다. 어쨌든 재무설계사는 누가 어떤 정보를 관리할 것인지 결정해야 한다. 나중에 정보를 차단하는 것보다 처음부터 제한하는 것이 더 낫다. 사업계획 가운데 민감한 사안은 시간을 들여 충분히 생각하라.

보상모델은 기본급과 함께 직원의 우수한 실적과 사업 성공에 따른 성과급을 어느 정도 반영해야 한다. 이런 개념을 가지고 다음과 같이 일반적인 방식을 소개한다.

① 사무보조원: 기본급 2만 5,000~3만 달러와 기본급의 5~7% 수준의 연간 성과급

② 사무장(비서와 비상근 직원을 관장): 기본급 3만~4만 5,000달러와 기본급의 7~10% 수준의 연간 성과급

③ 영업사원: 기본급 2만~2만 5,000달러와 매출증가에 따라 기본급의 100~110% 수준의 신축적인 수수료

④ 순수업무수수료형 재무설계 보조: 기본급 3만 5,000달러

재무설계사가 선택하는 보상모델은 사업계획상 필요한 직원, 채용시장 상황, 보상 및 지급능력에 따라 결정된다. 보상제도가 좋을

수록 우수한 인재를 발굴하고 유지하기가 더 쉬울 것이다. 개인 및 사업의 성공에 따라 보상도 늘어나도록 보상제도를 설계하는 것이 좋다.

### 사업 자문위원회 구성

사업을 개시할 때 필요한 세부사항에 대해 많은 주의를 기울여야 한다. 하지만 동시에 더 큰 문제에 대해서도 관심을 유지해야 한다. 그중에서도 오랫동안 지속되는 문제 가운데 하나는 직업상의 사명감을 완수하는 것이다. 향후 전체 방향을 설정하는 것과 전문 서비스 사업 개시에 필요한 세부사항을 적절히 조화시키는 것은 어려운 일이다. 서로 보완적인 전문가로 구성된 자문위원회는 단기적이고 장기적인 균형을 유지하는 방법에 대해 얻은 교훈을 제공할 수 있다. 기업가는 실수를 저지르기 마련이다. 하지만 자문위원회는 이런 실수를 줄여주고, 그런 실수로 인해 발생하는 좋지 않은 결과의 완충작용을 한다.

재무설계사가 선택한 자문위원회는 자신을 반영하는 거울과 같은 역할을 하며, 그 반대도 마찬가지다. 자문위원회는 되도록 가장 우수한 사람으로 구성해야 한다. 그러면 사업계획은 바로 신뢰를 받을 것이며, 시간이 지나면서 더욱 개선되어 나갈 것이다. 마케팅, 금융, 경영분야에서 근무하는 가장 우수한 인재가 무엇 때문에 당신을 도우려고 할까? 그것은 당신이 우수한 영업사원이기 때문이 아니다. 높은 지위를 가진 자문위원회 구성원은 사업계획이 '싼값에 팔리기를' 바라지 않는다. 이들은 주로 헌신적인 친구, 조언자가 되고 싶은 성공한 사업가, 자신의 경력에 자문위원 경력을 추가하고 싶은 사람일 것이다. 자문위원에게 반드시 보상할 필요는 없다.

연례 만찬, 사교모임, 지역신문 보도 또는 전문가 영업안내책자에 이력기재 등을 통해 위원에게 감사를 표시할 수 있다.

자문위원회는 정기적으로 모일 수 있을 정도로 규모가 작아야 하지만, 당신을 이끌어주면서 원칙을 제시할 정도로 커야 한다. 위원회를 처음 구성할 때는 직접마케팅, 경영관리, 금융상품, 금융업무와 같은 분야에서 인정받는 기술을 보유하고 성공한 경험이 있는 사람을 찾아야 한다. 이 같은 전문가와 당신이 모이면 총 5인의 위원회가 구성될 것이다. 되도록 당신이 거주하는 지역 외부의 인사가 참여하도록 노력하라. 이렇게 하면 사업에 좀더 '글로벌'한 전망을 가져다줄 수 있다.

자문위원회는 사업계획을 실행할 때 발생할 문제점 및 기회를 미리 예상할 수 있도록 첫 해에는 매달 1회 한 시간씩 모임을 가져야 한다. 다른 지역에 살고 있는 위원은 원격회의 방식으로 이 모임에 참여할 수 있다. 공식회합을 조찬회의 형태로 바꾸어 당장 지도가 필요한 긴급한 문제를 논의하는 방법도 있다. 또한 자문위원회의 일부 구성원이 마케팅, 수금정책, 자금조달 등의 문제를 논의하기 위해 모일 수도 있다. 이런 모임에는 항상 미리 의제를 준비해서 위원이 당신을 도울 수 있는 방법을 생각할 수 있도록 해야 한다.

첫 자문위원회 모임에서는 회사의 과업과 사업계획에 논의의 초점을 맞춰라. 그 다음 회의에서는 매번 검토하고 해결할 한 가지 핵심주제를 선정한다. 회의는 항상 폐쇄형 질문으로 진행해야 한다. 이것은 추진계획을 미리 세워야 함을 의미한다. 1월에는 고객서비스, 2월에는 가격책정, 3월은 다른 유통경로와 같이 회의의 핵심 주제를 결정한다. 공급업체의 파산이나 신규 경쟁자의 등장과 같이 중요한 문제가 발생할 경우에는 즉석에서 회의소집을 요청하고, 당신의 생각을 팩스나 전자우편으로 위원회 구성원에게 전달한 후 의견을 제출해 달라고 부탁한다. 자문위원회는 당신의 성공을 지켜보려는 기본적인 동기를 가지고 있다. 그러므로 이들을 너무 혹사시키는 것은 아닌지 염려할 필요가 없으며 오히려 충분히 일을 시키지 않고 있는지 주의해야 한다.

## 사업계획과 사업기반의 독립성

사업계획서가 기업 활동의 심장이라면 사업기반은 머리, 팔, 다리에 해당할 것이다. 왕성하게 자라나는 신체의 각 부위는 서로 의존하고 있다. 사업계획을 수립하려면 세부적인 곳까지 검토할 수밖에 없다. 그것은 자신과 투자자, 자문위원회, 직원이 사업의 진척정도를 판단하기 위해 사용할 청사진과 같은 것이다. 어떤 사업도 계획 없이 성공할 수 없다. 사업상의 문제점과 기회가 나타났을 경우 올바른 결정을 내릴 수 있도록 빠르게 대처할 수 있는 방법을 알고 있는 기업가는 없기 때문이다. 사업계획은 경영자가 미래를 예측하고 준비하는 데 필요한 논리적이고 자원효율적인 계획을 제공한다. 사업가는 경쟁자를 놀라게 하고 싶지, 예기치 못한 사업의 실패로 투자자 · 고객 · 회계사를 놀라게 하고 싶지는 않을 것이다. 최악의 상황에 대비하면서 최고의 성과를 내기 위해 일하라.

예시 6.1(271쪽)은 사업계획서의 견본이다. 이 견본 계획서에는 당신의 사명, 전략 수립, 계획서에 무엇을 포함시킬 것인지에 대한 모델 또는 출발점을 제시하고 있다.

계획서의 본문에 추가되는 부록에는 참고자료, 즉 시장조사 자료, 경제 및 인구동향에 대한 가정, 매출성장률과 같은 수입산출에 사용된 계산방식을 포함해야 한다. 부록에 사업계획과 무관한 새로운 정보는 포함하지 말아야 한다. 본문에서 제시한 주장이나 설명을 더 분명히 하고 그것을 뒷받침하며 그 주장을 더 강화해야 한다. 주주, 자문위원, 임직원에 대한 세부정보도 부록에 포함되어야 한다. 계획에 이미 요약한 자신의 사업전략의 타당성을 설명하고, 왜 다른 대안적인 접근방식을 평가하고 제외했는지 설명하는 것도 좋다. 이것은 사업설명서를 읽는 사람, 특히 가장 중요한 잠재적인 투자자에게 당신이 사업계획을 충분히 평가했다는 사실을 공개적으로 보여준다. 그러나 부록을 이용해 사업계획을 설명하지 마라. 현명한 투자자는 사업계획서의 첫 쪽을 읽고 나서 되도록 '부정적인' 평가를 내린 다음, 전체 사업계획을 분석하고 대표이사와 면담하고 각 수치를 검토하기까지 '긍정적인' 판단을 내리지 않을 것이다.

■ 예시 6.1

# 파이낸셜 플래닝 컴퍼니 사업계획

**요약**

- 회사 개요. 콜로라도에 위치한 파이낸셜 플래닝 컴퍼니(이하 FPC)는 고객에게 업무수수료를 받고 재무설계 서비스를 제공하는 회사다. 회사 주식의 60%는 브랜든 매슈가, 나머지 40%는 케리 맨던이 소유하고 있다.
- 사업목적. FPC의 사업목적은 5만~10만 달러 소득이 있는 개인에게 업무수수료를 받고 재무설계 서비스를 제공하는 것이다. 회사는 고객에게 제공한 금융상품과 인터넷을 통한 유료 재무정보 서비스로부터 수익을 창출한다.
- 제품 및 서비스. FPC는 중산층 고객을 대상으로 업무수수료를 받고 종합적 또는 분야별 재무설계 서비스를 제공한다. 고객에게 시간당 150달러의 업무수수료를 청구한다. 재무계획 완성작업에는 일반적으로 12시간이 소요된다. FPC는 또한 추천한 보험 및 유가증권 상품의 판매에서 수수료를 받을 수 있도록 허가를 받았다.
- 목표시장. FPC는 덴버 대도시 지역을 목표시장으로 한다. 덴버는 230만 명 이상의 인구가 거주하며, 이중 약 50%가 5만~10만 달러의 소득범위 안에 있다.
- 마케팅 및 판매전략. FPC는 고객이 재무설계 문제점에 대해 더 잘 이해할 수 있도록 교육을 실시하고 부가가치 정보 서비스를 제공함으로써 다른 재무설계 업체와 차별화한다.
- 경쟁사 및 시장분포. 덴버 대도시 지역에는 모두 60개의 업무수수료를 받는 재무설계 서비스 업체가 존재한다. 그중 30개는 개인영업체이며, 10개는 다수의 파트너로 구성된 단일지역 영업체이고 다른 10개 업체는 다수 지역에 서비스를 제공하고 있다.
- 경쟁력 및 차별성. FPC의 주된 경쟁력은 평생교육 접근방식에 있다. FPC는 가망고객이 재무전략 수립과 재무적 지원에 대한 교육을 통해 올바른 결정을 내릴 수 있도록 도와주고 장기 계약관계를 유지할 가능성이 있는 수준 높은 단골고객을 확보할 것이다. FPC는 쌍방향 웹사이트를 제공하는 최초의 회사가 되어, 가망고객이

스스로 재무적 도움에 대한 자신의 수용정도를 평가하고 FPC 해법
에 대한 수요를 환기시키고자 한다. 한편 회사는 경쟁사의 '도심지'
이미지와 비교해 '이웃처럼 친절한' 서비스를 제공하기 위해 영업
활동 영역을 확장할 계획이다.

- 경영. 브랜든 매슈 사장은 15년 이상 재무설계사 영업을 해왔다.
  그는 중산층 가족과 그들의 고민을 해결하는 일에 전문성을 가지
  고 있다.

- 사업운영. FPC는 콜로라도 주 덴버시 제퍼슨가 123번지에서 사업
  을 영위한다.

- 재무정보. 금년 연간 예상 수입액은 25만 달러다. 2001년에는 수입
  이 35만 달러를 상회하고, 2002년에는 50만 달러 목표가 초과 달
  성될 것으로 기대한다.

- 장기 목표. FPC의 장기 목표는 2001년 콜로라도 스프링스, 2002년
  포트 콜린스, 2003년 그릴리, 2004년에는 피닉스에 사무실을 개설
  하는 것이다. 각 지역은 주주 동업자가 경영할 것이다.

- 자금조달 및 퇴출전략. FPC는 1차 연도에 초기 자본금 17만 달러
  가 필요하다. 이러한 운영자본은 대표자의 자산을 담보로 한 상업어
  음 발행을 통해 조달할 계획이다. FPC의 소유주는 2005년까지 자신
  의 보유주식 가운데 70%를 새로운 동업자에게 매각하기를 희망한
  다.

회사 개요

- 회사의 임무. FPC의 임무는 소득이 5만~10만 달러 수준인 중산층
  을 대상으로 업무수수료를 받고 '친근하고' 선진적인 재무설계 서
  비스를 제공하는 것이다.

- 서비스. FPC는 정액요금을 받고 종합적 또는 분야별 재무설계 서
  비스를 제공한다. 적절하다고 판단하는 경우 회사는 다양한 투자
  및 보험 상품을 추천하고 판매할 수 있다. FPC는 고객과 지속적인
  계약관계를 유지하며, 1년에 최소 1회 이상 만난다. 회사는 또한
  특별하고 즉시 필요한 재무적 니드를 가진 고객에게 시간단위 재
  무설계 서비스를 제공할 예정이다. FPC는 적정한 가격의 부가가치
  재무서비스 뉴스레터를 고객에게는 무료로, 일반인에게는 유료로
  제공할 것이다. 뉴스레터는 인쇄물로 발행될 것이며, 인터넷상의

상품으로도 활용할 수 있을 것이다.

· 법인형태. FPC는 개인에게 업무수수료를 받고 재무설계 서비스를
  제공하는 콜로라도에 위치한 회사다. 회사 주식 가운데 60%는 브
  랜든 매슈가, 나머지 40%는 경영에 참여하지 않는 동업자인 케리
  맨던이 소유하고 있다. FPC는 소규모 주식회사다.

## 산업 분석

FPC는 세대간 부가 이전됨에 따라 창출되는 중요한 기회를 활용할
것이다. 향후 10년 동안 6조 달러 규모의 재산이 이전될 것으로 예상
되므로 FPC는 재무설계를 두려워하거나 재무설계 서비스가 도움이
되지 않는다고 생각하는 사람에게 은퇴설계, 상속설계 서비스에 대한
수요를 예상하고 있다. FPC와 같이 업무수수료를 받는 다른 재무설
계 회사는 지역사회에 기여하기 위해 먼저 교육을 실시하는 접근방법
을 추진한 적이 없다.

· 진입장벽. 덴버지역 시장에서 활동하는 다수의 재무설계사는 동일
  한 상품 및 서비스를 판매하면서, 사무실 운영비용이 많이 드는
  도심지에서 가격으로 경쟁하고 있다. 이렇게 시장이 '상품화'되면
  소비자는 혼란스럽게 느끼고 저질의 서비스를 제공받게 되고, 가격
  경쟁이 치열해지면서 결국 이익이 축소되는 결과를 낳는다. 소비자
  는 동일한 서비스를 더 저렴하게 이용하기보다 동일한 가격을 지
  불하고 더 많은 서비스를 받고 싶어한다. FPC의 전략은 개인재무
  관리에 대한 교육을 통해 가망고객을 확보하고, 재무정보 서비스를
  통해 보완하면서 고객의 구매력을 높이고 고객을 유지하는 것이다.
· 현재 상황. 현재 이 시장에 업무수수료형 재무설계사가 더 많이 진
  입할 필요가 있을 것으로 보인다. 현재 미국 내 약 1억 3,000만
  가구와 허가를 받았거나 등록을 마친 약 10만 명의 재무설계사가
  존재하므로, 재무설계사별 목표대상의 비율은 약 1,300대 1 수준
  이다. 따라서 시장이 포화상태에 도달하려면 아직 멀었다. 덴버지
  역 시장이 전국의 인구통계적 상황을 반영한다고 가정하더라도,
  FPC의 도움이 필요한 많은 소비자가 존재한다고 판단해도 좋을
  것이다. 광범위한 중산층 내지 상위 중산층 시장에 초점을 맞추기
  때문에 FPC는 시장에서 계속 성장할 것이다.
· 장기적인 시장기회. FPC의 장단기 성장 가능성은 대단히 클 것으

로 판단된다. FPC는 소비자가 자격을 갖춘 재무설계사로부터 제공
받는 서비스 가치를 인식하고 추가적인 비용을 지급하고, 전문가의
도움이 얼마나 중요하고 편리한지 일깨워주는 교육방식으로 성과
를 거둘 것으로 기대하고 있다.

## 목표시장
FPC는 다음과 같은 특성에 맞는 덴버 대도시 지역의 세대를 목표시
장으로 설정한다.
· 세대주의 연령: 35세~60세
· 소득수준: 5만~10만 달러
· 직업: 소규모 사업자, 전문가, 판매인
· 지역: 덴버시
· 사회적 환경적 책임의식 높음
· 가족 및 세대지향적
· 인터넷 이용 가능

## 경쟁
FPC의 주요 경쟁자는 업무수수료를 받는 다음과 같은 재무설계 업
체다.
· 피티에이치 파이낸셜(PTH Financial): 1998년 활동 개시, 도심 사무
  실 1곳, 투자 서비스 중심.
· 덴버 플래닝 어소시에이츠(Denver Planning Associates): 1985년 업무
  개시, 교외에 위치, 2개국어 지원, 은퇴설계 중심.
· 씨케이피 서비시스(CKP Services): 1973년 영업 개시, 도심 2곳, 통합
  서비스, 높은 인지도를 보유하며 마케팅은 실시하지 않음.
· 존슨 파이낸셜 플래닝(Johnson Financial Planning): 1997년 사업 개시,
  교외 지역 1곳, 통합 서비스 제공, 다세대 서비스 중심.
· 애스펜 플래닝(Aspen Planning): 1991년 영업 시작, 애스펜 부동산협
  회(Aspen Real Estate Associates)와 제휴 관계, 투자설계 중심.
FPC는 이들 주요 경쟁사의 강점, 약점, 신속한 대응능력을 인식하고
있다. FPC는 이들 경쟁사의 현재 고객기반을 목표로 하지 않으며,
오히려 전문서비스를 거절하고, 간과하고, 회피하는 미개척 소비자
시장을 목표로 하고 있다. FPC는 고객이 장기목표와 세부목표를 성
취하기 위해 적절한 투자방식을 선택하도록 교육할 것이다.

- 시장점유율. 위에서 언급한 경쟁사 가운데 어떤 회사도 높은 시장
  점유율을 확보하지 못하고 있다. 시장에 너무 많은 업무수수료형
  재무설계 업체가 존재하고 있기 때문이다.
- 경쟁사의 강점. FPC의 주요 경쟁사는 다음과 같은 분야에서 뛰어
  난 강점을 가지고 있다.
    - 총 12명의 영업인력이 가망고객을 확보하고 있다. 1개 업체가 3
      명 이상의 영업인력을 보유하고 있는 경우는 없다.
    - 몇 개 업체는 지역 회계, 법률 및 투자회사와 제휴하고 있다. 이
      러한 관계는 고객에게 즉시 전문 서비스를 보완해 준다.
    - 일부 업체 소유주는 지역의 환경문제, 교육위원회, 지역봉사 등
      을 통해 잘 알려져 있는 인물이다. 이러한 활동으로 신뢰성이
      증진되고 새로운 목표대상에 접근할 수 있다.
- 경쟁사의 취약점. FPC의 주된 경쟁업체는 다음과 같은 기회를 놓
  치고 있다.
    - 인터넷: 일부 업체는 웹사이트를 보유하고 있지만, 가망고객 및 고
      객과 쌍방향 의사소통을 위해 인터넷을 활용하는 업체는 없다.
    - 지역사회 중심: 기존 업체는 높은 소득, 도심지역 위치를 홍보하
      면서 고소득층의 가망고객을 확보할 수 있지만, 중산층 개인과
      가족의 서비스 니드를 간과하고 있다.
    - 가격책정: 경쟁업체 가운데 대부분은 초기 무료상담, 다양한 형
      태의 환불보장, 고객소개에 따른 장려금 지급과 같은 가격정책
      을 따르고 있다. 이런 방식을 도입하면 가망고객은 서비스의 가
      치보다 가격을 먼저 고려한다. FPC는 이런 가격정책의 매력을
      인식하고 있지만, 양적 고객확보보다 장기적인 가족 서비스를
      원하는 충성도 높은 소수 고객을 확보하는 데 주력할 것이다.

## 마케팅계획 및 판매전략

FPC는 다음과 같은 마케팅 및 판매전략으로 가망고객을 확보하고 기
존고객을 유지할 것이다.

- 보도자료: 사업 설립과 자문위원회 구성, 지역사회 이벤트, 직원 채
  용, 선전.
- 소개책자: 전문 서비스 책자, 특별한 주제를 다룬 인쇄물.
- 소비자 이벤트: 쇼핑센터 개장, 지역사회 이벤트, 노인 이벤트, 시

민단체 집회.

- 직접 우편 송부.
- 신문광고와 특집주제에 대한 논설(은퇴설계, 교육설계, 상속설계).
- 인터넷: 쌍방향 웹사이트는 가망고객이 10가지 항목의 재무상태에 대한 질문에 답변한 후 재무설계에 대해 '대화방식(wizard)'으로 질문할 수 있으며, 전자우편을 통해 회사와 직접 의사소통할 수 있다.

## 회사 운영

FPC는 콜로라도 주 덴버시 제퍼슨가 123번지에 소재한다. FPC는 또 자체 인터넷 기반 소비자 교육센터에 전자우편주소를 가지고 있다. 이러한 가상센터를 설치하면 고객이 집에서도 회사의 재무정보 및 서비스 상품에 접근하기 쉽다. 우리는 가망고객이 인터넷을 이용하면 재무설계와 FPC에 대해 쉽게 배울 수 있는 저위험의 수단을 제공해 준다고 믿는다. 나아가 이 훈련센터는 가망고객과 고객이 대화방 환경 내에서 FPC의 전문가에게 질문할 수 있도록 지원한다.

## 경영 및 조직

FPC의 사장 브랜든 매슈는 15년 이상 재무설계사로서 영업을 해왔다. 그는 중산층 가족의 고민을 해결하는 데 특화된 전문성을 가지고 있다. 그는 호프스트라 대학을 졸업했으며 공인회계사다. FPC는 1차 연도에 사무소장 1명, 2차 연도에 판매담당자 1명을 채용하고, 목표한 교외 지역에서 고객기반을 확보할 계획이다.

## 장기발전 및 퇴출전략

FPC는 향후 5년간 지속적인 성장세를 보일 전망이다. 2005년까지 FPC는 현재 전문설계서비스를 받고 있지 않은 연소득 5만~10만 달러 사이의 중산층 가족시장의 5%를 차지할 계획이다.

- 목표달성 전략. FPC는 덴버지역에서 동업자 영입과 덴버지역과 유사한 인구통계학적 특징을 가진 미국 내 다른 지역에서 프랜차이즈 지점을 고려할 것이다.
- 위험. 사업 확장에 따르는 가장 큰 위험은 FPC의 지분이 줄어들고 FPC 사무실이 늘어남에 따라 고정비용이 크게 증가한다는 점이다.

| 재무자료 | 손익계산서 | | |
|---|---|---|---|
| | 2000년 | 2001년 | 2002년 |
| **총수입** | $250,000 | $350,000 | $500,000 |
| **경상비** | | | |
| 급료 및 임금 | $100,000 | $140,000 | $200,000 |
| 근로자 복지 | $10,000 | $14,000 | $20,000 |
| 소득세 원천공제 | $15,000 | $21,000 | $30,000 |
| 전문 서비스 | $2,000 | $2,500 | $3,000 |
| 임대료 | $12,000 | $12,600 | $13,200 |
| 웹 개발 | $2,000 | $2,500 | $3,000 |
| 감가상각 | $1,500 | $1,800 | $2,100 |
| 보험료 | $2,000 | $2,200 | $2,400 |
| 공공요금 | $4,000 | $4,400 | $4,800 |
| 사무비품 | $500 | $630 | $700 |
| 마케팅비 | $5,000 | $5,500 | $6,000 |
| 출장/접대비 | $5,000 | $5,800 | $6,600 |
| 대손충당금 | $2,500 | $3,500 | $5,000 |
| 합계 | $161,500 | $216,430 | $296,800 |
| 세전 순이익 | $88,500 | $133,570 | $203,200 |
| 법인소득세 충당금 | $17,700 | $26,714 | $40,640 |
| **순이익** | $70,800 | $106,856 | $162,560 |

| 대차대조표 | |
|---|---:|
| **유동자산** | |
| 현금 | $30,000 |
| 매출채권 | $10,000 |
| 선급비용 | $5,000 |
| 합계 | $45,000 |
| **고정자산** | |
| 건물 | $250,000 |
| 설비 | $50,000 |
| 집기 | $60,000 |
| 합계 | $360,000 |
| **자산 합계** | **$405,000** |
| **부채** | |
| 매입채무 | $25,000 |
| 미지급 급여 | $15,000 |
| 미지급 법인세 | $5,000 |
| 단기상환사채 | $20,000 |
| 장기상환사채 | $150,000 |
| 부채 합계 | $215,000 |
| 자본금 | $10,000 |
| 이익잉여금 | $180,000 |
| **부채와 자본 합계** | **$405,000** |

# Chapter 7

# 사업의 마케팅

## 마케팅과 영업의 본질

앞에서는 사업계획을 수립하고 사업기반을 구축하는 방법에 대해 살펴봤다. 간단히 말해서, 사업을 하는 데 돈을 투자하는 방법을 배운 것이다. 이번 장에서는 돈을 버는 기술, 즉 마케팅 및 영업을 소개하려고 한다. 올바른 방식으로 돈을 버는 것은 하나의 기술이다. 누구든지 광고를 내고 현관에 간판을 걸고 사업을 시작할 수는 있다. 마케팅과 영업은 올바른 메시지와 올바른 제품 및 서비스로 올바른 고객을 확보하는 과정이다. 고객이 증가하고 유지되어야 마케팅이 성공한 것이다. 이런 것을 어떻게 측정할 수 있는가?

• 가격의 상승. 시간이 지남에 따라 동일한 상품 및 서비스의 가격을 올리는 데 성공한 적이 있는가? 만약 그랬다면 이것은 자신이 동일한 상품과 서비스로 경쟁자보다 고객에게 더 많은 가치를 제공했다는 것을 뜻한다.

• 고객 1인당 이익의 증가. 시간이 흐를수록 고객을 유치하고 유지하는 비용이 더 적게 들어가는 것과 같이 신규 고객에 대한 마케팅 투자의 상승효과가 나타나고 있는가? 만약 그렇다면 그것은 원하는 소비자에게 당신의 사업내용이 제대로 전달되도록 효과적인 마케팅 수단의 조합을 이용했다는 것을 의미한다.

• 소개고객 증가. 자발적으로 문의하는 사람의 수가 증가하고 있는가? 그 새로운 의뢰인이 서비스에 만족한 고객의 추천 때문인지 아니면 광고 효과 덕분인지 확신할 수는 없지만, 만약 아무도 연락하는 사람이 없다면 무언가 잘못되었다는 것을 알게 될 것이다. 일선 영업부서 직원으로 하여금 신규 의뢰건을 주의 깊게 추적하고, 판촉 이벤트 이전과 이후에 걸려오는 전화의 비율을 기록하도록 하라. 만약 문의전화 빈도가 매달 증가하고 판촉 이벤트 기간 (보통 30일에서 60일 사이)에 횟수가 늘어난다면, 이는 입소문과 마케팅 효과를 모두 얻어내고 있다는 의미다.

• 계약유지 증가. 고객의 계약유지는 당신이 고객에게 제공하는 서비스의 품질, 가치, 지속적인 관리에 달려 있다. 그러나 고객의 계약유지 수준은 또한 새로운 상품과 서비스를 기획하고 전달하는 능력에 따라서 달라진다. 새로운 상품과 서비스가 고객에게 수용되는 속도는 마케팅의 능력을 측정하는 기준이 된다.

## 마케팅계획이란 무엇인가

마케팅은 상품 및 서비스를 이용할 고객을 찾아내고 창출하는 과정을 말한다. 영업은 관심을 보이는 가망고객을 계약고객으로 전환시키는 과정이다. 마케팅계획이란 사업의 목표, 전달하려는 메시지, 메시지를 전달하기 위한 계획, 관련 비용, 기대결과를 설명한 서류를 말한다. 본질상 마케팅계획은 고객을 확보하기 위한 최선의 방법을 찾을 수 있도록 도와주는 지도와 같은 역할을 한다. 그것은 서비스 차별화 방법을 생각하고 설명하도록 함으로써 사업 전반을 이해할 수 있도록 한다. 만약 전달하려는 메시지가 불분명하고 경쟁자와 비교해 차별적이지 않다면, 아무리 열심히 일해도 가격, 고객 1인당 이익, 소개고객, 계약유지의 증가를 기대할 수 없을 것이다.

마케팅계획은 이해하기 쉽고 실천하기 쉬워야 하며 논리적인 추진 단계를 따라야 한다. 모든 사람— 예를 들어 가망고객이나 친구 — 이 그 계획을 이해한 다음 외우고 따를 수 있어야 한다. 자문위원회를 통해 그 계획 가운데 아직 미비한 부분에 대해 전문가 의견을 구하고 자신이 간과할 수 있는 기회에 대해 조언해 달라고 요청하는 것이 좋을 것이다.


## 마케팅계획의 구성요소

마케팅계획은 전체 사업계획(6장 참조)의 세부항목이다. 전문 재무설계 신규 업체는 마케팅하는 방법에 대해 체계적으로 접근하려면 다음과 같은 기본적인 구성요소를 활용하라.

- 요약
- 시장분석 및 목표
- 목표시장의 개발: 가망고객 유치, 가망고객을 계약고객으로 전환, 기존고객 유지, 소개고객 확보, 틈새시장 확보
- 마케팅 전술 개발: 마케팅 4P의 이해
- 전략적 제휴
- 마케팅 예산안
- 추진계획
- 결과 평가: 정량적 방법(점수표 작성)과 정성적 방법(고객 만족도 조사)

## 요약

요약을 작성하는 목적은 사업계획서와 동일하다. 요약은 관계자에게 마케팅계획의 합리적 근거, 전술, 관련 비용, 기대결과를 간략하게 압축해 전체 개요를 보여준다. 사업계획서의 요약과 마찬가지로 관계자가 마케팅계획의 첫 장을 읽고 마케팅계획의 논리와 개연성에 대해 확신을 가져야 한다. 요약이 호소력이 없다면 관계자는 계획서의 나머지 부분을 읽어보려고 하지 않을 것이다. 요약에 나타나는 일반적인 실수는 다음과 같다.

① 사업을 구축하기에 시장기회가 너무 협소하거나 효과적으로 경쟁하기에 너무 광범위하다. 예를 들어 뮤추얼펀드 투자상담 서비스를 제공하는 것은 이미 다른 전문가가 수행하고 있을 뿐 아니

라 그 시장은 너무 협소하다.

② 목표시장이 너무 모호하고 너무 크거나 너무 작다. 목표대상을 '수요층' 또는 총소득 5만 달러 이상인 소비자 또는 가처분소득이 총소득의 15~20%인 소비자 등으로 묘사하는 것은 모두 잘못된 방식이다.

③ 선전광고가 너무 요란스럽다. 정확한 사업취지가 아니라 요란스럽게 시장을 압도하려는 경향이 있다. 사람들은 이런 소음 — 목적 없는 선전 문구를 통한 마케팅 — 을 무시하며, 실제로 소비자의 니드에 잘 들어맞는 분명한 선전광고에 귀를 기울인다.

④ 마케팅 전술이 너무 웅장하다. 기업가가 자신의 사업계획에 너무 도취된 나머지 감정에 따라 마케팅 비용을 지출하기 쉽다. 예를 들어 아직 손익분기점에 도달하지도 못한 인터넷 기업이 34회 슈퍼볼 대회의 분당 백만 달러짜리 광고의 광고주가 된 경우를 생각해 보라. 한 인터넷 기업은 슈퍼볼 대회 광고를 위해 최근 주식공모를 통해 모은 자금의 30%를 날린 것으로 전해지고 있다. 이처럼 자신도 마케팅 실수를 저지를 수 있을지 확인하라.

⑤ 마케팅 결과를 측정할 수 없다. 마케팅 담당자에게 결과를 측정할 수 있는 방법을 기획하도록 요청하면 불평과 불만의 목소리를 듣는다. 과대광고에 현혹되거나 마케팅이 다른 투자와 마찬가지로 회사의 자원을 고갈시킬 수 있다는 것을 망각하기란 쉽다. 한 사람의 재무설계사를 채용할 때와 마찬가지로 마케팅의 경우에도 투자수익률 분석이 필수적이다.

사업계획서와 관련해 6장에서 제시한 것처럼, 계획서의 다른 부분을 완성하고 난 후에 마케팅 요약을 작성하라. 세부사항을 분명히 정의하면 더 나은 전체적인 시각을 유지할 수 있을 것이다.

## 시장분석과 목표

시장에 대한 분석과 목표설정은 마케팅계획의 두 가지 핵심 분야 가운데 하나이며, 나머지 한 가지 핵심 분야는 마케팅 전술을 결정하는 것이다. 이 항목에서는 간략하게 회사의 존재근거를 설명한다. 현재 재무설계 서비스업체가 충족시키지 못하고 있는 시장기회는 무엇인가? 자신이 참여하고 싶은 사업은 어떤 것인가? 예를 들어 임상 연구소 사업을 하고 있는 한 동료는 자기 사업이 혈액이나 소변샘플에 대한 진단시험을 수행하는 것이 아니라고 지적했다. 그는 자신의 사업이 환자의 삶의 질을 개선하기 위한 의료 정보를 제공하는 것이라고 정의했다.

사업목적에 대한 설명은 마케팅의 출발점이 된다. 그것은 왜 회사가 존재해야 하는지, 즉 어떤 목적에 봉사하는지에 대해 설명해야 한다. 마케팅계획의 후반부로 가면 여기서 한 걸음 더 나아가 회사가 어떻게 하면 계속해서 수익성을 창출하면서 그 공간을 메울 것인지 설명한다.

그렇다면 시장분석 작업과 영업활동에서 마케팅 목표는 어떻게 설정되는가? 첫 번째 단계는 니드 평가를 실시하는 것이다. 자신의 사업목표 내에서 충족되고 있거나 충족되지 않고 있는 니드는 무엇인가? 당신이 거주한 지역에서 고품질 서비스와 정당한 가격으로 충족되고 있는 주요 소비자 그룹의 재무설계 니드에 대한 목록을 작성하라. 처음에는 이런 영역을 피하고 싶을 것이다. 아직 니드를 만족하지 못한 고객도 많은데 왜 이미 만족한 고객을 확보하려고 하는가? 그러면 이제 당신이 생각하기에 만족하지 않고 있는 사람을 대상으로 두 번째 목록을 만들어라. 이들은 누구이며,

무엇을 원하는가? 이들을 어떻게 찾아낼 것인가? 법률 및 회계분야와 같은 관련 전문직종에 종사하는 동료에게 물어보라. 신문과 잡지에 개인재무에 대해 쓴 기사와 칼럼을 찾아보라. 또 라디오의 토크쇼 프로그램에 귀를 기울여라. 사전에 준비를 많이 할수록 시장분석을 더 정확하게 할 수 있다.

그 다음 불만족한 니드를 어떻게 측정할 것인가? 이러한 활동으로 당신이 원하는 지역목표시장에 얼마나 많은 사람이 당신이 규명한 재무설계 니드를 가지고 있는지를 결정할 수 있다. 이런 일은 대단히 어렵고 또 비과학적인 것이다. 먼저 당신이 공략하려는 지역의 인구통계학적 현황을 밝혀내야 한다. 공략지역이란 서비스를 제공할 계획이 있는 한 지역 또는 다수의 지역을 말한다. 이런 지역은 예를 들어 사무소로부터 100마일 반경 내 지역과 같이 거리에 따라 결정될 것이다. 이 지역에는 사무실 주변의 자치도시와 지역사회가 포함되며, 아마도 자신이 잘 알고 있는 다수 지역이 포함될 것이다. 지역에 대한 대략적인 실제조사에서 출발해, 공략지역 내에 얼마나 많은 인구가 거주하고 있는지, 이들 가운데 어느 정도가 니드를 충족하지 못하고 있는지 알아내야 한다. 일단 소속지역의 도서관을 이용하면 인구정보를 알아낼 수 있다. 또한 인터넷 검색엔진을 사용해 인구통계를 조사할 수 있다. 거주한 주의 인적 자원부서는 일반적으로 인구통계 정보를 수집하고 있으며, 아마도 자체 웹사이트도 가지고 있을 것이다.

공략지역에 살고 있는 사람들에 대한 평가 자료를 획득했다면, 그중에서 자신이 목표로 하는 아직 만족하지 못한 재무설계 니드에 관심을 가지고 있는 사람은 얼마나 되는가? 여기서부터는 과학적인 조사라는 통념이 미치지 않는다. 간단히 말해서 이것은 직접 알아보기 시작하지 않는 이상 전혀 알 수 없다. 그러나 원하는 모집단의 윤곽을 그려볼 수 있다. 니드평가 결과 사람들이 세련되고 다면적인 재무설계에 니드를 가지고 있는 것으로 나타난다면, 교육 및 소득수준이 적절한 측정지표가 될 수 있을 것이다. 한편 니드평가 결과 재무상담사와 거래하지 않는 중산층 가족이 시장기회라고 생각한다면, 증권사가 없고 지역신문에 CPA 광고가 실리지 않으며 저축 및 대부조합이 존재하는 지역을 찾아보는 것이 좋을 것이다. 이런 지역은 당신이 판단한 소득 및 교육 수준과 일치하는 사람이 집중되어 있을 가능성이 높다. 그러나 이들 가운데 얼마나 많은 사람이 당신의 서비스를 원할 것인가?

이 책의 6장에서 제시한 것처럼, 현재 미국에는 재무설계사 1인당 약 1,300가구라는 비율이 형성되어 있다. 이 수치가 제대로 서비스를 받지 못하고 있는 사람에 대한 전국의 시장상황을 나타내는 것이라면, 공략지역 역시 이와 동일한 비율이 나타나야 할 것이다. 만약 (특정한 인구통계와 지리에 의해 결정된) 공략지역에 10개의 주요 경쟁자가 존재한다면, 전국적인 비율과 일치하는 경우 총 1만 3,000가구에 달하는 시장을 서로 나누어 가지게 될 것이다. 전국적인 영업을 수행하지 않을 것이라면, 공략지역에 통계적으로 얼마나 많은 가구가 존재하는지 알아봐야 한다. 도서관에서 조사한 결과, 지역시장에서 예상한 것과 동일한 가구 수가 측정되었다고 하자. 그러면 이 공략지역 역시 충분한 서비스가 공급되고 있지 않은 셈이다. 사업계획을 이행하려면 최초연도에 1만 3,000가구 가운데 어느 정도를 고객으로 확보해야 할까? (1만 3,000가구는 인구로 따지면 약 4만 5,500명으로, 중간 정도의 근교도시 또는 지역사회 정도의 인구 수준이다.) 여기서는 총수익 목표에서부터 다시 접근해가야 한다.

이미 사업계획서에는 최초 연도의 총수익 목표액을 가정해 놓았다. 이 수치는 논리적으로 고객으로 만들 수 있다고 전망한 사람의 숫자에 고객 1인당 평균 수수료를 곱해서 산출된 것이다. 만약 최초 연도에 100명의 고객을 예상했다면, 이것은 전체 공략지역에서 어느 정도의 서비스 보급률을 기록하게 되는 셈인가? 이 정도라면 전체 시장의 1%에 못 미치는 수준이다(100/13,000=0.008). 보통 상품 및 서비스가 아무리 독특하고 마케팅계획이 아무리 뛰어나도 첫 해에 1% 이상의 시장 점유율을 확보할 수 있다고 가정해서는 안 된다. 1만 3,000가구 가운데 1%인 130가구는 서비스를 제공할 수 있는 고객을 말하며, 이것은 사업을 늘릴 수 있는 여지를 남겨 줄 것이다. 서비스를 제공할 수 있는 고객이 이것보다 적다는 것은 경쟁이 심화되고 있어 더욱 차별화해야 하고 마케팅 활동에 더 많은 돈을 투자해야 함을 의미한다.

이렇게 긴 계산내용이 수많은 가정을 근거로 하여 산출되었고, 그것은 단지 출발점일 뿐이며, 즉 개략적인 평가라는 사실을 명심해야 한다. 해당 지역의 고객 니드를 측정하기 위한 짧고 간단한 사전 조사를 수행하기 위해서는 서비스를 제공할 지역사회를 직접 방문하는 것이 현명한 일이다. 지역신문의 기사를 보고 만족하지 못한 니드를 찾아내고, 친구나 동료에게 물어보고, 라디오에 귀를 기울여라. 다시 말해 시장조사 탐지기를 항상 작동시켜라.


## 경쟁여건 분석

앞에서 설명한 시장조사는 경쟁 환경이 변하지 않는다는 것을

전제로 한 것이다. 그러나 기존 경쟁자가 시장진입을 환영할 리
없다. SWOT 분석은 시장조사 예측에 도움이 되는 가장 좋은 방
법이다.

### SWOT 분석

강점, 약점, 시장기회, 위협요인을 평가하는 것은 (사업계획서를
통해 정의된) 회사가 경쟁자를 상대로 어떻게 생존할 것인지를 확
인하는 방법이다. 이런 평가의 목적은 회사가 경쟁할 때 뛰어난
점과 취약한 점을 예측하는 것이다.

비교우위 요소는 차별화 전략을 세우는 데 도움이 될 것이며,
취약한 요소는 전략상 수정해야 하거나 집중적으로 투자할 곳을
보여준다. 경쟁상의 위협과 기회요소는 시장에 진입할 때 경쟁자
가 언제 어떻게 반응할 것인지 예측하는 데 도움이 된다. 상위 3개
내지 4개 경쟁자의 강점, 약점, 기회, 위협요인을 조사하고, 이들
이 시장진입을 저지하기로 결정했을 때를 대비한 비상계획을 준
비하라. 공략할 시장의 규모는 경쟁자가 이익을 허용하는 수준과
직결된다. 그러므로 조기에 공략하라.

예시 7.1(312쪽)은 FPC의 SWOT 분석의 사례를 잘 보여준다.
FPC의 경영진은 이러한 SWOT 분석을 활용해 장래에 나타날 경
쟁적 위협 및 기회요인에 대응할 수 있는 비상 마케팅계획을 수립
할 것이다. 마케팅계획을 수립할 때 경쟁이 매우 치열할 것으로
예상된다면 지체 없이 사전에 조치해야 한다. FPC의 경우에는 소
유주가 인터넷 사이트를 개설할 예정이지만, 최초 연도 말까지 차
세대 및 차차세대 기술도 도입할 수 있도록 미리 준비했다.

## 마케팅 목표

마케팅 목표는 상품 및 서비스에 대한 수요창출을 위해 구사할 전략 및 전술을 규정한다. 이렇게 창출된 수요는 이상적으로는 사업계획서의 수익성장률 수치로 나타날 것이다. 마케팅 목표는 다음과 같은 세 가지 범주에 따라 설정되어야 한다. 즉, 마케팅 결과, 목표대상, 의사소통기술이 그것이다.

이 책의 3장에서 설명한 것처럼, 마케팅 목표를 설정하는 것은 PIPRIM을 통해 고객이 재무목표를 수립하도록 돕는 것과 유사하다. 마케팅 목표를 설정하기 위해 동일한 과정을 활용하라.

### FPC의 마케팅 결과 목표 사례

· FPC가 동부 덴버 지역의 가족에게 지역 재무설계 서비스를 제공하면서 사업 초년도 말까지 공략대상 인구의 50%까지 접근한다(5만 가구가 존재한다고 가정할 경우 50%는 2만 5,000가구).

· 사업 초년도 말까지 FPC의 마케팅 메시지가 전달된 가족 가운데 10%가 재무설계 서비스에 대해 문의하도록 유도한다(2만 5,000가구의 10%는 2,500가구).

· 사업 초년도 말까지 서비스 문의자 가운데 5%를 고객으로 만든다(2,500가구의 5%는 125가구).

### FPC의 대상 목표 사례

· 초년도 2개월 말까지 동부 덴버에 있는 3개 지역의 인구통계 현황을 조사한다.

· 초년도 3개월 말까지 동부 덴버에 있는 3개 지역의 2만 5,000

가구의 명단을 확보한다.

· 초년도 상반기 이내에 3개 목표 지역에 대한 대중적인 재무 설계 서비스 설명회 일정을 준비한다.

### FPC 의사소통 목표 사례

· 전문가에게 서비스를 받아본 경험이 없는 중산층 가족에게 지역 재무서비스 내용을 선전하기 위한 소개 편지와 안내책자를 준비한다. 초년도 4개월 이내에 이 자료를 발송한다.

· 초년도 3개월 말까지 전자우편을 통한 질의응답 기능을 가진 1세대 웹사이트를 구축할 수 있도록 계약직 웹디자이너를 면접한 후 채용한다. 초년도 9개월 말까지 차세대 및 차차세대 웹사이트 디자인을 완성한다.


## 마케팅 대상 개발

어느 목표고객에게 접근해 고객으로 전환시키고 계속 관계를 형성할 것인가? 이러한 대상 집단에게 전달할 메시지는 무엇인가? 일반적으로 마케팅 대상은 가망고객, 문의자, 기존고객, 소개고객 과 같이 네 가지로 분류된다.

### 가망고객

정의에 따르면 가망고객은 당신의 존재를 알지 못하며 재무설 계 상품 및 서비스가 필요하다고 생각하지 않는 소비자를 말한다. 이 집단은 얼굴 없는 대중이다. 당신은 이들의 존재를 알지만 구별

할 수 없다. 이 집단에게 회사를 선전하는 것이 바로 전통적인 무차별 마케팅이다. 이 방식은 널리 사용되며 편안한 단어로 설명하는, 매우 일반적인 메시지를 요구한다. 가망고객을 끌어들이는 데 다음과 같은 4가지 간단한 규칙이 존재한다.

1. 당신을 전문 재무설계사로 자리매김하라. 모든 사람에게 모든 것을 다 해줄 수 없다. 사실 모든 설계분야에서 최신 기업을 따라가기란 거의 불가능하다. 당신은 전문가가 될 수밖에 없다. 재무설계의 한 분야에서 대단히 뛰어난 능력을 갖추고, 그 분야에 전문화된 회사로 널리 알려야 한다. 전문가에게 고수익 사업을 빼앗기는 모든 분야의 서비스를 제공하는 사람보다는 특정 분야 — 은퇴, 투자, 보험, 세금 등 — 에 최고의 능력을 갖춘 재무설계사에 대한 수요가 더 많다. 주로 노인층을 상대로 영업하는 재무설계사를 고려해 보자. 노인들은 어느 정도의 재산이 있고 서비스에 관심을 갖고 있으며, 비슷한 재무적 니드를 가진 다른 사람들을 많이 알고 있다. 어떤 재무설계사가 미국은퇴자협회(American Association of Retired Persons: AARP) 회원인 55세 이상의 고객을 상대로 영업하기로 결정했다고 하자. 그는 이 결정을 내리고 나서 사회보장, 의료보장제도(Medicare), 의료보조제도(Medicaid), 조기은퇴 선택권, 상속설계 문제, 건강보험, 노화에 대한 두려움, 삶의 질에 영향을 미치는 기타 문제점과 같은 노인과 관련된 주제에 대해 몰두한다. 그는 이 특수한 집단의 니드에 대해 전문지식을 가지고 있어 강연요청을 많이 받는다. 그는 공략지역의 노인 사이에서 도움이 필요하면 제일 먼저 연락할 사람으로 알려진다.

2. 경쟁자와 차별화하라. 소비자에게 제공하는 서비스가 경쟁자와 다르다고 인식시켜라. 당신을 전문가로 내세우면 도움이 될 것

이다. 공략지역 내에서 여론조사 역시 도움이 될 것이다. 사람들에게 다음과 같은 질문을 한다.

① 재무설계사를 찾는 이유는 무엇입니까?

② 재무설계사가 도움이 된다고 생각하십니까?

③ 재무문제를 전문 재무설계사에게 맡기는 동기는 무엇입니까?

3. 목표시장의 특수한 니드에 맞는 서비스를 제공하라. 당신이 선택한 시장에서 가장 중요한 니드를 모두 해결하기 위해 종합적인 서비스를 제공해도 좋다. 예를 들어 종합적인 재무설계, 세금설계, 개인자산관리 서비스 등 모든 서비스를 단일한 가격으로 제공한다면 더 많은 고객을 확보할 수 있을 것이다. 대부분의 소비자는 종합구매 서비스 방식을 선호하며, 재무 서비스의 경우도 예외는 아니다. 물론 서비스를 개별적으로 구매하려는 고객을 위해 개별 서비스의 가격도 책정해 놓을 수 있다.

4. 위치를 주기적으로 재평가하라. 당신의 사업상 위치에 결코 안주해서는 안 된다. 무사안일한 재무설계사는 사업을 확장하지도 않고 시대 흐름에 따라 변화를 시도하지도 않는다. 제네럴 일렉트릭이 세탁기만 만들었다거나, IBM이 주전산기를 넘어 사업영역을 확장하지 않았다고 생각해 보라. 메릴린치는 대고객 사업의 혁신을 위해 인터넷을 사용함으로써 전통적인 증권사의 유통시스템에 도전했다. 고객에 맞춰 시대에 맞게 변할 필요가 있다.

일단 가망고객에게 전달하고 싶은 메시지가 무엇인지 알고 나서 어떻게 접근할 것인지 고려해야 한다. DM과 세미나는 비용대비 효과가 큰 방법이다.

• DM으로 가망고객에게 접근하기. 가망고객의 범주 안에는 워낙 많은 사람이 존재하기 때문에 단일한 메시지를 지역사회 전체

에 보내고 그중에서 많은 사람이 관심을 가져줄 것을 기대하는 수밖에 없다. 가장 일반적인 가망고객 확보 수단인 DM은 통상 3% 내지 5% 정도의 응답률을 보이고 있다. 다음과 같은 몇 가지 간단한 원칙을 지키면 응답률을 극대화할 수 있다.

① 한 가지 메시지를 자주 반복해서 전달한다.

② 관계자에게 실천하는 것이 바보짓이 아니라 당연한 것이라고 느끼게 한다.

③ 우호적인 사람들이 서로 돕는 사진을 활용한다.

④ 핵심 사항을 강조하기 위해 원문에 색상을 입힌다.

⑤ 1분 이내에 읽을 수 있도록 간단한 메시지를 보낸다.

⑥ 쉽게 응답할 수 있도록 회신용 봉투 또는 800 전화번호를 포함시킨다.

⑦ 친구나 가족구성원 등에게 정보를 알려주도록 권유한다.

• 세미나를 통해 가망고객에게 접근하기. 세미나는 동일한 관심사나 니드를 가진 일련의 가망고객에게 실시하는 설명회다. 이러한 공동연구회는 그 길이가 15분에서 길게는 8시간에 이르기까지 신축적이고, 현장 설명회나 전화(오디오) 회의와 같은 다양한 형태로 실시될 수 있다. 세미나는 관련주제에 대해 더 많은 것을 알고 싶어하는 참석자의 방문약속을 얻어낸다면 성공적이다. 또한 세미나를 통해 가망고객과 신뢰관계를 형성하는 데 도움이 된다면 그것도 성공적이다. 참석한 가망고객 가운데 많은 사람이 당신에 대해 알게 될 것이며, 그중 일부는 서비스를 받고 싶어할 것이다. 또한 이러한 신뢰관계는 최종적인 수익보증서와 같은 것으로서 다른 고객을 소개해 준다(다음 설명 참조).

세미나에 참석한 사람들은 편안하고 이해하기 쉬우며, 존경과

정서적 고양, 변화욕구 등을 경험할 수 있어야 한다.

**편안함.** 참석자가 당신을 좋아하는가? 그들이 당신의 이야기에 놀라거나 불편하게 느끼는가? 만약 그렇다면 그들은 결코 고객이 될 수 있을 정도로 신뢰감을 느끼지 못할 것이다. 사람은 일반적으로 자신이 좋아하고 존경하는 사람과 같이 일하고 싶어한다. 따라서 편안한 관계를 형성하는 것이 제일 중요하다.

**이해.** 가망고객이 전달하려는 내용을 사실대로 잘 이해했는가? 얼마나 명확하고 재미있게 메시지를 전달했는가? 주제를 알기 쉽게 설명했는가?

**존경.** 신뢰성이 높고 지식이 풍부한 재무설계사로서 그들의 재무적인 삶에 도움이 된다는 사실을 알려줘라.

**정서적인 고양.** 세미나를 효과적으로 운영하는 주최자는 참석자에게 긍정적인 감정을 자아내면서 현재 재무전략을 다소 불만족스럽다고 느끼도록 한다. 물론 그들에게 죄의식이나 절망을 느끼게 해서는 안 되지만, 재산을 보전할 수 있는 더 좋은 방법이 있음을 알려줘야 한다. 그들이 지적으로나 감정적으로 별다른 문제의식을 느끼지 못한 채 세미나가 끝나면 당신에게 문의전화를 걸지 않을 것이다.

**변화욕구.** 당신은 세미나 참석자가 되도록 빨리 실천하기를 원한다. 따라서 청중에게 간단한 행동계획을 알려줘야 한다. 그들은 실천하기로 결정하면 그 실천계획을 따를 것이다. 계획적으로 일을 처리할 수 있는 전문지식과 능력을 제시하고 그들을 도와줄 수 있다고 말하라. 사람들이 성공하려면 먼저 무사안일의 안전지대에서 벗어나 변화의 위험을 무릅써야만 한다.

다음은 효과적인 재무설계 세미나를 위한 간단한 점검사항이다.

① 먼저 교육을 실시하고, 무엇을 팔려고 하지 마라. 상품을 판
   매하면 청중이 떨어져 나간다.
② 청중과 대화를 나누어라. 청중을 세미나에 직접 참여시켜라.
   참여할수록 더 좋다.
③ 단순화하라. 모든 사람이 이해할 수 있는 용어를 사용하라.
   가장 평범한 개념을 사용하라.
④ 청중에게 친숙한 비유를 활용하라. 청중에 관한 이야기를 하
   라. 특히 의사와 같은 동업자단체인 경우는 더욱 그렇다.
⑤ 세미나 장소에는 일찍 참석하고 늦게까지 남아라. 세미나 전
   후에 참석자와 대화할 수 있는 기회를 만들어라. 그들이 그
   집단의 중요한 어떤 주제에 대해서 이야기해 달라고 요청할
   수도 있다.
⑥ 평가양식을 활용하라. 세미나 참석자에게 배워라. 당신이 무
   엇을 잘했고 못했는지 찾아내어 세미나 내용과 스타일을 바
   꾸어라. 모든 문의 사항에 대해 완벽하게 대답하라.


문의고객

문의고객은 당신이 메시지를 통해 성공적으로 동기를 부여한
가망고객이다. 이들은 아마도 더 좋은 재무계획을 세울 수 있다는
것은 알지만, 장래의 문제를 생각하기 싫거나, '영업사원'을 신뢰
하지 않거나, 계획을 세울 만한 충분한 돈이 없다고 생각할 것이
다. 문의고객이 무슨 이유에서건 상관없이 전화를 걸었다면 그는
행동하기로 결정한 것이다. 매우 훌륭한 의사결정에 감명을 표시
하고, 참을성과 이해심을 가지고 문의고객을 대해야 한다. DM이
나 지역신문에서 당신이 쓴 글을 읽고 전화를 걸면 직원이 빈틈없

이 대답할 수 있도록 준비해야 한다. 문의고객의 고민은 일반적인 것이라고 말하고, 당신 또는 다른 재무설계사가 동일한 상황에 처한 사람을 도와준 경험이 있다는 사실을 들면서 문의한 고객과 대화할 수 있어서 '영광'이라고 강조하라. 여기서 과제는 이 문의고객을 다음 단계로 이끌어 PIPRIM 고객관리시스템에서 논의한 것처럼 사전 상담을 위해 사무실을 방문하도록 만드는 것이다. 일반적으로 6번을 접촉해야 가망고객이 움직인다. 보통 추천장, 세미나 초대, 뉴스레터, 전화, 녹음테이프, 설문지 등으로 접촉한다.

이 책의 3장에서 설명한 PIPRIM 과정에서 문의고객을 고객으로 전환시키는 과제를 더 상세히 다룬 바 있다.

### 기존고객

기존고객은 당신의 유일한 인적 자산이다. 이렇게 소중한 자산은 계속 유지해야 한다. 고객기반은 시간과 비용 면에서 막대한 투자와 같으며, 가격으로 고객을 유혹하는 경쟁자에게 가장 손쉬운 표적이 된다는 것을 명심해야 한다. 기존고객기반에 대해서 다음과 같은 3가지 사항을 명심해야 한다. 고객의 지속적인 만족, 더 많은 상품 및 서비스 판매, 소개활동 장려 등이다.

8장에서 고객과 의사소통에 관한 주제를 더 광범위하게 다룰 것이다. 고객마다 1년에 최소 3회 정도 '감명'(직접 접촉)을 줘야 한다. 여기에는 한두 차례의 전화통화, 지역신문에 실린 회사의 홍보기사 송부, 차 한 잔을 마시는 사적인 만남도 포함될 것이다. 고객이 이용당하고 있는 것이 아니라 중요한 사람으로 대접받고 있다고 느끼게 하는 것이 중요하다. 고객이 다른 재무설계사와 거래할 필요가 없다는 사실 — 특히 가격 때문에 — 을 알려줘라. 고객에게 제공하는 가치로 재무설계사를 평가해야 한다는 점을 알려 줘야 한다. 항상 고객의 기대 이상의 것을 제공해 주면 경쟁자를 완벽하게 방어할 수 있을 것이다. 만족한 고객은 새로운 재무적 해결방안을 받아들일 수 있으므로 주저하지 말고 새로운 아이디어로 관심을 끌어내야 한다. 고객은 그것을 기대하고 있다. 마지막으로 고객에게 다른 고객을 소개해 달라고 분명하게 의사를 전달해야 한다. 고객은 이것도 예상하고 있다. 고객을 소개해 주면 '사례'할 필요까지는 없지만, 사례한다면 고객은 당연히 좋아할 것이다. 당신은 가능하다면 각 추천 고객이 식사우대('무료'라는 단어가 아니라 반드시 우대라는 단어를 써야 한다)나 상품권 등의 혜택을 받고, 유명한 자선단체 및 시민단체 기부란에 기입되도록 노력하라. 보상이 점점 많아지면 고객은 흔쾌히 당신을 도울 것이다.

포트폴리오의 주식처럼 모든 고객을 계속 유지해야 할 가치는 없다. 별 수입도 없으면서 유지관리 노력이 많이 들어가는 고객은 채산성이 떨어진다. 따라서 고객을 A, B, C 등 몇 가지 등급으로 나누어 관리해야 한다. A등급 고객은 당신을 신뢰하고 계속 새로운 아이디어에 대해 반응하며 수입증가 가능성이 높은 사람들이다. B등급 고객은 충성도는 높지만 새로운 아이디어를 받아들일 의지가 별로 없고 어느 정도의 수입증가 가능성이 있다. C등급 고객은 별 승산이 없다. 이들은 장기적으로 잠재력을 가지고 있지만, 행동이 느리고 수입에 거의 기여하지 못한다. C등급 고객목록은 계속 갱신해 나가야 한다. 각 범주의 고객을 이동시킬 때는 '상승 또는 퇴출' 방식을 이용한다. 만약 C등급에 속하는 고객이 1년 안에 B등급으로 상승하지 못하면 그 고객은 포기한다. A등급 고객과 B등급의 상위에 속한 고객에게 전념해야 한다. 규모는 작지만 충성도가 높고 성장성이 높은 고객을 열심히 창출해 서비스 원가를 낮게 유지해야 한다.

### 소개고객

기존고객을 유지하는 것과 마찬가지로 소개고객은 마케팅 성공 여부를 측정하는 기준이 된다. 소개고객의 비율이 높을수록 마케팅 프로그램 및 고객만족도에 더욱 확신을 가져도 된다. 소개고객은 특별한 사람이다. 그들은 고객의 친구, 동료, 가족 등으로서 어느 정도 고객과 관계를 맺고 있다. 이런 의미에서 신뢰감은 매우 미묘하다. 소개고객에게 당신이 약속한 수준보다 떨어진 서비스를 제공하면 두 사람 모두 당황할 수밖에 없다. 서비스에 대해 불만족한 한 사람의 고객은 다른 13명의 사람들에게 그 사실을 알린다는 점을 명심하라. 작은 지역사회에서는 고객의 실망은 대단히 빠른 속도로 전파된다.

소개는 새로운 고객을 획득하는 가장 좋은 방법이다. 사실 소개고객을 확보하기 시작하면 사업은 빠르게 성장할 수 있다. 처음에 고객에게 부탁하면 가장 손쉽게 고객을 소개받을 수 있다. 처음 몇몇 고객은 당신이 이제 막 사업에 착수했다는 것을 알 것이다. 그런데 그들은 당신의 서비스에 만족하면 스스로 당신을 열심히 추천해 줄 것이다. 당신은 수리점, 음식점, 백화점 등에서 믿을 만하고 정직한 서비스를 제공받을 경우 당연히 흐뭇하게 친구에게 추천할 것이다. 그것은 재무설계사에게도 똑같이 적용된다. 예시 7.2의 양식(313쪽)은 추천인에 따라 소개고객을 추적 · 관리할 수 있는 편리한 방법이다.

• 틈새시장 확보. 이번 장에서는 공략지역에 대한 측정방법, 가

망고객 접근방식, 관심 있는 소비자를 충성심 높고 생산적인 고객으로 전환하는 기법에 대해 다루었다. 가망고객은 정체불명의 존재인 데 반해, 고객은 제각기 특성을 가지고 있다. 나만의 고객이라고 말하고 싶은 사람들은 누구인가? 누가 틈새시장 소비자인가? 모든 사람에게 모든 것을 다 해줄 수 없다고 할 때 어떤 사람에게 전념할 것인가? 당신은 같이 일하기 편하고 당신의 취지를 이해해주는 사람이 누구인지 결정해야 하며, 그러한 고객 획득을 위해 노력해야 한다.

신입 재무설계사를 위한 실용적인 접근방법은, 마케팅 예산을 하나의 틈새시장에 접근하고 개발하는 데 사용하는 것이다. 특정한 틈새시장의 대상은 관심사, 언어, 문화적 유산, 직업, 재무현황 또는 소속공동체가 비슷한 사람들로 구성되어 있다. 틈새집단은 순자산 규모가 큰 가족, 미혼의 고소득자, 소기업 소유주, 조기 퇴직자가 될 수 있다. 틈새시장은 매우 한정된 시장이기 때문에 먼저 그 해당 그룹의 사회적 특징에 대해 전문가가 되어야 한다. 재무적 안전을 달성하기 위한 계획을 세우려면 먼저 그들의 접근성 및 기호에 영향을 줄 수 있는 가치, 동기, 문화적 문제를 이해해야 한다.

대상 틈새시장은 직업이나 인구통계학적 집단화에 의해 정의되는 경우가 일반적이다. 이런 틈새시장은 직종(의사, 변호사, 건축가, 엔지니어), 운동가 및 연예인, 자녀 없는 맞벌이 부부, 군인, 도시 사람, 농촌공동체, 과학기술자, 공무원, 교육자 등을 포함한다. 6장 후반부에 FPC가 사업계획서에 제시한 것처럼 지리적 위치에 따라 목표시장을 정할 수 있다. 지리적 틈새시장은 항상 경제적·문화적·교육적 측면이 있다. 지역 또는 지방의 틈새시장은 접근성과

전용서비스라는 측면에서는 좋지만, 다양한 직업이 교차하고 경제적으로 가지각색이란 특징도 있다. 이런 특징 때문에 다중적인 마케팅 전술을 이용하고 폭넓은 상품 및 서비스 패키지를 제공할 수밖에 없다. 일단 틈새시장을 선택한 후에는 이러한 개인들의 니드와 동기를 반영하는 사업 이미지와 제시할 상품의 경계를 정한다.


## 마케팅 전술 개발: 마케팅 4대 요소의 이해

상품(Product), 가격(Price), 장소(Place), 촉진(Promotion)은 마케팅의 4대 전술요소(4P)라고 한다. 이들 핵심 전술요소 사이의 균형을 이루면 체계적이며 비용 효율적인 방법으로 가망고객에게 접근하고 고객을 확보하는 데 도움이 될 것이다.


### 상품

상품은 고객에게 제공하는 어떤 것을 말한다. 즉, 서비스와 서비스 수행을 가능하게 만드는 상품을 일컫는 말이다. 제공할 서비스와 상품 포트폴리오를 선택하기 전에 반드시 어떻게 하면 서비스 및 상품 포트폴리오가 고객 니드를 만족시킬지 명확한 아이디어를 구상해야 한다. 스스로 다음과 같이 질문해 보라.

① 서비스 및 상품의 목적이 무엇인가?

② 이 서비스 및 상품이 가장 최선의 것이며, 가장 우수한가?

③ 고객을 증가시키기 어렵다면 제공하는 서비스나 상품을 세무, 모기지 관리, 채무관리 등으로 확대할 것인가? 만약 제공하는 서비스를 제한한다면 고객은 종합재무 서비스를 받기

위해 경쟁자에게 이동할 위험이 있다.

④ 경쟁자와 비교할 때 서비스 및 상품 경쟁력은 무엇인가?

⑤ 서비스 및 상품은 적절하게 구성되었는가?

## 가격

가격은 고객에게 제공한 가치에 대해 기대하는 금전적 보상이다. 가격 결정은 항상 딜레마에 빠진다. 사실상 '정당한' 가격이란 존재하지 않는다. 그것은 다만 고객이 기꺼이 지불하려는 금액을 말한다. 서비스의 공정한 시장가치를 제시하면서 솔직하게 보상을 청구해야 한다. 나아가 목표시장도 고려해야 한다. 한정된 고객을 대상으로 높은 가격으로 고도의 서비스를 제공하는 월도프 아스토리아(Waldorf Astoria)[1]가 되고 싶은가, 아니면 다수의 고객에게 평범한 제품으로 낮은 가격을 부과하는 월마트(Wal-Mart)처럼 되고 싶은가? SWOT 분석에서 위협요인으로 규정한 경쟁자의 대응 가능성도 가격을 책정할 때 고려해야 한다. 스스로 다음과 같은 질문을 하면서 가격결정에 대해 생각해 보길 바란다.

① 가격정책의 목표는 무엇인가? 저가 고객을 유인해 대량판매를 통한 수익을 확보할 것인가? 그렇다면 저가 고객도 고가 고객과 동일한 서비스를 요구한다는 점을 명심해야 할 것이다. 고객이 많을수록 고객기반을 유지하기 위해서 더 많은 서비스를 제공해야 한다. 반대로 고가 서비스 경쟁자가 되기로 결정했다면, 각 신규 고객 확보를 위해 훨씬 더 열심히 일해

---

1) 뉴욕의 중심부 맨해튼 파크애비뉴에 있는 대형 호텔. 미국 대통령과 해외사절의 의전숙소로 이용되고 있는 대표적인 초호화 호텔이다 — 옮긴이 주.

야만 할 것이며, 고가 고객을 상실하게 될 경우 입는 손실이
대단히 크다는 것도 잊지 말아야 한다.

② 유연한 가격정책을 유지할 것인가? 그렇다면 다른 고객을 확
보하기 위해 가격범위를 결정할 필요가 있다. 중산층 세대를
목표로 정하면 고정보수가 더 효과적일 것이다. 높은 순자산
을 보유한 고객은 자산가치에 따라 수수료를 지급할 것이다.


장소

장소는 상품을 유통하는 장소와 방법을 말한다. 이것은 재무설
계사가 가장 간과하기 쉬운 부분이다. 서비스를 제공하는 지역을
서로 다른 고객에 맞게 일치시키는 것은 업무성과와 수익성에 큰
영향을 미칠 수 있다. 예를 들어 자신이 고객과 계약을 맺고 있는
지역을 고려해 보자. 일대일 만남은 고객의 집이나 사무실에서 이
루어질 가능성이 높다. 세미나, DM, 권유전화 또는 인터넷 등을
통해서도 간접적인 만남이 이루어질 수 있다. 당신이 대부분 직접
고객을 만나는 경우라면 목표시장에 맞는 지역을 선택해야 한다.
부자고객을 관리한다면 도심지역이 편리할 것이다. 빅토리아풍 또
는 고급 건축자재를 사용한 전통적인 건물은 재무설계에 대해 전
통적이며 보수적으로 접근하는 사람에게 알맞을 것이다. 현대적이
고 전면이 유리로 덮인 사무실은 새로운 사고방식, 형식배제, 위험
감수 등의 이미지를 제공한다. 만약 목표시장이 교외 통근자라면
교외에 있는 사무실이 적합할 것이다.

유통전략은 또한 보험, 투자, 세금, 은퇴설계, 상속설계 분야의
전문가와 호흡을 맞춰야 한다. 회사는 고유한 이미지를 유지하면
서 각 전문가 집단에 종사하는 사람들과 협조할 수도 있다.

촉진

촉진이란 목표시장에 메시지를 전달하는 방법을 말한다. 그것은
광고, 홍보, 판촉활동과 관련된다. 광고의 경우 광고주 자신이 매
체에 따라 돈을 지불하고 전달하는 내용도 통제한다. 홍보활동을
통해 사설 기능의 일부로써 당신에 관한 기사를 쓰거나 이야기하
도록 언론매체를 설득한다. 이 경우 DM, 옥외 광고, 지역·지방에
서 발간되는 잡지, 동업조합이나 협회에서 발간하는 뉴스레터, 신
문이나 라디오 및 케이블 TV 광고 등과 같은 매체를 포함하는
것이 좋다.

매체를 적절히 배합하는 것은 어려운 일이다. 그것은 목표시장
의 접근성의 정도, 선전광고의 빈도, 해당 예산규모 등에 따라 결
정된다. DM 또는 무차별 마케팅은 효과에 비해 가장 저렴한 매체
라고 할 수 있다. 또 다른 특수한 마케팅 매체 가운데 몇몇 부부만
을 상대로 한 만찬 모임 및 세미나와 같은 타깃 마케팅을 들 수
있다. 연간 마케팅계획은 인지도 형성을 위해서 그리고 대단히 우
수한 목표시장으로 선정된 고객에게 초점을 맞춘 몇 가지 마케팅
매체를 포함한다. 너무 많은 아이디어를 고민하거나 전혀 아이디
어가 없어 마케팅 프로그램이 분산되지 않도록 주의해야 한다.

대중적인 이미지를 형성하는 것은 대단히 가치 있는 일이다. 당
신이 직접 이미지 형성계획을 개발하거나 홍보대행사에 의뢰할
수 있다. 홍보대행사를 활용하면 빠른 시간 내에 뉴스에 등장할
수 있지만 일시적일 뿐이다. 당신이 노력하면 효과가 더 오래 지속
된다. 이를 위해 저술활동, 지역사회 신문 기고, 대학 교과 강의,
지역 신문의 개인재무 담당기자에게 논평이나 분석 제공, 순회 세
미나 실시, 시사회나 업계회의 석상에서 연설 등과 같은 활동을

고려해 보는 것도 좋다.

1997년 프린스 앤 어소시에이츠사가 실시한 독립계 등록투자상
담사에 관한 연구결과에 따르면, 투자상담사 가운데 58%가 홍보
노력을 대단히 가치 있는 일이라고 대답했다. 1997년 프린스 앤
파일(Prince and File)이 제출한 다른 연구자료「부자고객 개발과 사
업 기반 구축(Cultivation the Affluent and Building Your Business)」에서
는 조사대상 재무상담사 가운데 81%가 홍보가 너무 어렵다고 답
변했다. 래리 체임버스는『재무 홍보 입문(The Guide to Financial
Public Relations)』에서 재무설계사는 스스로 홍보 프로그램을 확립
해야 한다고 주장했다. 사업을 막 시작한 기업가는 자신의 가장
뛰어난 직감을 통해 대중적 이미지 캠페인을 이끌어야 한다.

예시 7.3(314쪽)은 마케팅 사고를 시험하는 유용한 도구가 될 것
이다. 마케팅 설계표의 왼쪽 란에는 마케팅의 4가지 요소를 놓는
다. 그 상단에 각각에 대한 간단한 설명(한두 가지의 중요한 포인트)
을 쓴다. 그 다음에는 예상 결과 ― 예를 들어 DM 프로젝트에 대한
예상결과 ― 를 쓴다. 마지막 란에는 시점, 즉 각 요소를 실천하려
는 시점을 나타낸다. 이 표를 완성하고 나서 목표가 중복되거나
쓸데없는 부분을 찾아낸다. 자신의 마케팅 전술이 목표대상과 잘
들어맞는지를 확인하라. 단기간에 지나치게 많은 마케팅 활동을
배치하지 말아야 한다.


## 전략적 제휴 형성

업계 전문가와 전략적 제휴는 많은 혜택을 준다. 첫째, 제휴하면

일종의 진입장벽을 형성한다. 제휴를 통한 진입장벽을 형성하면 경쟁자는 제휴관계를 형성하거나 협소한 시장에서 활동한다. 둘째, 제휴를 통해 생산성을 극대화할 수 있다. 계속해서 전문분야에 집중하면서 다른 재무설계 영역에 대해서는 신뢰하는 동료에게 고객을 소개한다. 셋째, 제휴관계는 훌륭한 마케팅 수단이다. A등급 고객은 광범위한 재무설계 서비스를 종합적으로 구매하기를 원한다.

• 협력관계. 협력관계는 사업모델이 유사하지만 전문분야가 다른 한 명 이상의 전문가들이 짝을 이루는 것을 말한다. 고객기반은 서로 분리되어 존재하겠지만, 협력관계에 있는 사람은 대고객 수입을 늘리기 위해 서로 고객을 소개해 준다. 협력관계는 항상 균형을 이루는 것은 아니다. 한 편이 다른 편에 비해 더 많은 이득을 보게 되는 경우가 많다. 따라서 협력관계는 또한 건전한 경쟁관계를 창출할 수 있다. 이런 관계는 달리기 파트너와 유사하다. 그들은 서로 속도를 조절해 주고 서로 힘을 북돋우어주지만, 누구도 마지막으로 뒤처지기를 원하지는 않을 것이다.

• 네트워크. 누구든지 네트워크에 대해 이야기한다. 전통적인 접근방법은 어떤 사람의 특수한 정보를 알고 있는 친구나 동료에게 협조를 부탁하는 것이다. 최상의 네트워크 형성 전략은 아주 간단히 한 가지로 압축된다. 즉 훌륭한 친구와 동료관계를 맺고 그들이 문의하면 정성껏 조언해 준다. 묘하게도 정보, 잠재고객, 아이디어 등을 네트워크에 의존할수록 점점 원래의 사업계획과 다른 쪽으로 나아가게 된다.

• 전문위원회(Brain trusts). 법인의 이사회는 경영자에게 사업의 방향, 경험, 안정성을 제공한다. 또한 이사회는 경영자가 사업윤리,

사업성과, 주주가치, 직원 만족도에 대해 지속적으로 책임을 지고 경영할 수 있도록 도와준다. 이와 마찬가지로 기업가에게 고문위원회라는 전문위원회가 필요하다. 전문위원회는 일종의 전략적 제휴라고 말할 수 있다. 당신은 위원회로부터 정보와 경험을 얻고, 반대로 위원회는 당신의 성공을 지켜보는 것에서 본질적인 가치를 얻는다. 전문위원회는 다음과 같은 일을 해야 한다.

① 장래 사업계획을 벗어나 생각하도록 돕는다.

② 외부세계에 대해 당신의 눈과 귀의 역할을 한다.

③ 사업상 의사결정을 위해 훌륭한 지침을 제공한다.

④ 사업 및 마케팅계획과 비교해 진척수준을 평가하도록 자극한다.

⑤ 다른 사업 및 직종에 대한 전망을 제시해 준다.

⑥ 고객을 소개하는 역할을 한다.

전문위원회, 협력관계, 네트워크는 사업과 고객 주변으로 경쟁력의 장벽을 확장시키고, 당신의 지식과 창의력과 같은 자원을 더욱 깊게 하는 수단이다.


## 마케팅 예산안

마케팅 예산안은 사업계획서의 마케팅 항목을 부연 설명한다. 또한 이 예산안은 사업계획서의 재무항목과 동일한 목적을 갖는다. 마케팅 예산안은 사업계획의 파트너 같은 존재다. 계획이 기획한 일과 그 결과를 설명한다면, 예산안은 비용이 얼마나 들어갈지 설명한 것이다. 예산안은 그것을 읽는 사람 또는 투자자가 마케팅계획의 논리와 구성요소에 대해 수치상으로 잘 이해할 수 있도록 쉽게 만들어야 한다. 사업계획서의 재무자료보다 그런 성격이 더욱 강하기 때문에 마케팅 예산안은 일종의 투자수익률 연습문제와 같다. 그것은 일정한 기간 내 제한된 상품군을 구입하게 될 제한된 사람들로 구성된 집단에게 사업취지를 전달하는 데 얼마나 비용이 들어가는지에 대해 설명한다. 마케팅 비용 1달러당 벌어들이는 총 이익(수입에서 서비스에 들어가는 직접비를 뺀 나머지)은 얼마나 되는가? 수입이 더 클수록 그에 따른 레버리지 효과가 더 높아진다. 마케팅의 효율성은 레버리지로 측정된다. 사업 운영을 통해 발생한 현금은 높은 레버리지 비율을 나타내는 마케팅 프로그램에 재투자해야 한다. 그렇지 않은 마케팅 프로그램은 포기하는 것이 좋다. 예시 7.4(314쪽)는 마케팅 예산안의 사례를 보여준다.


## 추진계획

마케팅계획은 시간과 자원에 대해 민감하다. 사업계획에서 약속한 소득흐름은 정해진 시간 안에 예산비용으로 기대한 결과를 낳는 계속적인 이벤트에 달려 있다. 따라서 마케팅계획은 확신을 가지고 완벽하게 실행해야 한다. 마케팅계획의 각 요소에 대해 매우 구체적인 과제, 책임자, 완료일, 예상 결과를 포함한 일종의 작전계획을 수립하라. 예시 7.5(314쪽)와 같이 추진안을 작성하라.

이 추진안을 매주 점검하라. 완료일이 다가오면 갱신을 책임진 사람을 확인하고, 다음 두세 가지 과제를 미리 확인하라. 각 과제에서 기대하는 결과에 제대로 목표를 맞추고 있는가? 계속 실시할 마케팅 과제는 여전히 타당하고 긍정적이며 낙관적인가? 추진계획이 의도한 대로 진행되지 않는다면 어떤 부분을 수정해야 할 것인가? 마케팅 비용 지출로부터 이익을 얻고 있는가 또는 가망고객을 생산성이 높은 고객으로 전환하는 데 더 예측 가능한 방법이 있는가?


## 결과 평가

경험이 풍부한 마케팅 담당자는 항상 좌절과 새로운 기회라는 관점에서 마케팅계획의 결과를 평가하고 있다. 아이디어를 창안했다는 자긍심 때문에 효과가 없는 훌륭한 아이디어에 매달리지 말고 과감히 포기하라. 또한 반드시 객관적으로 평가해야 한다. 주기적으로 정량적이고 정성적인 두 가지 방법을 이용해서 마케팅계획의 결과를 평가하는 것이 좋다. 정성적 정보는 전달하려는 취지와 마케팅 전술을 조정하는 데 도움이 되며, 정량적 정보는 마케팅 목표에 얼마나 효과적으로 도달했는지 측정하는 데 도움이 된다.

• 정량적 방법. 당신은 마케팅계획에서 목표시장의 규모, 접근성, 가치에 대한 가정을 세웠다. 이러한 가정을 기초로 하여 최초 수년간 수익목표를 세운다. 가정과 총수익 목표를 확인하기 위해 최초 사업년도 말까지 기다리기보다는 마케팅계획을 실행하면서 나타날 효과를 예측해 보자. 예시 7.6(315쪽)과 같은 다섯 가지 질문으로 구성된 간단한 설문지를 준비하고, 이것을 가망고객 명단에 있는 사람 가운데 100명에게 발송하라.

이때 설문지의 내용에 주의해야 한다. 설문지는 격식이 없고 친절하고 개인적이고 답변하기 쉽게 작성해야 한다. 1번 질문에 대한 "예" 또는 "아니오"의 비율에 따라 시장 침투 가능성을 파악할 수 있다. 가망고객 명단에서 5% 정도의 인지도를 획득했다면 양호한 결과다. 2번 질문은 마케팅 예산을 어디에 더 많이 투자할 것인지 결정하는 데 도움을 줄 것이다. 3번 질문은 원래 의도한 취지를 제대로 이해하고 또 기억하고 있는지를 알려줄 것이다. 4번 질문은 응답자가 재무설계 서비스를 받을 준비가 되었는지 평가해 준다. 만약 응답자가 FPC에 대해 잘 알고 있고 돈에 관한 문제를 해결하는 데 도움이 된다는 것을 이해하면, 그들 가운데 얼마나 많은 사람이 서비스를 이용하려고 할까? 5번 질문은 왜 응답자가 서비스를 요청하지 않았는지 그 이유를 묻는 것이다. 이런 질문은 장래 마케팅 노력을 통해 가망고객과 효과적으로 의사소통할 수 있도록 도와준다. 마지막으로 응답자가 FPC와 상담할 용의가 있는지 묻는다. 설문지 자체도 훌륭한 마케팅 수단이다. 각 질문에 대한 통계자료를 준비하자. 응답률이 높을수록 이 정보는 향후 설계에 대한 예측력이 높아진다.

• 정성적 방법. 정량적 방법은 상당한 가망고객(또는 고객) 집단의 행동을 유도하는 마케팅 캠페인을 실시하고 나서 충분한 시간이 지났을 때 사용하는 것이 가장 효과가 크다. 당신은 그 정보의 예측력에 관심이 있다. 정량적 방법의 한계는 조사 그 자체에 있다. 즉, 요구한 것보다 더 많은 정보를 얻어낼 수 없다. 더 자세하게 질문 내용을 개발하거나 새로운 분야를 연구할 수 없다. 이러한 점 때문에 정성적 방법이 도움을 준다. 정성적 시장조사는 규모를 예측하거나 덧붙이는 것이 아니지만 기존에 있던 지식에 품격이나 풍부함을 더해 준다.

동료의 평가는 마케팅 프로그램에 대한 의견을 수렴하는 하나의 방법이다. 장래 파트너를 세미나 또는 워크숍에 초대해 당신의 메시지, 스타일, 시각 보조물, 사후점검 등에 대해 평가해 달라고 부탁하라. 동료평가는 서로 이익이 된다. 서로 평가해 줘라.

망설이지 말고 낯선 사람에게 이야기하라. 거주하는 지역 서점의 자기개발 또는 개인재무 코너에서 책을 읽고 있는 사람을 찾아 보라. 그 사람들이 고소득층으로 보이는가? 어떤 책을 읽고 있는가? 구매한 책은 어떤 것인가? 조심스럽게 주의하면서 책을 읽고 있는 사람에게 서가에 있는 책 가운데 추천할 만한 것이 있는지 물어보라. 이것은 그 사람들이 어떤 생각을 하고 있는지 알아보기 위한 출발점이다. 공공도서관, 도서박람회장, 평생교육원, 지역대학 등에서도 동일한 접근방법을 이용할 수 있다.

고객 감사용 만찬은 감사를 표현하는 자리이지만, 고객의 생각을 알 수 있는 자리가 되기도 한다. 보통 재무설계사는 분기마다 행사를 열어 매번 3명에서 6명 정도의 고객을 초대한다. 동료나 전문가를 초대해 행사비용을 공동부담하고 정보를 공유하는 것도 좋은 방법이다. 만찬 자리에서 자신의 마케팅 및 새로운 상품 아이디어를 시험해 보도록 하라. 안내책자 초안을 그 자리에 돌리고 의견을 말해 달라고 요청하라. 또 고객에게 왜 친구가 전문적인 재무 서비스를 받지 않는지 물어보라. 이런 정보는 앞에서 제시한 가망고객을 대상으로 한 설문지를 통해 알아낸 것을 보충할 수도 있다.

대부분의 고객은 사업을 개선하는 데 도움을 준다. 그들 역시 새로운 아이디어를 통해 이득을 얻는다. 고객용 설문지 작업을 고려해 보는 것도 좋다. 여기서는 가망고객에 대한 조사와는 달리 얼마나 많은 고객이 어떤 방식으로 생각하고 있는지가 관심의 대상이 아니다. 사업에 대한 고객의 아이디어와 이미지를 확인하는 것이 주된 관심사다. 예시 7.7(316쪽)은 이때 활용할 수 있는 고객용 설문지 견본이다.

재무설계는 계속 변화하는 사업이다. 시장에서는 매일 상품, 서비스, 의사소통수단, 조직체계의 혁신이 일어나고 있다. 당신은 경쟁자보다 먼저 고객의 니드를 이해함으로써 한 걸음 앞서 나가야 한다. 애플컴퓨터에게 자주색의 속이 비치는 올인원 방식의 플러그앤플레이 데스크탑 컴퓨터를 원한다고 아무도 말해 주지 않았다. 애플 스스로 그런 제품에 대한 수요와 시장을 창출해냈다. 당신의 사업도 이와 마찬가지다. 계속해서 스스로 다음과 같이 질문해 보라.

① 이 사업을 하는 이유는 무엇인가?

② 이 사업을 통해 무엇을 얻으려고 하는가?

③ 누구에게 서비스를 제공하는가?

④ 어떤 서비스를 제공하는가? 그것은 가치 있는가? 얼마나 가치 있는가?

⑤ 사업계획 및 마케팅계획은 제대로 효과를 발휘하고 있는가? 어떻게 이 두 가지를 개선할 수 있는가?

마케팅계획은 기업이 성장 및 이미지 목표를 달성하기 위해 따라야 하는 일종의 청사진이다. 그것은 사업의 시작단계에서부터 재무적이며 개인적인 성공에 이르기까지 이끌고 변화시키는 과정이다. 그 과정은 시장분석, 목표시장 설정 및 전술, 4P, 업무제휴, 예산편성, 추진계획, 평가 등을 포함하고 있다. 세부적인 부분까지 꼼꼼히 계획을 세워야 한다는 것을 잊어서는 안 된다. 시장을 충분히 파악해야 하고 어디가 적합한지 알아야 한다. 당신은 기회를 실현하는 방법을 이해해야 한다.

## 파이낸셜 플래닝 컴퍼니: 사업계획 SWOT 분석(2000년 7월)

### 경쟁자와 비교한 강점
· 사무장이 직접마케팅에 능숙하다(핵심 경쟁자로부터 스카우트 진행중).
· 대표이사가 대중 설명회를 능숙하게 진행한다.
· 회사는 덴버시 중심가 근처에 소재, 출입과 주차가 쉽고 품위 있는 사무실을 보유하고 있다.
· 자문위원회에 목표대상 지역사회의 중산층 가족에게 서비스를 제공하는 제휴 전문가가 존재한다.
· 소개하고 사례를 받는 고객과 효과적인 사후 의사소통 프로그램이 있다.

### 경쟁자와 비교한 약점
· 직원 가운데 변호사가 없어 종합적인 상속설계를 제공할 수 없다.
· 핵심 경쟁자는 덴버 신문에 매주 기고한다.
· 경쟁사는 특히 직접마케팅 분야에 전산시스템을 갖추고 있다.
· 예상 수입이 전적으로 교육 프로그램의 부가가치에서 발생한 최상급 업무수수료에 의존한다.
· 경쟁사는 두 곳의 중요한 교외 지역사회에서 사업기반을 확립하고 있다.

### 경쟁사와 비교한 시장기회
· 상속설계 변호사인 앨런 필즈와 전략적 제휴협정을 체결한다.
· 최초로 쌍방향 웹사이트를 구축하고 보도자료 준비 및 지역 신문사와 인터뷰를 시도한다.
· 조사 및 고객 유지관리를 위한 전산 데이터베이스를 구축하기 위해 계약직 소프트웨어 개발자를 채용한다.

### 경쟁사와 비교한 위협요인
· 신입 재무설계사가 계속 시장에 진입함에 따라 기존 경쟁사의 가격경쟁 압력이 심화되고 있다.
· 현금이 풍부한 경쟁사가 FPC의 인터넷 기술을 능가할 가능성이 있다.
· 글래스-스티걸 법의 폐지로 대형 투자서비스 업체가 일반 재무컨설팅 서비스 사업으로 진입하려는 추세가 강화되고 있다.
· 판매수수료를 받는 영업사원이 보편화되면서 시장침투 및 잠음요소가 증가되고 있다.

■ 예시 7.2 고객 소개양식

## 파이낸셜 플래닝 컴퍼니: 소개고객 추적자료(2000년 7월)

| 소개받은 고객 | 추천인 | 조치 | 결과 |
|---|---|---|---|
| 윌리엄스 T. | 마이클 A. | 3월 19일 전화<br>5월 1일 서신<br>5월 25일 상담 | 메시지<br>5월 20일 전화<br>6월 15일 제안서 기한 |

■ 예시 7.3 마케팅계획표

## 파이낸셜 플래닝 컴퍼니

| 구분 | 기대결과 | 기한 |
|---|---|---|
| 상품 | | |
| 장소 | | |
| 가격 | | |
| 촉진 | | |

■ 예시 7.4 마케팅 예산안 견본

## 파이낸셜 플래닝 컴퍼니: 마케팅 예산

| 프로그램 | 연간 예산 | 지출: 연초~3/4분기 | 평가 |
|---|---|---|---|
| 광고 | $12,000 | ($6,000) | 중단 |
| DM | $9,000 | $1,500 | 4/4분기까지 계속 |
| 마케팅 감사 | $4,000 | 0 | 4/4분기까지 계속 |
| 시장조사 | $7,000 | $500 | 중단 |
| 가망고객 발굴: 일반 | $15,000 | ($3,000) | 1/4분기까지 계속 |

| | | | |
|---|---|---|---|
| 홍보 | $10,000 | $2,000 | 2/4분기까지 계속 |
| 세미나 | $14,000 | 0 | 4/4분기까지 계속 |
| 전략적 제휴 | $5,000 | ($1,000) | 4/4분기까지 지속 |
| 합계 | $76,000 | $14,000 | |

■ 예시 7.5 마케팅 추진계획 사례

## 파이낸셜 플래닝 컴퍼니: 마케팅계획 추진 예정표

| 과제 | 책임자 | 완료일 |
|---|---|---|
| SWOT분석 준비 | 브랜든 | 7월 7일 |
| 목표시장 조사 | 수(프레젠테이션 입안자) | 8월 1일 |
| 가망고객 명단 개발 | 수 | 8월 30일 |
| 목표시장용 우편물 개발 | 캐시(전문비서) | 9월 1일 |
| 협력 후보자 확보 | 브랜든 | 8월 1일 |
| 4/4분기 연설일정 예약 | 캐시 | 8월 30일 |
| 지역 시민단체 협력 | 브랜든 | 8월 1일 |
| 신문에 FPC 개업기사 송부 | 수 | 9월 1일 |
| 경로축제 커피제공 예약 | 수 | 10월 18일 |
| 자문위원회 아이디어회의 소집 | 브랜든 | 8월 30일 |

## 파이낸셜 플래닝 컴퍼니: 콜로라도 주 덴버시

친애하는 후원자 여러분!
여러분께서 저희 회사에 대해 알고 있는지 몇 가지 묻고자 합니다.
잠시 시간을 내셔서 이 설문지를 작성하시고 되도록 빠른 시간 내
보내주십시오. 여러분의 도움에 감사합니다.

1. 파이낸셜 플래닝 컴퍼니(FPC)에 대해 잘 알고 계십니까?
   예_____ 아니오_____
2. FPC에 대해 어떤 경로를 통해서 알게 되었습니까?
   친구_____ 신문_____ 우편물_____
3. FPC에 대해 들어본 적이 있다면, FPC는 어떤 회사라고 알고 계십
   니까?
   FPC는 세무신고 대행 서비스를 제공한다._____
   FPC는 가계저축에 관한 전문화된 서비스를 제공한다._____
   FPC는 은퇴설계 서비스를 제공한다._____
   FPC는 금전문제에 관해 도움을 주는 믿을 만한 회사다._____
4. 전문적인 재무설계 서비스를 받는 것에 관해 생각해 본 적이 있습니
   까?   예_____ 아니오_____
5. 만약 '아니오'라고 답변하셨다면, 그 이유는 무엇입니까?
   비용이 너무 많이 들어서 _____
   보유한 돈을 잃을까봐 _____
   현재 나에게는 재무설계가 중요하지 않다. _____
   다른 사람이 충분한 조언을 해주고 있다. _____

협조해 주셔서 감사합니다.

파이낸셜 플래닝 컴퍼니 사장
브랜든 매슈 배상

FPC의 전문 재무설계사가 연락해서 금전에 대한 질문을 하더라도 괜
찮겠습니까? 강제성이 있는 것은 절대 아닙니다.           예_____

## 파이낸셜 플래닝 컴퍼니: 고객 설문지

여러분이 FPC에 대해 생각하는 것을 말씀해 주십시오.

1. 저희 회사의 어떤 점이 가장 좋습니까?

___________________________________________

___________________________________________

2. 저희 회사의 가장 좋지 않은 점은 무엇입니까?

___________________________________________

___________________________________________

3. 저희 사무실 직원에 대해 어떻게 생각하십니까? 직원이 도움이 됩니까? 직원이 상냥하게 대합니까? 사무실에 전화를 걸었을 때 원하는 문제를 해결해 드립니까?

___________________________________________

___________________________________________

4. 저희 회사가 제공하는 가치에 만족하십니까? 저희가 청구하는 요금은 서비스 수준과 비교해 적절합니까? 또 필요한 타서비스는 무엇입니까?

___________________________________________

___________________________________________

5. FPC를 가장 잘 표현하는 하나의 메시지나 문장이 있습니까?

___________________________________________

___________________________________________

FPC가 여러분에게 더 나은 서비스를 제공할 수 있도록 관심을 가져주셔서 감사합니다.

파이낸셜 플래닝 컴퍼니 사장
브랜드 매슈

# Chapter 8

# 고객 의사소통 기법

의사소통이란 여러 상대방 사이에서 성립하는 의도적인 정보교환 행위다. 이러한 실용적인 정의에 따르면 어떻게 의사소통이 원래 의도를 벗어나 왜곡되는지 쉽게 상상할 수 있다. 첫째, 상대방의 수가 의사소통에 영향을 미친다. 재무설계에서는 한 명의 개인을 상대하는 것보다는 남편과 아내, 아버지와 아들, 사업 파트너를 상대하는 것이 훨씬 어렵다. 둘째, 의도는 관리하기가 대단히 힘들다. 당신은 경청하기 싫어하는 고객을 만날 수도 있다. 분명히 고객에게 도움이 될 것이라고 생각하더라도 고객은 차갑고 퉁명스러운 반응을 보일 수 있다. 그래서 의도는 해석하기 나름이며 그 효과를 통제할 수 없다. 교환이란 어떤 것이 두 방향으로 일어난다는 것을 의미한다. 재무설계사인 당신은 금전을 위해 정보를 교환하고 있다. 고객은 재무적 안정을 위해 정보를 교환하고 있다. 그 교환행위에 확실한 균형이 존재하지 않는다면 어느 한편은 충분히 보상받지 못했다고 느낄 것이다. 이런 문제가 해결되지 않으면 인간관계를 해칠 것이다.

흥미롭게도 재무설계사는 표면상으로는 고객에게 '수치'를 제공할 뿐이다. 그러나 훨씬 깊이 생각해 보면 그 수치는 수많은 의미를 가지고 있다. 재무설계사의 재무분석과 재무설계 제안서는 고객 삶의 성적표와 같은 것이다. 재무설계사는 고객이 올바른 재무설계를 통해 미래 삶의 행복을 보장받을 수 있다는 좋은 소식을 전하고 있다고 생각할 수 있다. 하지만 그것은 또한 고객이 자신의 재무적 안정을 제대로 관리하지 못해서 이제 그 대가를 치러야 한다는 나쁜 소식(저축하지 않으면 고생한다)을 전달하는 일일 수도 있다. 돈과 감정이 뒤얽히면 재무설계사는 두 가지 모두 관리할 필요가 있다.

따라서 의사소통은 직업상 인간관계에서 가장 중요한 역할을 한다. 그것은 행위와 반응의 주기로 발생한다. 즉, 한 사람이 메시지를 전달하면 다른 한 사람은 반응한다. 재무설계사는 고객의 반응을 존중하고 또 이해해야 한다. 진심으로 이해할수록 고객의 신뢰와 충성도는 더욱 커질 것이다. 또한 의사소통은 고객에게 동기를 부여하고 영향을 주어 실천하도록 하는 효과가 있다. 훌륭한 재무설계사는 고객에게 말하고 고객의 말을 경청하면서 어떻게 의사소통해야 하는지 잘 알고 있다.

의사소통은 이 책의 3장에서 설명한 재무설계 과정에서 중요한 역할을 한다. 의사소통은 잠재고객이나 가망고객이 고객이 되기 전부터 시작된다. 의사소통은 자신을 이해하는 것부터 시작된다. 의사소통은 최초 접촉 및 서로 같이 일할 수 있을지 결정하는 예비상담 내내 지속된다. 의사소통은 고객이 목표 및 세부목표를 결정할 수 있도록 논의하는 과정 내내 지속되며, 당신이 고객에게 '성적표'를 제출하고 고객의 세부목표를 성취하기 위한 다른 방법을 조언할 때 가장 복잡해진다. 재무설계 과정에서 언제라도 마음을 열고 의사소통을 하면 더 좋은 정보가 나오고 결국 더 훌륭한 재무설계를 수립할 수 있다. 이번 장의 주제는 새로운 직업에서 효과적으로 의사소통하는 방법이다.

## 재무설계사의 다양한 역할

훌륭한 재무설계사는 깊은 통찰력을 지니고 있다. 그들은 사업의 기술적인 분야 이외의 많은 것을 이해하고 있다. 그들은 고객이 불편을 겪는 돈 문제, 과거 습관, 예기치 못한 사태에 대한 대비, 배상책임 등을 잘 해결하도록 도와주고 있다. 그러나 대부분의 재무설계사는 고객과 관계가 얼마나 복잡한지 생각해 보지 않는 것 같다. 상호 의존성 및 관련된 감정적인 에너지와 같은 문제는 의사소통 안에서 제대로 효과를 발휘하지 못한다. 이것은 문제가 될 수 있고 그렇지 않을 수 있지만, 반드시 인식해야 하는 것이다. 시간이 지남에 따라 재무설계사와 고객의 관계는 변한다. 그것은 경쟁적으로 시작할 수도 있다. 고객은 과거의 재무적 성공을 재무설계사가 알아주기를 바란다. "당신이 필요 없지만, 좀 도움이 될 것도 같다." 재무설계사는 자격증, 고객기반, 직업적 성공에 대해 고객이 감명 받기를 바란다. "이 고객은 투자전략에 대한 지식이 거의 없군. 내가 가르쳐줘야겠어." 이것은 고객과 상담사가 각자 흑심을 품고 마주보고 있는 장면을 연출한 것이 아니다. 다만 양측이 합의해 해결할 문제를 방치하고 있다는 점을 강조한 것이다. 당신은 심리학자나 치료사는 아니지만, 돈과 감정이라는 위험한 분야를 다루고 있다. 논쟁과 결별은 주로 돈에 대한 갈등 때문에 발생한다는 사실을 잘 생각해 보라.

재무설계사가 직업적인 관계를 형성하는 과정에서 명확하면서 보이지 않는 역할은 무엇인가? 성공적인 상담을 위해서 언제 이러한 역할을 해야 하며, 어떻게 관리하는가?

첫째, 자기 자신을 제대로 알고 있는가? 무엇 때문에 재무설계사가 되었는가? 재택근무, 자신만의 시간, 독립사업, 돈벌이, 주식투자라고 대답한다면 더 깊이 생각해 볼 필요가 있다. 이런 이유가 전부는 아니다. 그외에 어떤 것이 있는가? 당신은 재무설계사의 어떤 점에 애착을 느끼는가? 도와주고 관리하고 보살펴주고 중요한 사람이기 때문인가? 이중 어느 것과 관계가 있다면 솔직하게 대답해야 한다. 당신의 성격이 재무설계사로서 일할 수 있는지 파악하는 데 배우자와 친한 친구가 도움이 될 것이다. 재무설계사가 되려고 한 동기를 이해하고 관리해 나가라. 자각이야말로 당신과 고객이 이면의 문제와 에너지를 긍정적인 방향으로 향하게 하는 최선의 방법이다.

잠재고객, 가망고객, 현재고객이 도움을 원하는 이유는 무엇인가? 소망과 걱정거리에 대해 충분히 생각할 수 있도록 고객을 도와주면, 고객은 목표를 달성하고 재무적 독립을 준비하기 위해 무엇이 필요한지 이해할 것이다. 훌륭한 재무설계사라면 다음과 같

은 질문에 대한 고객의 응답을 평가하면서 고객의 전체 상황을
파악한다.

① 고객에게 무엇이 중요한가? 재무적 안정 또는 유능하다는 생
   각, 아니면 두 가지 모두인가?

② 왜 이것이 중요한가? 고객이나 다른 사람에게 또는 모두에게
   중요한가?

③ 고객은 자신을 어떻게 생각하는가? 그는 재무적으로 성공했
   다고 생각하는가, 아니면 실패했다고 생각하는가?

④ 고객은 돈에 대해 어떻게 생각하는가? 돈이 좋다고 생각하는
   가, 아니면 단지 필요한 것이라고 생각하는가?

⑤ 고객은 재무적 안정을 위해 필요한 것을 실천할 의지와 능력
   이 있는가? 그렇지 않다면 그 이유는 무엇인가?

⑥ 고객이 목표를 달성하는 데 방해가 되는 문제점은 무엇인가?
   내가 이러한 문제를 통제할 수 있는가, 아니면 그것은 고객
   개인의 문제인가? 내가 이런 문제를 통제할 수 없다면 성공적
   으로 고객을 도울 수 있겠는가? 조직 심리학자인 해리 레빈슨
   은 자신의 직업을 설명할 때 의학적 모델을 사용한다. 경영
   컨설턴트는 종종 어떤 조직을 '해부'하고 나서 문제를 해결할
   수 없다는 사실을 발견한다고 레빈슨은 말한다. 만약 당신이
   고객을 '해부'해 보고 고객이 도움을 받을 준비가 되어있지
   않거나 도움을 받을 수 없는 상태에 있다면 반드시 그렇다고
   말해 줘야 한다.

그러나 이런 질문은 고객의 유형적 니드 이상으로 중요한 무형
의 니드를 파악하는 데 도움이 된다. 눈에 보이지 않는 니드는 눈
에 보이는 니드와 같거나 더 중요하다. 이러한 질문은 고객 니드와

목표를 매우 명확하게 이해하는 데 도움이 된다. 그 대답은 고객의 이해정도를 파악하고 종합적인 재무계획을 준비할 때 핵심적인 문제가 무엇인지 알려준다.

첫 번째 질문은 고객에게 무엇이 중요한지 설명해 주고 무엇을 걱정하는지 말하도록 한다. 돈이나 물질적인 것이 무형의 것보다 더 중요한가? 만약 그렇다면 돈을 벌기 위해 물질적인 축적에 초점을 맞춰야 할 것이다. 그것은 별장, 애호가용 자동차, 첨단기술 장비, 개인용 선박 등과 같은 어떤 유형 물질을 축적하기 위한 목표를 세우도록 돕는다. 만약 고객이 자녀, 학교, 종교단체 등에 유산을 남기고 싶다면 이러한 목표를 극대화하는 방법을 생각할 수도 있을 것이다. 자선 우선 신탁(charitable lead trust) 또는 자선 잔여 신탁(charitable remainder trust)[1] 등을 개설하면 이런 목표를 달성하는 데 도움이 된다. 박애주의적인 목표는 먼저 언급한 목표에 필적하거나 그것을 보완할 수 있다. 사실 몇몇 훌륭한 목표를 결합할 수도 있다. 재무적 독립을 위한 전략보다 먼저 다양한 동기를 찾아내는 것이 중요하다.

두 번째 질문은 '이유'를 묻는 것이다. 분명히 고객은 어떤 꿈을 갖게 된 이유가 있다. 그 이유를 찾아내면 어떤 상황을 더욱 자세히 파악해 적절한 계획을 수립할 수 있다. 만약 고객이 사무실을

---

1) 자선 우선 신탁은, 먼저 신탁수익의 일부를 자선기금으로 기부하고 특정한 기간이 지나면 신탁의 잔여재산을 지정한 수익자에게 이전함으로써 수익자의 과세소득을 줄일 수 있도록 설계된 신탁을 말한다. 주로 대학, 비영리 사회단체 등에서 이런 종류의 신탁을 설립한다. 자선 잔여 신탁은, 먼저 특정한 기간 신탁수익자에게 수익을 분산시키고 나서 신탁의 잔여재산을 원래 자선기금으로 기부하는 방식을 통해 개인의 과세소득을 줄일 수 있도록 고안된 비과세 취소불능신탁이다 ─옮긴이 주.

방문해서 소속된 종교단체가 어려움을 겪고 있어 이 단체를 위해 좋은 일을 하고 싶다고 하면 당신은 고객의 이러한 목표, 즉 아마도 재단 설립을 도우면서 보람을 찾을 것이다. 어떤 고객은 유년시절의 가난, 친권거부, 고객과 고객의 배우자가 돈을 많이 벌면 자녀를 위해 쓰기로 한 약속 때문에 물질적인 목표를 추구한다. 그러한 니드를 찾아내려면 고객에게 물어보는 수밖에 없다.

세 번째 질문은 고객의 자기평가에 대해 물어보는 것이다. 이 질문에 대한 대답을 들어보면 고객이 자신과 친구, 가족을 어떻게 생각하고 있는지 알 수 있다. 당신은 그들이 자신이나 사랑하는 사람 중 누구를 먼저 돕고 싶은지 물어볼 수 있다. 재무설계사는 그 대답을 통해 고객의 인생에서 가장 중요한 요소가 무엇인지 판단하고, 다음 질문을 생각한다.

네 번째 질문은 고객에게 돈이 중요한 이유를 묻는 것이다. 고객에게 돈에 관련된 최초의 경험과 그것이 삶에 어떤 영향을 미쳤는지 말해 달라고 부탁하라. 배우자가 함께 있으면 두 사람에게 각각 이 질문을 던진다. 이 대답은 다른 배우자가 전혀 깨닫지 못한 오래된 문제에 관심을 갖게 한다. 이렇게 하면 과거 경험에서 교훈을 얻고, 무엇보다 목표와 초점이 더욱 명확해진다.

다섯 번째 질문은 고객이 개인적인 부를 창출하기 위해 필요한 일을 실천할 준비가 되었는지 물어보는 것이다. 대답은 예상외로 그렇게 분명하지 않다. 많은 사람이 감당할 수 있는 것, 예를 들어 여행, 극장, 콘서트, 스포츠 이벤트, 잦은 외식, 사치품 구입 등과 같이 모든 것을 누리면서 살려고 한다. 그들의 목표는 사망할 때 '모든 것을 소진하는 것', 다시 말하면 건강할 때 전부 소비하고 자녀에게 아무것도 남겨주지 않는 것이다. 이런 사람들은 손익계산서의 비용발생에 비해서 대차대조표의 자산형성에 관심이 더 적다. 이 다섯 번째 질문에 대한 대답은 옳거나 틀린 것이 없다. 그렇지만 분명히 고객이 무엇에 초점을 맞추고 있는지 알아야 한다.

마지막 질문은 고객에게 장기적인 목적이 달성될 수 있다고 믿는 이유에 대해 물어보는 것이다. 그 질문을 통해 무엇이 중요하며 그것을 성취하기 위해 어떤 계획을 세우고 있는지와 같은 기본적인 질문을 되새길 수 있다. 그것은 가장 중요한 것부터 우선순위를 정하고, 각 목표를 설정하는 것(3장에서 설명한 내용을 참조)이다. 고객이 장기간에 걸쳐 목적을 달성할 수 있는 불굴의 정신을 가지고 있는가? 목표는 시간요소, 자금규모, 목표를 성취할 사람이 필요하다.

재무설계사로서 당신은 적절하게 질문하는 법(3장의 PIPRIM 과정에 관련된 논의를 참고하라)과 답변을 반복할 수 있을 정도로 정확히 경청하는 법을 배워야 한다. 고객이 원하는 서비스를 제공받을 수 있다는 확신을 주고, 고객을 편안하게 해주면서 의사소통할 필요가 있다. 많은 고객에게 이러한 질문을 하면 고객마다 독특한 재무상태에 도움이 되는 것과 그렇지 않은 것을 파악할 수 있다.


## 정보 처리

재무 컨설턴트인 당신은 고객이 정보를 처리하는 다양한 방법을 알고 있어야 한다. 다음과 같은 방법으로 고객의 경험을 이해할 수 있다.

• 시각적 유형. 시각적으로 의사소통하는 고객은 다른 사람을

관찰하고, 영화를 보거나 도표를 분석하는 능력이 뛰어나다.

• 청각적 유형. 이런 학습유형은 말하기와 듣기를 통한 정보습득에 중점을 둔다.

• 운동감감적 유형. 이런 학습유형은 적극적인 참여, 시행착오, 육체적 활동 등에 중점을 둔다.

고객으로부터 정보를 수집할 때 각 유형을 활용하도록 노력하라. 예를 들어 어려운 개념에 대해 이야기할 때는 도표를 활용하라. 고객이 변화하도록 설득하기 위해 논리적인 주장을 사용하는 것보다는 고객이 선호하는 학습유형을 통해 문제를 이해하도록 돕는 것이 훨씬 더 쉽다. 고객의 학습유형에 가장 적합한 방법으로 정보를 적절하게 처리하도록 돕는다면 고객은 더 쉽게 목표를 달성하고 습관을 바꿀 수 있다.


## 의사소통 방식

의사소통은 어떤 반응을 일으키는 의도된 언어적·비언어적인 신호라고 할 수 있다. 사실 우리의 모든 행위는 무언가를 전달한다. 아무런 행동도 하지 않는 것조차 일종의 표현이라고 할 수 있다. 정보의 수신자가 발신자의 메시지를 전달된 것과 정확히 동일한 방법으로 해석할 때 의사가 효과적으로 소통된다. 수신자가 발신자의 메시지를 잘못 이해할 때 문제가 발생한다. 개인의 의도는 공개되지 않고 거의 분명히 표현되지 않기 때문에 수신자는 발신자의 의도를 알지 못하면 메시지를 해독하기 어렵다.

당신은 고객이 마음을 열도록 노력하는 수신자다. 고객에게 개

방형 질문을 던진 다음 그들이 대답할 때 말, 어조, 성량, 표현속도
에 주의를 기울여야 한다.

고객과 효과적으로 의사소통하기 위해 다음 5가지 사항을 명심
해야 한다.

① 고객은 단어, 공간, 어조, 대화속도, 성량, 비언어적 행위를
통해 사실과 느낌을 전달한다.

② 남자와 여자, 남편과 아내, 젊은 사람과 노인은 서로 다른 방
식으로 의사소통한다.

③ 첫인상이 오랫동안 대화에 영향을 미친다.

④ 의사소통은 다양한 요인에 의해 계속해서 영향을 받는다.

⑤ 개인적인 삶의 경험은 모든 사람에게 보이지 않는 흔적을 남
긴다.

이러한 5가지 '주지의 사실'을 고객과 의사소통할 때 적용하는
방법을 소개한다.

• 고객은 단어, 공간, 어조, 대화속도, 성량, 비언어적 행위를 통
해 사실과 느낌을 전달한다. 단어 자체는 서로 다른 고객에게 서로
다른 의미를 가질 수 있다. 어떤 사람에게 위험이란 단돈 100달러
를 들고 라스베가스로 향하는 것을 의미하지만, 또 다른 사람에게
위험은 장래에 대한 투자를 의미한다. 어조, 대화속도, 성량은 의사
소통 수단이다. 어조와 음조는 말하는 사람의 기분을 나타낼 수
있다. 예를 들어 화난 사람은 보통 큰소리로 말하는 반면, 슬픈 사
람은 단조로운 어조로 말하는 경향이 있다. 게다가 사람들은 가끔
단어로는 어떤 한 가지의 것을 전하면서 어조와 음조는 그와 정반
대의 것을 전달하는 식으로 신호를 뒤섞어버리기도 한다. 이 경우
두 가지 메시지 모두 중요한 것일 수 있다. 따라서 의미하는 바가

분명해질 때까지 계속 질문해야 한다.

비언어적인 방법도 의사전달을 위해 사용된다. 부모가 자녀를 노려보는 것은 보통 자녀가 안 된다고 말할 만한 일을 했다는 것을 의미한다. 눈을 마주치는 것, 얼굴표정, 몸짓 등도 다른 중요한 비언어적 행위에 속한다. 어떤 고객은 당신이 진실을 말하도록 하거나 자신이 화났거나 적대적임을 보이기 위해 눈을 똑바로 응시한다. 당신을 쳐다보기를 꺼려하는 고객은 아마도 겁이 많거나 관심이 없는 경우일 것이다. 얼굴표정 — 웃음, 찡그림, 다문 입술, 신경질적인 모습 — 역시 중요하다. 대화의 주제가 바뀔 때 이러한 버릇에 대해 주의를 기울여라. 그리고 고객이 어떤 주제에 좀더 민감하게 반응하는지 살펴본다. 팔이나 손을 이용한 몸짓은 다른 표현을 강조할 수 있다. 굳게 쥔 손은 두려움이나 불안함을 표현하고, 자유롭게 움직이는 팔이나 손의 몸짓은 편안함을 드러낸다. 자주 다리를 꼬았다가 풀었다가 하는 행위는 지루하거나 불안을 드러낸다.

전체적인 몸의 위치를 살펴보자. 똑바로 앉아있는 고객은 보통 긴장을 풀고 있다. 만약 고객이 약간 앞으로 몸을 기울이고 있다면 보통 재무설계 작업에 흥미를 가지고 참여하고 있다는 신호다. 고객이 구부정하게 앉아있거나 재무설계사로부터 거리를 두고 있다면 재무설계사가 하는 말에 별로 관심이 없다는 것을 보여준다. 좋은 자세는 높은 자긍심이나 자기 확신을 뜻할 수 있고, 좋지 않은 태도는 그 반대를 의미한다. 몸의 움직임도 신호를 전달한다. 몸의 위치를 자주 바꾸는 고객은 육체적 또는 감정적인 불편함, 관심부족을 나타낸다. 손톱을 물어뜯고 머리를 잡아당기거나 안절부절 못하는 사람은 대단히 신경이 날카로운 상태일지도 모른다. 키스, 포옹, 악수로 친구와 가족에게 인사를 전하는 사람은 개방적이고 따뜻한 심성을 가졌을 것이다.

두 사람 사이의 공간도 정보를 전달하는 역할을 한다. 미국인들은 보통 알지 못하는 사람과는 최소 90센티미터 정도의 거리를 유지한다. 90센티미터는 공적인 거리로 간주된다. 잘 알고 있는 사람과 거리는 75센티미터, 서로 알고 신뢰하는 사이는 60센티미터다. 두 사람이 서로 매우 편하게 생각한다면 60센티미터보다 더 가까운 거리에 위치할 것이다. 이것은 친밀한 거리다. 효과적으로 의사소통하는 사람은 이러한 거리가 어떻게 다른 사람에게 영향을 주는지 알고 있으며, 결과적으로 다른 사람이 편안하게 느끼도록 그 거리를 활용한다.

• 남자와 여자, 남편과 아내, 젊은 사람과 노인은 서로 다른 방식으로 의사소통한다. 1985년 주디 코넬리어 피어슨(Judy Cornelia Pearson)의 연구에 따르면, 여성은 공식적인 표현을 사용하는 반면, 남성은 자주 비공식적인 표현을 사용하는 경향이 있다고 한다. 여성은 언어가 제공할 수 있는 특성을 선호하는 것처럼 보이는 반면, 남성은 근본적인 문제에 초점을 맞추는 것으로 보인다. 따라서 부부를 상대로 일할 때 모두 동일한 메시지로 이해될 수 있는 언어를 사용해야 한다. 만약 다른 배우자가 참석할 수 없어서 한 명에게만 이야기한 다음, 나중에 참석하지 못한 배우자에게 메시지를 전달하려고 하면 당신의 의도와 다르게 해석될 수 있다.

• 첫인상이 오랫동안 대화에 영향을 미친다. 『접촉: 최초 4분(Contact: The First Four Minutes)』의 저자 레너드 주닌과 나탈리 주닌은 사람들은 대화 가운데 최초 4분이 사회적 관계형성, 가족의 화합, 사업의 성공을 위한 핵심이라는 결론을 내리고 있다. 첫인상은 한 번에 결정되기 때문에 신중하게 고려해야 한다. 굳은 악수,

미소, 다른 방식의 온정과 성의를 전달하면 좋은 인상을 만들 수 있다.

• 의사소통은 다양한 요인에 의해 계속해서 영향을 받는다. 동기부여, 신뢰성, 구성방식, 스타일 등은 의사소통에 영향을 미친다. 고객이 전체 방향을 볼 수 있도록 돕고 실천하도록 동기를 부여하는 것이 중요하다. 만약 고객이 이런 방향으로 움직이지 않는다면 그러한 징후를 파악해 그에 맞게 제안을 수정해야 한다.

사람들은 믿을 만한 정보를 가지면 더 적극적으로 행동한다. 고객의 재무상태를 개선하기 위해 매우 전문적이고 성실하고 솔직하며 직접적인 방법으로 고객에게 필요한 서비스를 제공하라. 고객이 당신을 신뢰하면 더 많은 것을 성취할 수 있다. 구성방식도 중요한 역할을 한다. 설명회에서 처음 또는 마지막에 제공하는 정보는 중간에 제시되는 정보보다 더 선명하게 기억된다. 그러므로 가장 중요한 사항은 처음이나 마지막에 배치한다.

스타일은 당신의 전반적인 고객 접근방식을 말한다. 그것은 다음과 같은 몇 가지 형태가 있다.

① 권위 있는 태도로 말할 때 사람들이 귀를 기울인다.

② 고객에게 자신감을 이끌어내기 위해 정보를 이해하도록 강조한다.

③ 감정을 드러내지 않고 부드러운 접근방식을 강조하라. 고객이 직접 행동에 대한 책임을 지도록 하라.

이런 스타일 가운데 어떤 방법을 활용하더라도 재무설계사가 전체적인 과정을 관리한다는 점을 명심해야 한다. 고객은 내용에 대해서만 책임을 진다. 즉 재무설계사는 고객이 전달하는 정보를 통해 업무를 수행할 수 있을 뿐이다.

• 개인적인 삶의 경험은 모든 사람에게 보이지 않는 흔적을 남긴
다. 경험은 모든 사람에게 영향을 미친다. 고객은 다른 재무설계사
를 이미 만난 적이 있을 수도 있다. 처음에 50만 달러를 투자했지
만, 다른 재무설계사와 계약 후 3년 동안 원금이 30만 달러로 줄어
들었다고 가정하자. 그는 처음 만난 재무설계사만큼 다른 재무설
계사를 신뢰하기가 매우 어려울 것이다. 그것은 고객의 기대를 전
혀 관리하지 않았기 때문이다. 그로 인해 더욱 고객과 일하기 어렵
게 된다. 개방적이고 정직하며 성실한 태도는 고객에게 신뢰를 받
는 가장 중요한 요소다. 당신의 생각과 말을 일치시켜라. 고객의
목표가 실현 가능한지 미리 말해 줘라. 그리고 솔직하게 대하라.
고객이 목표를 달성하기 힘들다면 즉시 말해 줘라. 필요하다면 현
재 소비습관을 줄여야 한다고 과감하게 조언하라. 당신이 이 모든
분야에서 고객을 가르칠 때 신뢰와 자신감은 매우 커질 것이다.
고객을 더 높은 수준으로 끌어올리기 위해 재무적 독립에 관한
중요한 문제에 초점을 맞춰 질문해야 한다. 재무설계사는 고객과
수준 높은 대화를 통해 고객의 기대를 관리할 수 있다. 그러면 고객
이 소송을 제기할 가능성도 줄어든다.


## 의사소통의 조직화

조직적인 상담은 향후 의사소통의 형식과 주제를 결정한다. 처
음부터 고객에게 상담 목적을 분명하게 밝혀라. 관련된 절차와 형
식, 필요한 시간, 관계의 기밀유지에 대해 설명하고, 고객이 합리
적으로 어떤 결과를 기대할 수 있는지 어느 정도 미리 알려줘라.

이러한 형식적인 일이 길거나 귀찮게 느껴지게 해서는 안 된다. 오히려 분명하고 간단하고 개방적으로 대해야 한다. 당신은 다음과 같이 말할 수 있을 것이다. "존슨 부부님, 앞으로 우리는 네 번 직접 만나서 상담하고 필요하시다면 언제든지 전화로 상담하실 수 있습니다. 매번 상담할 때마다 재무계획 가운데 다른 분야에 대해 초점을 맞출 것입니다. 어떤 일이 발생하거나 더 자세한 설명을 듣고 싶거나 신속한 조언을 원하시면 우리가 계약을 유지하는 동안 언제든지 전화해 주십시오. 전화상담에 대해서는 요금을 받지 않겠습니다. 이 정도의 합의내용이면 적당하겠습니까?"

고객의 감정에 즉시 귀를 기울이고 모른 척하지 마라. 잘못되거나 불편한 감정은 사전에 제거하지 않으면 다시 나타나서 당신을 괴롭힐 수 있다. 예를 들어 고객이 다음과 같이 말할 수 있다. "스미스 씨, 특정한 어떤 자산이 15% 이상 가치가 하락했을 때도 통보하지 않는다고 알려준 적이 없습니다." 아니면 다음과 같이 말할 수도 있다. "제 말에 주의를 기울이지 않는 것 같군요." 그러면 당신은 이렇게 대답해야 한다. "제가 해결하지 못한 다른 문제는 무엇입니까?" 고객이 흥분한다면 다음과 같은 질문을 통해서 상황을 바꾸어야 한다. "이혼, 해고, 건강문제 등과 같은 걱정거리가 있습니까?" 구성방식은 고객의 기대를 관리하는 데 도움이 된다. 고객은 재무설계사와 고객 관계의 특성을 이해하지 못한다. 따라서 고객은 받고 싶은 것을 잘못 알고 있을 수 있다. 예를 들어 당신은 고객과 단지 중요한 계획만을 세우기로 했는데 고객은 계속해서 수차례의 대면상담을 할 것이라고 생각할 수 있다. 그러면 누가 맞는 것일까? 만약 당신이 계약조건을 분명히 말하지 않으면 그 관계가 언제 시작해서 언제 끝날지 어떻게 결정하겠는가? 이런 문제를 없애는 하나의 방법은 계약서를 활용하는 것이다(3장 참조).
훌륭한 의사소통자가 되려면 다음과 같은 몇 가지 규칙을 지켜야
한다.

- 자신을 잃지 마라. 고객은 반드시 당신과 당신의 모습으로 판
단한다. 그러므로 첫 만남에서 고객에게 최선을 다하라. 진심으로
고객을 대하라. 즉, 고객이 당신을 성실한 사람으로 여기도록 관리
하라. 고객마다 다른 모습을 보여서는 안 된다. 항상 자기 자신을
잃지 마라.

- 고객에게 채널을 맞춰라. 고객의 말에 귀를 기울여라. 고객이
"옳으신 말씀입니다" 또는 "바로 그렇습니다"라고 말한다면 당신
이 제대로 이해하고 있다고 확신해도 좋다. 하지만 이해는 그리
쉬운 일이 아니다. 당신의 느낌이나 감정을 드러내지 않고 고객에
게 진정 중요한 것에 귀를 기울여야 한다. 당신의 시각이 아니라
고객의 관점에서 문제를 보도록 하라. 고객의 알아듣기 어려운 말
과 명확한 말 모두 귀를 기울여야 한다. 물론 지나치게 고객의 관
점에 사로잡히지는 말아야 한다. 고객의 상황에 지나치게 몰입하
면 객관적인 조언을 해줄 수 없다.

가장 효과적인 의사소통은 메시지 수신자가 이해했다는 반응을
전달할 때, 즉 메시지를 부연 설명할 때 일어난다. 예를 들어 고객
이 "65세에 은퇴할 수 없을 것 같습니다. 시기를 뒤로 늦춰야 할
것 같은데요"와 같이 의구심을 나타낸다면 다음과 같이 대답할 수
있다. "아, 고객님께서 65세에 은퇴를 하고 싶지만 필요자금이 충
분하지 않다는 말씀이시군요. 제 일은 고객님께서 재무적 독립이
라는 꿈을 달성할 수 있도록 충분한 재원을 마련하고 라이프스타
일을 바꿀 수 있는 방법을 찾아내는 것입니다."

사람은 말한 내용을 좀처럼 취소하지 않는다. 그들이 재무설계 정보를 당신에게 제공했다면 그 사실을 믿는다. 분명히 파악하고 싶다면 당신에게 표현한 생각을 당신의 말로 바꾸어 설명하라. 그러면 고객이 당신이 풀어서 설명한 말에 동의하는지 파악할 수 있을 것이다.

마지막으로, 고객이 스스로 중요한 사람으로 여기도록 해야 한다. 고객이 최선의 결정을 내리도록 도와주고, 고객이 내린 결정에 동의를 표시하라.

• 긍정적인 태도를 보여라. 보장할 수 없는 장밋빛 전망을 제시하면 안 되겠지만, 고객의 상황에 대해 열정적인 모습을 보여주라. 컵에 물이 반밖에 없다는 것을 보여주기보다는 물이 반이나 차 있다는 것을 강조하라. 당신이 신뢰하지 않는 생각을 권유해서는 안 된다. 성실하고 긍정적인 태도는 반드시 진심에서 우러나야 한다. 재무설계사가 고객의 기대를 제대로 관리하지 못하면 곤란한 상황에 직면하게 된다는 사실을 명심하라. 그것은 초기에 고객과 당신 자신을 위해 세운 기준은 그것이 무엇이든지 간에 제대로 이해되어야만 기대를 충족시키기 위해 서로가 무엇을 해야 할지 알게 된다는 것을 뜻한다.

• 공감대를 형성하라. 고객과 우호적이고 개방적인 분위기를 유지하려면 계속해서 살피고 관심을 가져야 한다. 대화를 서두르지 말고, 판단하지 않은 채 수용하는 자세를 유지하라. 세심하고 적극적인 자세로 대화에 귀를 기울여라. 그리고 논의할 때 언제든지 고객을 우선하는 태도를 가져야 한다.

• 고객이 발언할 수 있도록 하라. 고객에게 개방형 질문을 던져라. 그러면 고객은 충분하고 종합적인 정보를 제공해 줄 것이다.

그에 비해 폐쇄형 질문은 대개 간단한 응답만을 끌어낸다. 고객의 상황을 정밀하게 조사하기 위해서는 이 두 가지 유형의 질문이 모두 필요하다.

개방형 질문은 다음과 같다.

① 돈 문제에 관한 첫 경험을 말씀해 주십시오.

② 무엇을 성취하려고 재무계획을 세우십니까?

③ 왜 바로 은퇴를 위한 저축을 시작하지 않습니까?

④ 자산배분 전략 수립을 어떻게 생각하십니까?

⑤ 어떤 은퇴생활을 희망하십니까?


폐쇄형 질문은 다음과 같은 질문을 포함한다.

① 은퇴를 생각해 본 적이 있습니까?

② 지금 재무계획 수립에 관심이 있습니까?

③ 지금 당장 은퇴저축 프로그램에 가입하시겠습니까?

④ 자산배분 전략을 선호하십니까?

⑤ 몇 세에 은퇴하시겠습니까?

물론 이런 질문은 심문받는 듯한 느낌을 주지 않도록 질문과 설명을 적절하게 섞어서 사용해야 한다. 너무 질문을 많이 하면 고객정보를 더 많이 파악하기 위한 원래의 목적이 희석될 수 있다는 점을 명심하라.

유도질문을 하지 않도록 주의해야 한다. 이런 질문은 보통 "이렇게 생각하지 않으십니까" 또는 "이렇게 느끼지 않습니까"라는 식이다. 유도질문은 고객이 실제 생각하고 있는 것과 전혀 다른 말을 하도록 만들 수 있다. 질문은 고객이 상황에 대해 충분히 생각하고 적절한 행동방침을 찾아내도록 도울 수 있어야 한다.

고객 불만 유형

　재무설계사는 반드시 고객의 불만을 처리하는 방법을 배워야 한다. 고객은 일반적으로 당신이 제공하는 서비스나 권유한 상품에 불만을 갖지 않는다. 재무설계사가 신뢰성이 없거나 기대를 충족시키지 못할 때 고객은 불만을 가진다. 고객의 불만은 다음과 같은 경우에 나타난다. 고객의 니드를 이해하지 못할 때, 고객의 재무계획의 위험과 보상수준이 거의 비슷하게 나타낼 때, 고객이 신속한 의사결정을 내려야 할 때, 재무설계사가 제안한 해결책의 실현 가능성을 확신하지 못할 때, 반대의견을 제시하라는 말을 들은 경우 등이다.

　• 고객의 니드를 이해하지 못한 경우. 고객은 장래 재무적 독립을 방해하는 걱정거리가 있기 때문에 당신을 방문한다. 고객은 이런 걱정거리를 합리적이고 체계적으로 해결하기를 바란다. 고객의 말에 귀를 기울이지 않는다면 고객은 실망하고 다른 재무설계사에게 조언을 구할 것이다.

　• 위험과 보상수준이 너무 비슷할 경우. 고객은 위험이 보상에 비해 상당히 크다면 새로운 아이디어를 수용하지 않을 것이다. 터널 끝에 보이는 불빛처럼 고객이 행동하도록 어느 정도 동기를 부여해야 한다. 위험을 최소화하면서 목표달성을 도울 수 있는 방법을 가지고 고객과 상담하라.

　• 고객이 신속한 의사결정을 두려워하는 경우. 고객에게 당장 실천하도록 강요하지 마라. 그러면 고객은 흥미를 잃고 앞으로 일을 진행하는 데 방해가 된다. 재무계획의 초안을 고객에게 제안하고 고객이 읽고 의미를 새길 수 있도록 시간적 여유를 주어라. 그러고 나서 고객과 만나 다음에 무엇을 하고 어떤 조치를 취하면

적당할지 결정한다.

- 제시한 해결책을 고객이 확신하지 못하는 경우. 고객은 당신이 모든 문제를 해결할 수 없다는 것을 알아야 한다. 고객에게 다음 성장주는 무엇인지, 금리는 어떻게 움직일지 말하지 마라. 당신의 가치는 그런 것이 아니다. 고객이 중요한 정보를 분석하고 제시한 해결책이 최종 목적을 달성하는 데 어떻게 도움을 줄 수 있는지 이해하도록 고객을 교육하는 과정에 당신의 가치가 있다. 당신은 훈련을 통해서 충분한 지식을 가지고 고객을 다음 단계로 이끌어가야 한다. 고객은 이런 사실을 믿고 당신이 늘 함께 있다는 사실을 알아야 한다. 당신의 일은 고객이 방향을 잃지 않도록 돕는 것인데, 그것은 오직 이러한 교육과정을 통해 달성될 수 있다. 따라서 고객이 재무설계 과정에 대한 접근방식을 이해하면 당신에게 귀를 기울이고 제안을 받아들일 것이다.

- 반대의견을 제시하라는 말을 들은 경우. 고객은 흔히 타당성 여부를 떠나 불만이나 이의를 제기할 것이다. 이런 고객은 재무설계사의 권유를 액면 그대로 받아들이지 말고 필요하지 않은 상품 구입에 주의하라고 들었을지도 모른다.

### 불만 극복

고객이 경청하거나 응답하지 않는다고 해서 관계가 완전히 끝났다고 판단해서는 안 된다. 다음과 같은 기술을 통해서 반대의견을 극복할 수 있다.

- 고객의 의견을 끝까지 경청하라. 고객이 걱정하거나 실패에 대해 말할 수 있도록 방해하지 마라. 재무설계 과정을 시작하기도 전에 망치지 않도록 고객이 마음속 깊이 숨겨둔 문제를 털어놓고

말할 기회를 주어야 한다. 고객의 말을 주의 깊게 경청하고 그 분야에 대해 가르쳐주면 이런 행동을 극복할 수 있다. 고객에게 필요한 것을 설명하고, 장점과 단점의 양면을 성실하게 설명해 줘라. 어떤 일을 하는 데 한 가지 방식만 있는 것은 아니고 고객이 걱정하는 이유가 있을 수 있다. 따라서 불만의 이면을 털어놓도록 고객의 이해를 높이는 방법만이 불만과 진정한 걱정거리를 파악할 수 있다.

• 문제를 분리하라. 한 번에 모든 문제를 해결하려 들지 말고 한 번에 하나씩 해결하라. 고객에게 당장 모든 것을 요구할 수 없다. 고객의 걱정을 다른 문제와 분리해 고객의 삶에서 가장 중요한 문제를 먼저 해결해야 한다. 고객이 몇몇 목표를 성취할 수 있도록 차근차근 특정 목표를 달성하기 위해 저축하는 방법을 제시하라.

• 불만에 대해 질문하라. 불만을 수용하거나 즉시 불만에 답변하지 마라. 고객에게 불만에 대해 상세히 설명해 달라고 하라. 이렇게 하면 불만의 근본원인이 무엇인지 확인할 수 있고, 고객에게 장애물을 극복할 수 있는 해결책을 제시할 수 있다. 고객이나 고객의 불만을 비판해서는 안 된다. 오히려 그것을 긍정적인 관점에서 재평가하고 고객이 생각을 바꾸면 얻을 수 있는 혜택을 알려줘야 한다.

• 기준을 분명히 하라. 이것은 계약을 갱신하는 데 도움이 된다. 재무설계과정 내내 고객의 목표가 무엇인지 반복해서 말하라. 고객이 어떤 재무적 목표를 달성하고 싶은지 파악하는 방법을 알려 줘라. 고객의 목표를 명확하게 나타내도록 하라.

• 창조적으로 답변하라. 고객의 말을 정확히 이해하고 있다는 것을 알려주기 위해 고객이 말한 내용을 다시 반복해서 말하라. 그리고 중요 요점을 강조하면서 고객의 말을 쉬운 말로 바꾸어 말하라.

고객에게 무언가 새로운 것을 제공하라. 고객이 일반적인 소프트
웨어 프로그램이나 책에서 볼 수 있는 평범한 답변은 피하라. 처음
고객에게 청취한 걱정거리를 반복해서 말하고 나서 핵심 사항을
강조하고 답변을 쉽게 풀어서 말하라. 고객에게 해결책을 제시할
때마다 중요 요점을 다른 방법으로 반복하라. 이렇게 접근하면 고
객을 교육하고 고객이 재무적 목표를 달성할 수 있도록 어떻게
도울 수 있는지 여러 가지 방식으로 말할 수 있다.

　• 당신의 대답을 확인하라. 불만에 대한 답변에 고객이 만족하
는지 확인하라. 고객의 걱정거리가 무엇인지 확인하고 교육을 통
해 해결하면, 어떻게 그 문제가 연결되어 있는지 고객이 이해하도
록 당신의 접근방법을 재확인하라.

　• 고객의 가치체계를 이해하라. 고객은 삶을 지탱하는 도덕적
가치를 가지고 있다. 이러한 도덕적 가치는 그가 성취하기를 바라
는 목표와 조화를 이루어야 한다. 고객의 가장 중요한 관심사를
인식하고 그에 적합한 충고를 해줘야 한다.

　모든 고객은 어떤 것을 수용할 수 있는지 분명한 생각을 가지고
있다. 제안이 효과를 발휘하려면 반드시 고객의 가치체계와 조화
를 이루어야 한다. 만약 어떤 고객이 투자의 사회적 책임을 중요하
게 생각한다면 필립 모리스와 같은 담배회사의 주식을 제안하지
않아야 한다. 고객이 가치체계를 중심으로 목표를 달성하기 위해
서는 무엇이 필요한지 결정해야 한다. 고객이 편안하게 받아들일
수 있는 체계를 개발하라. 고객의 다양한 가치를 조사할 때 고객이
매우 편안한 마음으로 최종적인 결정을 내릴 수 있도록 그에게
귀를 기울여야 한다. 고객은 그러한 과정의 주체가 되어야 하며
궁극적으로 자신의 가치와 일치되는 것을 선택해야 한다.

## 고객에게 재무계획 제안 및 보고서 설명

당신이 재무계획을 제안하는 방식은 다음 상황에 직접적인 영향을 미친다. 제안을 잘못하면 고객은 재무계획을 외면하거나 다른 재무설계사를 찾아가 당신이 제안한 내용을 실행할 것이다. 훌륭하게 제안하면 고객은 제안 내용을 실천할 것이다. 고객이 부부라면 두 사람에게 재무계획을 제안해야 한다. 그렇게 하지 않으면 부부 가운데 한 사람이 다른 한 사람에게 당신의 의도와 전혀 다르게 설명할 위험이 있다.

고객의 긍정적인 행위를 알려줘라. 고객이 지금까지 훌륭하게 해낸 일을 찾아내어, 어떻게 당신의 제안에 도움이 되는지 알려줘라. 고객의 자산을 일정한 방법으로 배분해 투자하면 더 큰 위험을 부담하지 않고도 더 많은 수익을 올릴 수 있다는 것을 (그것이 진실이라면) 보여줘라. 또는 고객이 비용지출을 조절하면 더 빠르게 목적을 달성할 수 있는 방법을 가르쳐줘라. 고객의 현재 위치(A지점)와 도달하려는 위치(B지점)를 비교해서 보여줘라. 그리고 A지점에서 B지점까지 도달할 수 있는 과정을 보여줘라. 겸손한 태도로 긍정적이고 확실한 방식으로 제안해야 한다. 지나치게 판매에 치중하면 역효과가 난다. 당신은 고객에게 상품을 판매하는 사람이 아니다. 당신은 고객이 재무적 독립이라는 목적을 달성할 수 있도록 전략을 세우는 사람이다.

눈에 띄는 도표를 사용하고 되도록 내용을 명확하게 표현해 계획을 단순화해야 한다. 시장에서 판매하는 다양한 소프트웨어 프로그램은 역동적인 제안을 하는 데 도움이 된다. 그렇다면 어떻게 재무계획을 기술해야 할까?

① 모호한 산문이 아니라 다양한 특색이 있는 문장으로 표현한다.

② 도표를 적절히 배열한다.

③ 단순하게 표현한다.

④ 구체적으로 표현한다.

⑤ 추진항목, 제안사항 등을 분명히 드러낸다.

예시 8.1(342쪽)은 제프와 샐리 윌리엄스 부부의 재무계획에서 일부 내용을 발췌한 것이다. 대차대조표는 특정한 날짜에 고객의 보유자산, 채무, 순자산을 보여준다. 현금흐름표는 지난해 고객의 현금 유입 및 유출 내역을 요약하고 있다. 고객에게 이렇게 도표를 보여주면 고객은 명확하고 간단히 현재 위치를 이해하고, 재무계획을 수립하면서 장래에 어디에 도달할지 알 수 있다.

'현재의 현금흐름 관리'라는 제목의 도표를 살펴보자. 원래 계획서에는 도표의 모든 현금흐름 표제가 서로 다른 색상으로 이루어져 있다. 앞서 설명한 바와 같이 많은 사람은 시각적인 학습 유형을 따른다. 그런 사람은 앞에서 설명한 아이디어를 눈여겨볼 필요가 있다. 제시한 도표는 현재 고객이 보유한 것을 보여주고 있다. 또한 재무설계사는 고객이 목표 달성을 위해 최종적으로 무엇을 성취해야 하는지 도표로 보여줄 수 있다.

고객에게 개념을 설명할 때 항상 고객과 대화하는 것처럼 쉽게 말해야 한다. 고객이 이해할 수 없는 말을 결코 사용하지 마라. 고객이 제대로 이해하고 있는지 물어보라. "이해하시겠습니까?", "지금 무슨 뜻인지 아십니까?" 또는 "이것은 괜찮습니까?"라는 식으로 물어보라. 고객이 사무실을 나설 때 계획을 충분히 이해하고 무엇을 해야 할지 알아야 한다.

예시 8.2(345쪽)의 고객 의사소통 점검표는 이번 장에서 설명한

많은 내용을 요약해서 보여주고 있다. 신규고객 또는 기존고객과
효과적으로 의사소통을 하기 위해서 각 고객에 대한 점검표를 작
성해야 한다.

■ 예시 8.1 재무계획 견본 내용과 보조도표

## 제프 윌리엄스와 샐리 윌리엄스 부부를 위한
## 개인 재무계획 요약(2000년 7월 15일)

이것은 두 분의 재무계획, 즉 현재의 가용 재무재원과 목표에 대한 현황과 분석자료입니다. 부부의 재무목표를 달성하기 위한 계획과 전략을 개발할 수 있도록 작성했습니다. 이것은 부부의 재무상태의 많은 요소를 포함하고 있습니다.

### 현재 가용재원
· 순자산. 현재 순자산은 127만 4,992달러입니다. 저축을 늘리거나 부채를 줄여 순자산을 증대시킬 수 있습니다.
· 현금흐름. 2000년 재무적 목표를 위해 6만 5,000달러를 추가로 투자할 수 있을 것으로 예상됩니다. 모든 재무목표를 달성하는 데 필요한 자금은 2000년 가용재원의 60%인 3만 9,000달러가 될 것으로 예상됩니다. 이외에도 2만 6,000달러의 비상예비자금이 필요합니다. 변동비용을 줄일 경우 더 많은 적립금을 모을 수 있습니다.
· 세금. 현재 소득의 39%를 세금으로 납부하고 있습니다. 이 비율은 개인재산세, 판매세, 기타 잡세를 포함하지 않은 것입니다. 절세를 위해 세금설계 분야를 참조하십시오.

### 재무목표 달성을 위한 자금조달
이 항목은 제프와 샐리 부부가 지적한 우선순위에 따른 목표와 이 목표를 달성하기 위해 필요한 사항을 요약했습니다.
· 은퇴. 제프 씨가 2019년 은퇴할 때 은퇴자금을 마련하려면 현재가치로 12만 5,321달러가 추가로 필요합니다. 세부적인 내용은 은퇴설계 항목을 참고하십시오. 2000년에 2만 300달러, 총소득의 6%를 따로 적립하십시오.
· 교육자금. 2010년부터 발생하게 되는 교육비를 조달하려면 현재 약 20만 3,000달러가 추가로 필요합니다. 두 분에게 현재 가용자금은 전혀 없으므로, 20만 3,000달러가 부족한 상태입니다. 세부적인 내용은 교육자금 요약 항목을 참고하십시오. 2000년에 이를 위해 별도로 마련할 금액은 1만 2,000달러입니다.
· 생명보험. 제프와 샐리 부부는 생명보험에 전혀 가입하고 있지 않습니다. 우리는 50만 달러가 더 필요하다고 생각합니다. 생명보험

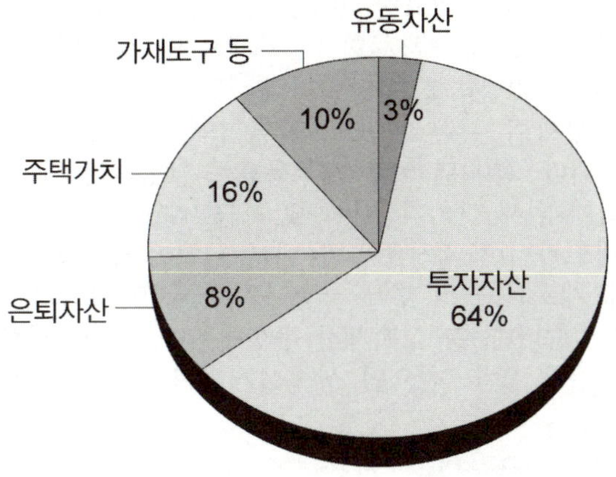



## 개요

제프 씨 부부가 보유한 순자산은 가용재무자원을 전반적으로 평가하는데 가장 좋은 방법입니다. 순자산은 자산(보유금액)에서 부채(부담금액)를 뺀 금액입니다.

## 현재 상태

현재 순자산 금액은 127만 4,992달러입니다.

|  | 보유금액 | 부담금액 | 순자산 |
|---|---|---|---|
| 유동자산 | $30,000 | $0 | $30,000 |
| 투자자산 | 814,992 | 0 | 814,992 |
| 은퇴자산 | 100,000 | 0 | 100,000 |
| 사업자산 | 0 | 0 | 0 |
| 주택 | 2,200,000 | 2,000,000 | 200,000 |
| 가재도구 등 | 130,000 | 0 | 130,000 |
| 합계 | $3,274,992 | $2,000,000 | $1,274,992 |

필요자금분석 항목을 참고하시면 더 자세히 알 수 있습니다. 2000년 생명보험 가입을 위해 3,800달러를 할당합니다.

· 소득보상보험. 현재 제프 씨는 소득보상보험에 가입하지 않고 있습니다. 현황분석에 따르면 최소 25만 달러의 보험금에 해당하는 보험에 가입해야 매월 필요한 비용을 충당할 수 있습니다. 소득보상보험 분석 항목을 참조하시면 더 자세히 알 수 있습니다. 2000년이 항목에 2,900달러를 할당합니다.

· 자산관리. 현재 두 분은 91만 4,992달러의 투자 포트폴리오를 보유하고 있습니다. 2000년 이후 재무목표를 달성하는 데 필요한 자금을 마련하기 위해 단기자금(비과세, 세금우대)을 늘릴 수 있는 아이디어를 참고하려면 자산종류별 배분 항목을 검토하십시오.

· 상속설계. 제프와 샐리 부부는 총 324만 4,992달러의 상속재산을 보유하고 있습니다. 총 상속재산 구성내용과 상속세 절감방법에 대한 세부내용을 알고 싶으면 상속설계 항목을 참조하십시오.

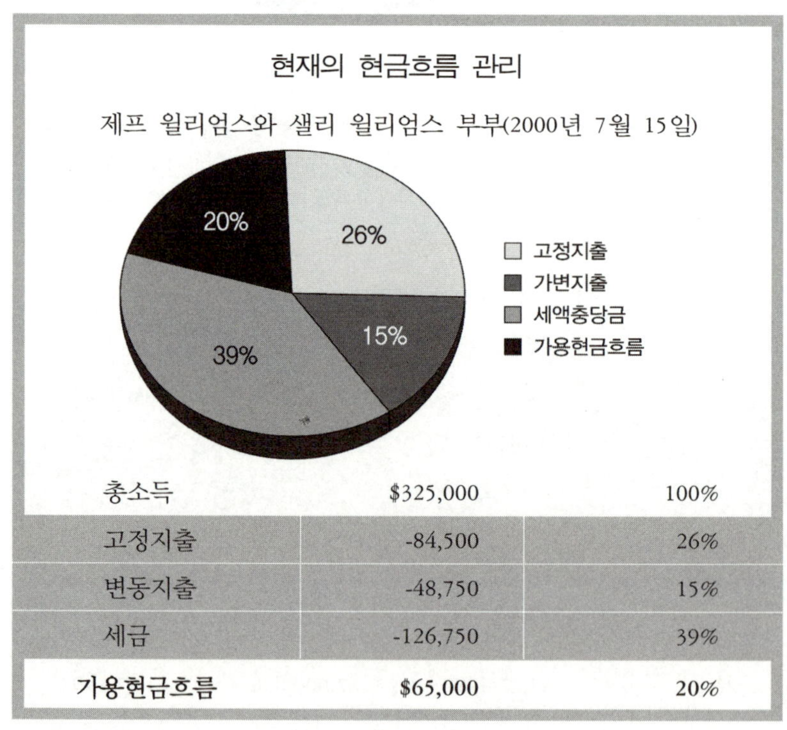



| | | |
|---|---|---|
| 총소득 | $325,000 | 100% |
| 고정지출 | -84,500 | 26% |
| 변동지출 | -48,750 | 15% |
| 세금 | -126,750 | 39% |
| **가용현금흐름** | $65,000 | 20% |

## 고객 의사소통 점검표 견본

| 고객이 당신의 역할을 알고 있는가? | ☐예 ☐아니오 |

고객이 당신의 역할을 알고 있는가? ☐예 ☐아니오
고객이 당신에게 무엇을 기대하는지 알고 있는가? ☐예 ☐아니오
고객은 어떻게 목적을 달성할 것인지 이해했는가? ☐예 ☐아니오
　사무실에서 논의한 내용을 정리한 후속 통지서를
　고객에게 전달했는가? 그리고 고객이 그 서류에
　서명했는가? ☐예 ☐아니오
고객과 의사소통을 위해 시각적, 청각적, 운동감각
　적 접근방법을 활용했는가? ☐예 ☐아니오
고객에게 재무적 독립을 위해 재무설계과정에서
　적극적인 역할이 얼마나 중요한지 알려줬는가? ☐예 ☐아니오
고객의 기대를 관리하고 있는가? ☐예 ☐아니오
고객과 대화할 때 의식적으로 적절한 어조,
　말하는 속도, 성량을 유지하고 있는가? ☐예 ☐아니오
고객과 만나 최초 4분 안에 공감대를 형성했는가? ☐예 ☐아니오
고객은 니드와 걱정거리를 이야기했는가? ☐예 ☐아니오
고객에게 당신을 진실하게 표현하고 있는가? ☐예 ☐아니오
문제를 다룰 때 긍정적인 태도를 보이는가? ☐예 ☐아니오
성실하고 개방적이고 공정하고 솔직하게
　고객의 말에 귀를 기울이는가? ☐예 ☐아니오
개방형 질문을 사용했는가? ☐예 ☐아니오
폐쇄형 질문을 사용했는가? ☐예 ☐아니오
의사소통 접근방식은 독창적이었는가? ☐예 ☐아니오
고객이 제안을 제대로 이해했는가? ☐예 ☐아니오
고객이 제안을 실행하지 않을 경우
　발생할 위험을 이해했는가? ☐예 ☐아니오

# Chapter 9

# 자원과 훈련

앞서 1장부터 8장에 걸쳐 재무설계 사업을 구축하는 데 필요한 기반에 대해 설명했다. 이번 장에서는 효율적인 영업활동에 도움이 되는 외부자원에 대해 설명하려고 한다.

## 전문가 집단에 가입

직업동료로 구성된 집단에 가입하는 것은 영업활동을 향상시키기 위한 한 가지 방법이다. 전문가집단은 소프트웨어, 잡지, 뉴스레터 등을 포함한 다양한 자원을 보유하고 있다. 또한 많은 경우

기술적인 문제, 영업활동 관리문제를 논의하는 후원단체 또는 전문단체를 보유하고 있다. 이런 집단의 구성원은 일반적으로 성실하고 협조적이고 현명하며, 정보를 공유하려고 한다.

현재 많은 단체가 재무설계사의 이해관계를 대변하고 있다. 그 중에서 다음 6개 조직은 널리 알려져 있다.


### 미국공인회계사협회(AICPA) 개인재무설계(PFP) 분과

이 단체는 8,500명의 미국 공인회계사 자격을 가진 재무설계사로 구성되어 있다. 회원 자격요건으로는 미국공인회계사 자격증을 보유하고 AICPA의 우량회원이어야 한다. 2장에서 설명한 것처럼 AICPA는 개인재무전문가(PFS)란 직업상의 명칭을 부여하고 있다. 회원들은 《플래너》라는 격월간 분과 뉴스레터와 매년 발간되는 PFP 영업안내서『PFP사업의 책임』, AICPA-PFP 전문 학회 참석비용 할인, 소비자 안내책자 구입 기회제공 등의 혜택을 받는다.

이 분과의 목적은 미국 CPA와 CPA/PFS에 대한 대중적인 인지도를 높이고, 이들을 최고 PFP 서비스 제공자가 되도록 만드는 것이다. 이들은 또한 투자상담 서비스 센터를 개설하고, 교육 자료를 확장하며, 해당 주 CPA 협회와 긴밀하게 협조해 나갈 계획을 세우고 있다. 자세한 정보를 얻고 싶으면 888-777-7077로 전화하거나 협회 웹사이트 www.aicpa.org를 방문하면 된다.


### 미국 투자관리 및 연구협회(AIMR)

이 협회의 회원은 미국, 캐나다, 해외의 3만 7,000명에 달하는 투자분석가로 구성되어 있다. 회원이 되려면 공인된 교육기관으로부터 학사학위를 취득하거나 관련 업무경력이 있어야 하고, CFA 자격

시험이나 AIMR 내부에서 관리하는 영업규정 관련 자격시험을 통과
해야 한다. 회원들은 AIMR Jobline에 접속할 수 있고 AIMR 단체가
제공하는 지역 프로그램에 참여할 수 있으며, AIMR 세미나, 학회,
웹사이트 프로그램, 화상회의 등에 대한 할인 혜택을 받는다. 협회
에서 발간한 책자로는 『CFA 다이제스트』, 『성과제안 기본규정』, 『세
미나 진행』, 『AIMR 회원 인명부』, 『AIMR 익스체인지』, 『AIMR 애
드버킷』, 『영업규정 안내』, 『영업규정 사례집』, 『CFA 응시자 학습
및 시험』 등이 있다. 자세한 정보를 원하면 800-247-8132로 전화하
거나 AIMR 웹사이트 www.aimr.org에 접속하면 된다.

### 재무설계협회(FPA)

이 협회는 2000년 1월에 설립되어 CFP 자격인증자와 자격을
갖춘 재무설계사를 포함해 약 2만 5,000명의 매우 다양한 재무설
계사를 대변한다. 이 협회는 이전 CFP 협회(ICFP)와 국제재무설계
협회(IAFP)가 통합된 조직이다. 이들은 다양한 학회, 출판물, 기타
회원 특전을 제공하고 있다. 더 상세한 정보를 원하면 800-322-
4237로 전화하거나 FPA 웹사이트 www.fpanet.org에 접속하면 된
다.[1]

### 투자관리 컨설턴트협회(IMCA)

2,100명의 회원으로 구성된 이 협회는 미국, 캐나다, 영국, 호주
에서 활동하는 투자 컨설턴트를 대변하고 있다. 회원에게는 입법

---

1) 우리나라는 한국FP협회(www.fpkorea.org, www.fpkorea.com 전화 02-3276-7636) —
   옮긴이 주.

관련 네트워크, 출판물, 다양한 학회, 공인투자관리분석사 교육과
정 등에 대한 할인 혜택을 제공한다. 협회 출판물로는 『투자활동의
실제』, 『ERISA를 이용한 신규 사업 개발』, 『투자성과 극대화하기』,
『컨설턴트 수학 입문』, 『마케팅 도구와 전문 과정별 시리즈』 등이
있다. 자세한 정보를 원한다면 800-599-9462로 전화하거나 협회
웹사이트 www.imca.org에 접속하면 된다.

### 전미개인재무상담사협회(NAPFA)

전미개인재무상담사협회(National Association of Personal Financial
Advisors: NAPFA)는 미국을 기반으로 652명의 회원으로 구성된,
순수업무수수료를 받고 서비스를 제공하는 재무상담사를 대변하
고 있다. 회원은 윤리규정과 수탁자 선서에 동의해야 하며 학사학
위 취득, 전문교육 내지 훈련 수료, 계속교육 요건 준수, 3년간의
업무경력, 종합적 재무설계 서비스 제공, 종합적인 재무계획 제출
등의 요건을 만족시켜야 한다. 회원들은 월간잡지 ≪NAPFA 어
드바이저≫와 '뉴스링크' 서비스를 제공받는다. NAPFA는 연례
학회를 개최하고 있다. 자세한 정보를 원하면 800-366-2732로 전
화하거나 협회 웹사이트 www.napfa.org에 접속하면 된다.

### 재무서비스전문가학회(Society of Financial Service Professionals)

이 조직은 재무서비스 산업의 모든 영역에 존재하는 재무서비스
전문가를 대변하며 3만 2,000명의 회원을 보유하고 있다. 회원 자격
요건은 다음과 같은 자격을 가진 사람이면 된다. 공인생명보험언더
라이터(CLU), 공인재무상담사(ChFC), 등록건강보험설계사(Registered
Health Underwriter: RHU), 등록종업원복지상담사(Registered Employee

Benefit Consultant: REBC), CFP, 미국 CPA, 법무박사, 공인경영지도
사(CLF) 또는 아메리칸 칼리지(American College)에서 수여하는 경영
학석사(Master of Science in Management: MSM)와 재무서비스석사
(Master of Science in Financial Service: MSFS) 학위 보유자 등이다. 회원
이 받는 출판물에는 ≪재무서비스 전문직업인 저널≫, ≪최신경향≫,
4종의 고객용 뉴스레터, 9종의 전문분야 뉴스레터 등이 포함된다.
회원은 추가로 9개의 전문 관심분야로 나뉜 하위분과에 소속될 수
있으며, 상급 계속교육 프로그램 또는 교과과정에 등록할 수 있다.
회원은 산업용품, 인터넷기반 조사서비스, 업계 뉴스, 전국 광고
및 홍보 캠페인, 네트워크, 총회모임, 광고 선전용 출판물, 전국
소비자 추천서비스 등을 이용할 수 있다. 이 협회는 매년 학회도
개최한다. 자세한 정보를 원하면 888-243-6900으로 전화하거나 웹
사이트 www.financialpro.org에 접속하면 된다.


## 사업용 프로그램

재무설계사는 고급 재무설계 소프트웨어 프로그램과 같은 자동
화 프로그램을 사용하면 대단히 많은 혜택을 얻을 수 있다. 처음에
는 이러한 프로그램을 이용하는 방법을 배우는 데 시간이 많이 걸
리겠지만, 일단 몇 가지 제품에 익숙해지면 직접 다른 제품을 시험
해 영업에 가장 적합한 제품을 찾아낼 수 있다. 다른 모든 컴퓨터
기술과 마찬가지로 이 분야 역시 급격하게 변화하고 있다. 여기서
는 이러한 프로그램을 평가하고 많은 시간을 들이지 않고서도 중
요한 내용을 이해할 수 있는 기초적인 출발점을 제공하려고 한다.

물론 이것은 어떤 제품이나 서비스를 보증하는 것은 아니다.


### 일괄 프로그램

재무설계, 투자설계, 관리 프로그램의 모든 단계가 명확하게 정해진 완전한 시스템을 갖춰 일하고 싶다면 일괄 프로그램을 고려해 보는 것이 좋다. 이론상으로는 자동차의 경우처럼 열쇠를 꽂은 후 돌리기만 하면 작동된다.

자산관리 시스템용 일괄 프로그램은 TAMP(Turnkey Asset Management Program)라고 부른다. 당신이 업무상 필요한 규정준수, 조사연구, 지원 서비스를 제공하는 사무관리지원 운영업체와 계약을 맺는다. 이런 프로그램 유형은 신입 재무설계사에게 도움이 되지만, 분명히 단점도 있다. 사업을 할 때마다 수수료를 사무관리업체와 나누어 가져야 한다. 그러나 TAMP를 사용하면 직접 모든 일을 하는 것보다 훨씬 빠르게 사업을 시작하고 운영할 수 있다.

개인재무설계 서비스용 일괄 프로그램은 다양한 방법으로 운영할 수 있다. 한 가지 유형은 당신이 자료를 수집해서 전자 프로그램이나 문서로 제출하면, 모든 재무계획을 작성해 주도록 업체와 계약하는 것이다. 그러면 그 회사는 자료를 입력하고 당신과 함께 숫자를 검토한 후 72시간 내 완성된 재무계획서를 보내준다. 당신은 그 계획서를 고객에게 설명한다. 이것은 주로 고객과 많은 시간을 보내고 사무관리를 책임질 사람을 원하는 재무설계사에게 적합한 수단이다.

두 번째 유형의 프로그램은 당신이 소개한 고객을 인계받아 재무계획을 제공하는 것이다. 만약 당신이 자격증을 가지고 있다면 소개를 통해 상품이 판매될 경우 약간의 수수료를 받는다. 이 방식은 당신이 사업에 대해 배울 필요가 없다는 장점이 있다. 당신이 실제로 업무를 배워 실행할 때 벌 수 있는 소득보다 훨씬 적다는 것이 단점이다.

또 다른 접근방식은 직접 일괄 프로그램을 만드는 것이다. 투자, 은퇴, 보험, 상속 설계 각 분야에 전문성을 가진 재무설계사와 세금 문제를 처리할 미국 공인회계사 등으로 구성된 집단에 합류하는 방법이다. 이럴 경우 고객은 니드를 해결하는 데 필요한 전문가 집단을 만날 수 있다. 요즈음에는 대부분의 재무설계사가 저마다 전문화하고 있기 때문에 이런 방법이 때로는 효과적이다.

다음은 재무설계사에게 일괄 프로그램을 제공하는 회사다.

<table>
<tr><td colspan="2" align="center">일괄 프로그램</td></tr>
<tr><td colspan="2">순수업무수수료</td></tr>
<tr><td>Buckingham Asset Management, St. Louis, MO</td><td>314-725-0455</td></tr>
<tr><td>Charles P. Smith & Associates</td><td>941-688-1725</td></tr>
<tr><td>Charles Schwab</td><td>800-648-6021</td></tr>
<tr><td>LPL Financial Services</td><td>800-877-7210</td></tr>
<tr><td>Matrix Asset Allocation, Cincinnati, OH</td><td>513-563-8015</td></tr>
<tr><td>PPC Financial Advisory Services</td><td>800-323-8724</td></tr>
<tr><td>Waterhouse (Jack White) Securities</td><td>800-582-8585</td></tr>
<tr><td colspan="2">판매수수료</td></tr>
<tr><td>First Global</td><td>800-959-8461</td></tr>
<tr><td>HD Vest</td><td>800-821-8254</td></tr>
<tr><td>Investment Management & Research</td><td>800-552-2535</td></tr>
<tr><td>Smith Barney</td><td>800-327-2048</td></tr>
<tr><td>Terra Financial</td><td>888-989-3772</td></tr>
</table>

## 소프트웨어 프로그램 선택

소프트웨어 프로그램을 구입하기란 쉽지 않다. 상당히 큰돈이 들어가는 투자이기 때문에 구입 결정을 내리기 전에 충분히 조사해야 한다. 안타깝게도 원하는 대로 정확히 운용되는 프로그램은 없다. 견본을 사용해봐도 많은 고객을 대상으로 실제 사용해 보기 전에는 어떤 프로그램이 정확히 어떻게 작동하는지 알 수가 없다.

컴퓨터 프로그램을 구입하기 전에 시간을 내어 다음 20가지 질문으로 평가하면 도움이 될 것이다.

① 하나의 통합 프로그램과 특정 업무용으로 분리된 다수 프로그램의 장단점은 무엇인가?

② 구입한 재무설계 소프트웨어에 대해 매년 지원비용을 지불해야 하는가? 이 비용에는 어떤 것이 포함되는가?

③ 이 소프트웨어가 다른 프로그램과 연결되면 어떤 영향이 있는가?

④ 이 소프트웨어를 사용하려면 제3의 운영프로그램이 필요한가? 만약 그렇다면 검토할 특별한 문제점이 있는가?

⑤ 이 재무설계 소프트웨어를 작동시키려면 어떤 기술이 필요한가?

⑥ 재무설계 소프트웨어 프로그램을 평가하는 데 얼마나 많은 시간이 걸릴 것으로 예상되는가?

⑦ 이 프로그램의 시험평가 기간은 얼마나 되는가?

⑧ 이 재무설계 프로그램을 제대로 사용하려면 얼마나 걸리는가?

⑨ 어떤 훈련이 필요하며, 어디에서 지원하는가?

⑩ 해당 소프트웨어 공급자에게는 어떤 사용자 그룹이 존재하

는가? 기존 사용자에 대해 얼마나 큰 비중을 두고 있는가?

⑪ 이 소프트웨어 공급자는 당신이 거래하는 금융기관으로부터 고객별로 자료를 다운로드받는가?

⑫ 이 공급업체는 당신의 고객 가운데 한 사람에 대해 견본 계획서를 작성해 제공하는가?

⑬ 이 소프트웨어에 오류가 없는가?

⑭ 소프트웨어 업데이트는 얼마나 자주 하는가?

⑮ 당신이 하드웨어를 업그레이드하는 주기는 얼마나 될 것으로 예상되는가?

⑯ 고객정보입력 프로그램이 내장되어 있는가? 그 프로그램은 필요에 따라 수정할 수 있는가?

⑰ 이 소프트웨어를 복사해 다른 컴퓨터에서 사용해도 되는가?

⑱ 소프트웨어 X에서 소프트웨어 Y로 전환하면 자료도 X에서 Y로 옮겨지는가?

⑲ 이 소프트웨어 회사가 도산할 가능성이 있는가?

⑳ 이 소프트웨어 공급자는 소프트웨어에 관련된 질문 외에 컴퓨터 운영에 관한 질문에 답변할 수 있는가?

## 공급업체와 계약

당신이 원하는 소프트웨어 유형을 결정하고 공급업체와 만나 입찰제안서(RFP)를 부탁한다. 이 입찰제안서를 통해 여러 가지 프로그램을 비교할 수 있다. 이 제안서 또는 유사한 양식을 공급업체에게 보내거나 규모가 큰 산업전시장을 방문하면 된다. 여기서 소개한 업체 가운데 많은 업체가 제품을 출시하고 있을 것이며, 해당 프로그램에 대한 개별 시연을 받을 수 있다.

입찰제안서에는 다음과 같은 질문항목으로 구성되어 있으며, 필요에 따라 항목을 수정할 수도 있다.

· 소프트웨어 제품명
· 회사
· 주소
· 전화번호
· 팩스번호
· 전자우편
· 웹사이트
· 영업사원

### 서비스 및 교육훈련

① 교육용 비디오테이프를 제공하는가?

② 초기 교육을 실시하는가? 그렇다면 그 교육과정은 언제 실시되는가?

③ 프로그램 운용능력 향상을 위해 고급 교육훈련 과정을 제공하는가?

④ 나의 경험 수준에 비춰볼 때 이 시스템에 적응하려면 얼마나 많은 시간이 걸리는가?

⑤ 서로 다른 기능에 대해 차별적인 교육훈련을 제공하는가?

⑥ 연간 유지 보수비용은 얼마인가? 그 안에는 어떤 것이 포함되는가?

⑦ 이 수수료에는 장래 프로그램 향상을 위한 비용이 포함되어 있는가?

⑧ 앞으로 2년 동안 도입할 프로그램 향상 계획은 어떤 것인가?

⑨ 기술적 지원을 하는가?

기술

① 프로그램을 작동하는 데 필요한 하드웨어(디스크 공간 포함) 수준은 어느 정도인가?

② 프로그램을 작동하는 데 다른 소프트웨어가 필요한가?

③ 네트워크에서 소프트웨어를 작동할 수 있는가? 이 소프트웨어는 다중사용자 접속이 가능한가?

④ 프로그램 안에 어떤 소프트웨어가 포함되어 있는가?

⑤ 부가기능을 사용하는 데 얼마 정도의 추가비용이 드는가?

⑥ 개별 고객의 필요에 맞게 프로그램의 초기설정값을 변경할 수 있는가?

⑦ 이 소프트웨어는 보고서 작성에 사용된 계산의 검증 기능을 포함하고 있는가?

⑧ 시스템이 의사결정 기능을 가지고 있는가?

⑨ 그렇다면 의사결정을 위한 가정은 무엇을 근거로 하는가?

⑩ 의사결정을 내릴 때 시스템에 어떤 의견이나 목적을 고려하는가?

출력

① 가장 긴 계획서는 몇 쪽 분량인가? 가장 짧은 경우는?

② 이 프로그램으로 계획서 요약을 작성해낼 수 있는가?

③ 이 프로그램은 은퇴, 교육, 투자설계 등을 위한 개별 또는 단위별 계획을 작성할 수 있는가?

④ 보고서는 장래 몇 년 정도까지 예측할 수 있는가? 재무설계

사가 그 기간을 변경할 수 있는가?

⑤ 연방 및 주 세율은 정확한가 아니면 예측한 것인가?

⑥ 각 부문별로 얼마나 많은 세부항목이 들어가는가?

⑦ 모든 항목을 도표화할 수 있는가?

⑧ 본문은 마이크로소프트 워드(MS Word) 또는 워드퍼펙트(Word Perfect)와 같은 워드프로세싱 프로그램에 통합되어 있는가?

⑨ 참고자료가 지원되는가?

⑩ 어떤 종류의 보조 보고서를 작성할 수 있는가?

⑪ 출력을 디스크파일로 할 수 있는가?

⑫ 이 시스템은 가정 시나리오를 어떻게 처리하는가?

⑬ 이 시스템은 고객과 의사소통을 계속하기 위해 고객 평가 보고서를 산출하는가?


입력

① 설문대상은 누구인가?

② 설문서에서 필요한 정보를 강조하고 있는가?

③ 재무설계에 대한 지식이 없는 사람도 자료를 입력할 수 있는가?

④ 자료 기입 화면이 실제 사용되는 설문서처럼 보이는가?

⑤ 기록란(fields)에 번호나 코드가 있는가?

⑥ 자료 기입란에 어떤 오류 처리방식이 내장되어 있는가?

⑦ 자료 기입을 위한 도움말 화면이 존재하는가? 도움말 화면은 특수한 분야에 관한 것인가 아니면 일반적인 분야에 관한 것인가?

업체의 이력

① 회사 창업자는 누구이며 회사를 설립한 목적은 무엇인가?

② 회사는 언제 소프트웨어를 판매하기 시작했는가?

③ 회사의 직원은 몇 명인가?

④ 몇 종류의 소프트웨어를 판매하고 있는가? 모두 재무설계에
   관련된 제품인가?

⑤ 회사의 재무정보를 제공할 수 있는가?

⑥ 회사는 다른 회사의 자회사 또는 제휴업체인가?

⑦ 주요 소프트웨어 경쟁업체는?

⑧ 당해 제품이 타 경쟁사의 제품보다 뛰어난 이유는 무엇인가?


기초자료

① 소프트웨어 가격은 얼마인가?

② 전액 환불 가능 기간이 정해져 있는가?

③ 소프트웨어의 네트워크 버전이 있는가?

④ 하드웨어도 판매하고 있는가? 그렇다면 그 제품은 어떤 유형
   이며 가격은 얼마인가?

⑤ 연간 유지보수 비용은 얼마인가?

⑥ 내년에 소프트웨어 또는 유지보수 비용을 인상할 예정인가?

⑦ 이 소프트웨어를 추천해 줄 만한 3명의 재무설계사 이름을
   말할 수 있는가?

⑧ 구매 의사결정을 내리기 전에 다음과 같은 소프트웨어 항목
   을 검토해야 한다.

   a. 설문서 또는 질문표

   b. 완성된 설문서에 기초한 계획서 견본

c. 모든 일정

d. 모든 보조 보고서

e. 모든 도표

f. 참고자료(의사결정과 관련이 없는 참고용)

g. 자신의 회사정보

h. 매출 정보

i. 기술적 설명

j. 샘플 소프트웨어 사용허가 계약

⑨ 귀사의 시스템은 재무설계 기능 가운데 다음 중 어떤 기능이
부가되어 있는가?

a. 포트폴리오 관리

b. 자산평가

c. 실무지원

d. 주문입력

e. 묶음처리(batch processing)

f. 고객관리

g. 외부 데이터 서비스 연결

## 관련 소프트웨어 프로그램

다음 회사들은 재무설계용 소프트웨어를 공급하고 있다. 상세한
정보를 원한다면 공급업체에 전화해서 선전용 프로그램 디스크나
안내책자를 보내달라고 요청하면 된다.

## 재무설계 소프트웨어 프로그램

| 프로그램 명칭 | 개발회사 | 전화번호 |
|---|---|---|
| Easy Money Plus | Money Tree Software | 541-929-2447 |
| Execplan for Windows 4.0 | Sawhney Systems | 609-987-5000 |
| Expert Series Sterling | Wentworth | 800-752-6637 |
| Financial Planning Professional | Lumen Systems | 800-233-3461 |
| Financial Planning Toolkit | Leimberg & LeClair | 610-526-1000 |
| Finpack | FDP Corporation | 800-337-2677 |
| FPLAN | First Financial Software | 800-736-4920 |
| Investment Software Connection | The Investment Software Connection, Inc. | 303-766-4828 |
| L2000 Comprehensive Financial Planning System | Mobius Group, Inc. | 800-662-4874 |
| Life Goals '97 | Successful Money Management Software | 888-326-0006 |
| PFP Notebook | Brentmark Software | 800-879-6665 |
| PFP Partner | AICPA | 800-862-4272 |
| Profiles+ | Financial Profiles | 800-237-6335 |
| Syrius | Sycomex U.S. | 888-792-6639 |
| Wealth Creator 2.0 | RAM Technologies | 905-795-9222 |

## 뮤추얼펀드 정보 프로그램

| 프로그램 명칭 | 개발회사 | 전화번호 |
|---|---|---|
| CDA Weisenberger-HY Sales | CDA Weisenberger | 800-232-2285 |
| FundScope | The Planner's Edge | 800-859-8039 |
| Investor Square | Manhattan Analytics | 800-251-3863 |
| Monocle Ⅱ | Manhattan Analytics | 800-251-3863 |
| Mutual Fund Expert 5.8 | Steele Systems | 310-478-4213 |
| Mutual Fund Explorer | InvestorSquare | 800-251-3863 |
| Net Funds Navigator | No-Load Fund Shareholders | 800-966-5623 |
| Principia for Closed-End Funds | Morningstar | 800-735-0700 |
| Principia for Mutual Funds | Morningstar | 800-735-0700 |
| Principia Plus for Mutual Funds | Morningstar | 800-735-0700 |

| Standard & Poor's<br>Fund Service | Standard & Poor's | 800-596-5323 |
| Value Line Fund Analyzer | Value Line Publication | 800-654-0508 |

## 투자설계 프로그램

| 프로그램 명칭 | 개발회사 | 전화번호 |
| --- | --- | --- |
| Ameritrade Operating System | Ameritrade Clearing | 800-237-8692 |
| Analyst | Ibboston Associates | 800-758-3557 |
| APL | Checkfree Investment | 201-332-2020 |
| Asset Allocation Planner | Cheshire Software | 800-734-6734 |
| Axys | Advent Software | 800-727-0605 |
| Blueprint | CDA/Weinsenberger | 800-232-2285 |
| Captool | Captools Co. | 800-826-8082 |
| Centerpiece | Performance Technology | 800-528-9595 |
| Client/Asset Management Systems | National Datamax | 619-673-3300 |
| dbCAMS+ | Financial Computer Support Incorporated | 301-334-1800 |
| Encorr | Ibboston Associates | 800-758-3557 |
| Frontier Analytics | Frontier Analytics | 858-552-1268 |
| Fund Strategist | Ibboston Associates | 800-758-3557 |
| Global Access | Disclosure | 301-951-1300 |
| Impress | BPS Winsoft | 800-437-7299 |
| LaPorte Software for Windows | Burlington Hall | 908-813-0077 |
| Marketmate | Rescom America | 212-695-3227 |
| Morningstar Stock Tools | Morningstar | 800-735-0700 |
| Portfolio Strategist | Ibboston Associates | 800-758-3557 |
| Portfolio Tracker | RAM Technologies | 905-795-9222 |
| Power Optimizer | Wilson Associates | 800-480-3888 |
| QMP | Blue Chip Development | 541-389-9952 |
| Quikfinpro | Wilson Associates | 800-480-3888 |
| Ramcap | Wilson Associates | 800-480-3888 |
| Telescan Investors Platform | Telescan Investors | 281-588-9700 |
| Thomson Financial Software Solutions | Thomson Investment Software | 617-856-2700 |

(Periscope, Portia 4.0,
Thomson Open Trader)

| Xpress | Wilson Associates | 800-480-3888 |

## 고객접촉 프로그램

| 프로그램 명칭 | 개발회사 | 전화번호 |
|---|---|---|
| Client Data Systems | E-Z Data | 800-777-9188 |
| Client Info Plus | Mountech Software | 406-222-2800 |
| Client Vision | WinSales | 206-456-9050 내선 1번 |
| Goldmine Software | Goldmine Software | 310-454-6000 내선 509번 |
| Money Tools | Money Tree | 541-929-2447 |
| Peakwin 5.5 | SpringWater Software | 800-354-1548 |
| Probroker Client/Contact Manager | Progressive Alliance Marketing | 800-233-3227 내선 230번 |
| Visionplanner | Rescom America | 212-695-3227 |

## 고객교육 프로그램

| 프로그램 명칭 | 개발회사 | 전화번호 |
|---|---|---|
| Back Room Technician | Kettley Publishing | 800-777-3162 |
| Financial Planning Omniscience | FP Publications | 502-269-2955 |

## 재무설계 문헌

다음 서적들은 개인재무설계의 전문적인 사업관리에 대해 많은
부분을 다루고 있다. 당신은 특별한 주제에 대해 최대한 많은 지식
을 보유해야 한다. 당신은 매월 사업의 다른 분야에 초점을 맞춰
능력을 향상시킬 수 있는 특정 분야의 전문서적을 찾는 업무습관을

개발해야 한다. 다음 도서목록은 각 분야에서 선구적인 서적이다.

Bachrach, Bill. 1998. *Values-Based Selling*. Aim High Publishing.

Beam, Burton Jr. 2000. *Fundamentals of Insurance for Financial Planning*. The American College.

Bowen, John Jr. and Daniel C. Goldie. 1997. *Creating Equity: Building a Hugely Successful Asset Management Business*. SDC Publishing.

Bowen, John Jr. and Daniel C. Goldie. 1998. *The Prudent Investor's Guide to Beating Wall Street at Its Own Game*, reprinted ed. McGraw-Hill.

Burg, Bob. 1998. *Endless Referrals Updated Edition*. McGraw-Hill.

Chambers, Larry. 1998. *The First-Time Investor*. McGraw-Hill.

Chambers, Larry. 1999. *The Guide to Financial Public Relations*. CRC Press-St. Lucie Press.

Crowe, Robert M. and Charles E. Hughes. 1993. *Fundamentals of Financial Planning*. The American College.

Donahue, Robert J. 1998. *An Introduction to Cash Flow Analysis*. The Regent School Press.

Duff, Richard W. 1995. *Preserving Family Wealth Using Tax Magic*. Berkley Publishing Group.

Ellis, Charles. 1993. *Investment Policy: How to Win the Loser's Game*. Business One/Irwin.

Evensky, Harold R. 1997. *Wealth Management: The Financial Advisor's Guide to Investing and Managing Your Client's Assets*. Irwin. 윤병철 옮김. 2003. *Wealth Management*. 한국에프피협회.

Fontaine, Constance J. 1999. *Fundamentals of Estate Planning*. The American College.

Fowler, D. Larry, William Mears, and Jeffrey H. Rattiner. 2000. *Personal Financial Planning Portfolio Library*. Harcourt Professional Publishing.

Gerber, Michael E. 1995. *The E-Myth Revisited*. Harper Business.

Gibson, Roger. 1996. *Asset Allocation: Balancing Financial Risk*. Irwin. 조영삼 옮김. 2005. 『재무상담사를 위한 자산배분 전략』. 서울: 서울엠.

Graves, Edward E. 1994. *McGill's Life Insurance*, Huebner School Series. The American College.

Ibboston Associates. 2000. *Stocks, Bonds, Bills, and Inflation*. Ibboston Associates.

Johnson, Kerry. 1993. *Mastering the Game*. International Productivity Systems, Inc.

Jones, Charles Parker. 1999. *Investments: Analysis and Management*, 7th ed. John Wiley & Sons.

Katz, Deena B. 1999. *Deena Katz on Practice Management for Financial Advisers, Planners, and Wealth Managers*. Bloomberg Press. 김선호·이형종·강성호 옮김. 2005. 『재무설계사를 위한 개인재무설계 컨설팅 II』. 서울: 서울엠.

Kirsch, Clifford E.(editor). 1996. *The Financial Services Revolution*. Irwin.

Krass, Stephen J. 2000. *Pension Answer Book: The 2000 Edition*. Aspen Publishing, Panel Publishers.

Landis, Andy. 1997. *Social Security: The Inside Story*, 2nd ed. Crisp

Publications.

Lehmann, Michael B. 1997. *The Irwin Guide to Using the Wall Street Journal*. McGraw-Hill.

Leimberg, Stephen R. and John J. McFadden. 1997. *The Tools and Techniques of Employee Benefit and Retirement Planning*, 5th ed. National Underwriter Company.

Leimberg, Stephen R. 1998. *The Tools and Techniques of Estate Planning*, 11th ed. National Underwriter Company.

Levin, Ross. 1997. *The Wealth Management Index*. Irwin. 김선호 · 조영삼 · 이형종 옮김. 2005. 『재무상담사를 위한 고객 재무설계』. 서울: 서울엠.

Levy, Donald R. 1999. *Individual Retirement Accounts Answer Book: Special Supplement—Quick Reference to IRAs*, Aspen Publishing, Panel Publishers.

Littell, David A. and Kenn B. Tacchino. 1999. *Planning for Retirement Needs*. The American College.

Loewe, Raymond D. 1998. *A Professional's Guide to College Planning*. National Underwriter Company.

Matson, Mark E. 2000. *Flashpoint: Mastering the Art of Economic Abundance*. McGriff Publishing.

Mayo, Herbert. 2000. *Investments*, 6th ed. Driden.

McCarthy, Ed. 1997. *The Financial Advisor's Analytical Toolbox*. McGraw-Hill.

Mitchell, William D. Esq. 1999. *Estate and Retirement Answer Book*, 2nd ed. Aspen Publishing, Panel Publishers.

Mittra, Sid and Jeffrey H. Rattiner. 2000. *Practicing Financial Planning: A Complete Guide for Professionals*. Mittra & Associates Publishing.

Moeller, Steven. 1999. *Effort-Less Marketing for Financial Advisors*. American Business Visions.

Morrow, Edwin P. 1999. *Personal Coaching for Financial Advisors*. Financial Planning Consultants, Inc.

National Underwriter Company. 2000. *Social Security Manual, 2000*. National Underwriter Company.

Practitioners Publishing Company. 1999. *Personal Financial Planning*. Practitioners Publishing Company.

Research Institute of America. 2000. *Federal Tax Handbook*. Research Institute of America.

Rowland, Mary. 1997. *Best Practices for Financial Advisors*. Bloomberg Press.

Rowland, Mary. 1998. *The New Commonsense Guide to Mutual Funds*. Bloomberg Press.

Siegel, Jeremy J. and Peter L. Bernstein. 1998. *Stocks for the Long Run: The Definitive Guide to Financial Market Returns and Long-Term Investment Strategies*, revised ed. McGraw-Hil.

Stein, Michael K. 1998. *The Prosperous Retirement: Guide to the New Reality*, Emstco Press.

Trone, Donald B. William R. Allbright, and Philip R. Taylor. 1996. *The Management of Investment Decisions*. McGraw-Hill.

Vaughan, Emmett and Therese M. Vaughan. 1999. *Fundamentals of Risk and Insurance*, 8th ed. John Wiley & Sons.

Vessenes, Katherine. 1997. *Protecting Your Practice*. Bloomberg Press.

Vessenes, Katherine. 1992. *The Compliance Liability Handbook*. IAFP Press.

Wilson, Carol Ann. 1996. *The Financial Advisor's Guide to Divorce Settlement*. Irwin.


## 개인재무설계 정기간행물

American Association of Individual Investors' *AAII Journal*(312-280-0170).

American College's *Journal of Financial Service Professionals*(800-392-6900).

Bloomberg's *Wealth Manager*(800-681-7727).

Crain's *Investment News*(313-446-0450).

Dow Jones's *Asset Management*(732-389-8700) and *Investment Advisor*(732-389-8700).

Financial Planning Association's *Journal of Financial Planning*(800-322-4237).

Institutional Investor's *Journal of Investing*(212-224-3185).

Securities Data Corporation's *Financial Planning*(212-765-5311).

Warren, Gorham & Lamont's *Estate Planning*(212-645-4800), *Financial Advisory Practice*(800-950-1216), and *Personal Financial Planning*(800-950-1216)

# 전문가 윤리 및 책임규정(1부)

## CFP 자격인증 위원회 윤리 및 책임규정

• 서문 및 적용대상. 전문가 윤리 및 책임규정(이하 '규정')은 CFP 보드가 CFP 인증 상표와 CFP 및 Certified Financial Planner 상표(이하 집합적으로 '상표'라 칭한다)의 사용을 인정하고 승인한 모든 사람에게 원칙과 규칙을 제공하기 위한 목적으로 채택한 것이다. CFP 보드가 그 상표의 사용을 인정하고 승인하는 주체다. 이러한 권한을 인정한다는 것은 모든 적용 법률과 규제의 명령과 요구를 따라야 할 의무와 모든 전문직업 서비스 및 활동에 윤리적이며 직업적으로 성실한 자세로 임해야 할 책임감을 암묵적으로 동의

한다는 의미다.

본 규정에 따라 CFP 보드가 상표를 사용하도록 인정 및 승인한 사람을 CFP 자격인증자 또는 Certified Financial Planner 인증자라고 부른다. 본 규정은 개인재무설계 업무 수행, 기타 재무서비스 분야, 해당 업계, 관련된 직업, 정부, 교육, 해당 상표가 자신의 직업적 책임의 성취를 위해 사용되는 다른 모든 직업 활동에 능동적으로 참여하고 있는 CFP 자격인증자에게 적용된다. 본 규정은 또한 CFP 보드에 CFP 지원자로 등록된 사람에게도 적용된다. 본 규정의 목적을 위해 CFP 자격인증자란 용어는 지원자까지 포함하는 것으로 간주된다.

• 구성 및 적용범위. 본 규정은 두 부문, 1장 원칙과 2장 규칙으로 구성된다. 원칙은 CFP 자격인증자에게 기대되고, 그들이 직업 활동에서 표현하려는 윤리적이고 직업적인 이념을 일반적인 용어로 표현한 것이다. 원칙은 본질적으로는 원하는 사항을 포함한 것이지만, CFP 자격인증자를 위한 지침의 근거를 제공할 목적도 있다. 각 원칙 항목에 관한 주석은 원칙의 의미를 좀더 상세히 설명한다. 규칙은 원칙에 포함된 주의에서 나오는 실용적인 지침을 제공한다. 그와 같이 규칙은 특수한 상황에서 따르기를 기대하는 윤리적이고 직업적으로 책임 있는 행위기준을 나타낸다. 본 규정은 시민의 의무를 위해 CFP 자격인증자의 직업적 행위기준을 한정할 책임을 지지는 않는다.

CFP 자격인증자가 노력하는 특수한 분야의 특성 때문에 어떤 규칙은 CFP 자격인증자의 활동에 적용할 수 없는 경우도 있다. 예를 들어 등록대리인(RR)으로서 유가증권 판매에만 종사하고 있는 CFP 자격인증자는 규칙 401항에 따라 공개 책임을 지지만, 규칙 402항 서면공개요건(개인재무설계 분야에 종사하는 CFP 자격인증자에게 적용됨)을 지켜야 할 의무는 없다. CFP 자격인증자라면 각자의 직업적 관계 속에서, 예를 들어 CFP 자격인증자가 신뢰 또는 비밀을 유지할 입장과 같은 특별한 상황에서 발생하는 의무를 포함해, 스스로 무엇을 책임져야 하는지 판단해야 할 의무가 있다. CFP 자격인증자는 그러한 책임을 충족시켜야 할 의무가 있다.

본 규정은 규칙과 원칙을 나란히 설명하도록 작성한다. 예를 들어 원칙 1조 성실성에 관련된 규칙에는 100부터 199까지의 번호가 지정되고, 원칙 2조 객관성에 관련된 규칙에는 200부터 299까지의 번호를 지정한다.

•규정 준수. CFP 보드는 상표 사용을 인정하고 승인한 모든 사람이 본 규정을 충실하게 준수할 것을 요구한다. 개인적인 그리고 해당 직종 전반에 의한 규정 준수는, 개별 CFP 자격인증자의 규정 원칙과 적용 규칙에 대한 지식과 자발적인 준수, 동료 전문가의 영향과 여론, 필요할 경우 규정의 적용 조항을 준수하지 못한 CFP 자격인증자와 관련된 징계 조치 등에 의존한다.

•본 규정에 사용된 용어. '고객'은 전문가를 고용하고 전문 서비스를 제공받는 개인, 개인들 또는 법인을 의미한다. 이런 정의를 위해 전문가가 고용되는 것은 어떤 개인이 관련된 사실과 상황에 기초해 전문가가 제공하는 정보나 서비스에 정당하게 의존할 때를 말한다. 전문가의 서비스가 어떤 실체(법인, 신탁, 동업회사, 유산재단 등)에 제공될 때 고객은 합법적인 권한 대리를 통해 행위하는 실체를 말한다.

'CFP 자격인증자(CFP designee)'는 현재 자격증을 받은 사람, 자격 후보자, 직접적 또는 간접적으로 연방정부에 의해 등록된 서비스 상표 CFP®과 Certified Financial Planner®의 명칭을 사용하는 모든 개인을 의미한다.

'판매수수료(Commission)'는 대리인 또는 중개인으로서 받은 보상이 판매 또는 매입거래 금액의 일정한 비율로 계산된 것을 의미한다.

'이해상충'은 CFP 자격인증자의 공정한 조언, 충고, 서비스 제공을 해치거나 상당히 해칠 수 있는 CFP 자격인증자의 재무적, 사업상, 재산상, 개인적인 이해관계에 대한 상황, 관계, 기타 사실을 의미한다.

'순수업무수수료(Fee-only)'란 개인재무설계 전문가나 관련된 모든 당사자가 어떠한 금융상품을 구입하거나 판매에 따른 보상을 받지 않고 오로지 고객에게만 보상을 받는 보상방식을 의미한다.

'관련 당사자(Related party)'는 이러한 목적을 위해 개인재무설계 전문가의 제안을 실행함에 따라 개인재무설계 전문가로부터 어떠한 직접적·간접적인 경제적 이익을 받은 개인 또는 법인을 의미한다.

'개인재무설계(Personal financial planning)' 또는 '재무설계(Financial planning)'는 개인이 적절한 재무적 자원을 관리해 인생목표를 달성할 수 있는지 여부와 그 방법을 결정하는 과정을 의미한다.

'개인재무설계 업무수행 과정(Personal financial planning process)' 또는 '재무설계 업무수행 과정(Financial planning process)'은 일반적으로 고객-재무설계사 관계정립, 목표를 포함한 고객관련 정보수집, 고객의 재무상태 분석 및 평가, 재무설계 제안 또는 대안의 작성 및 제시, 재무설계 제안의 실행, 재무설계 제안에 대한 모니터링 등 6단계를 포함하며, 반드시 그것에만 한정되지는 않는다.

'개인재무설계 업무수행 범위(Personal financial planning subject areas)' 또는 '재무설계 업무수행 범위(Financial planning subject areas)' 는 재무설계 업무수행 과정에 포함된 기본적인 업무수행 범위를 의미하며, 이 범위는 일반적으로 재무제표 작성 및 분석(현금흐름 분석·설계, 예산편성 포함), 투자설계(포트폴리오 설계, 즉 자산배분과 포트폴리오 관리 포함), 세금설계, 교육자금설계, 위험관리, 은퇴설계, 상속설계 등을 포함하나, 반드시 이것에 한정되지는 않는다.

'개인재무설계 전문가(Personal financial planning professional)' 또는 '재무설계 전문가(Financial planning professional)'는 개인이 재무적 목적을 달성할 수 있도록 객관적·종합적인 재무적 조언을 제공할 능력과 자격을 갖춘 사람을 의미한다. 재무설계 전문가는 반드시 기본적인 재무설계 업무수행 범위를 포함하는 재무설계 업무수행 과정을 활용해 고객에게 재무설계 서비스를 제공할 능력을 갖춰야 한다.

'개인재무설계 종사자(Personal financial planning practitioner)' 또는 '재무설계 종사자(Financial planning practitioner)'는 개인이 재무목표를 달성할 수 있도록 개인에게 객관적·종합적인 재무상의 조언을 제공할 능력과 자격을 갖추고 고객과 함께 재무설계 업무수행 과정을 활용해 재무설계에 종사하는 사람을 의미한다.


## 1장 원칙

다음 규정의 원칙은 일반대중, 고객, 동료, 고용인에 대한 직업적 책임감을 나타낸다. 그것들은 모든 CFP 자격인증자에게 적용되며, 전문 서비스를 수행할 때 따라야 할 지침을 제공한다.

• 원칙 1—성실성. CFP 자격인증자는 성실하게 전문 서비스를 제공해야 한다. 구성 및 적용범위에서 설명한 바와 같이 CFP 자격인증자는 고객으로부터 신뢰를 받고 비밀을 유지할 사람으로 인식되고 있다. 이러한 대중적 신뢰의 원천은 CFP 자격인증자의 개인적인 성실성이다. 무엇이 옳고 정당한지 결정할 때, CFP 자격인증자는 그에 적합한 기준으로 자신의 성실성에 따라야 한다. 성실성은 개인적인 이익과 편의에 종속되지 않는 정직, 공정성을 요구한다. 성실성의 특성상 고의성이 없는 실수와 합리적인 의견차이는 허용될 수 있다. 그러나 성실성은 허위와 공존할 수 없으며 개인의 원칙에 종속될 수 없다. 성실성의 원칙에 따라 CFP 자격인증자는 본 규정의 내용뿐만 아니라 정신도 준수해야 한다.

• 원칙 2—객관성. CFP 자격인증자는 고객에게 객관적인 전문 서비스를 제공해야 한다. 객관성은 지적인 정직과 불편부당성을 요구한다. 그것은 모든 전문직업인이 반드시 갖춰야 할 자질이다. 제공하는 서비스의 특수성이나 CFP 자격인증자의 능력에 관계없이 CFP 자격인증자는 업무의 성실성을 지키고 객관성을 유지하며 본 규정을 위반할 수도 있는 자신의 판단에 따르지 않아야 한다.

• 원칙 3—능력개발. CFP 자격인증자는 충분한 능력을 갖춰 고객에게 서비스를 제공해야 하고, 자격인증자가 종사하고 있는 분야에서 지속적으로 서비스를 제공할 수 있도록 필요한 지식과 기술을 유지해야 한다.

적절한 지식과 기술을 습득하고 유지하며 고객에게 서비스를 제공하고 효과적으로 적용할 때 능력을 갖추었다고 말할 수 있다. 보유한 지식의 한계를 인식하고 상담할 때와 소개고객을 요청할 때를 아는 것과 같은 지혜도 능력이라고 할 수 있다. CFP 자격인 증자는 CFP란 명칭을 받아 재무설계 업무수행 자격을 갖춘 사람 으로 간주된다. 그러나 CFP 자격인증자는 자격에 걸맞는 필요한 공통 지식을 받아들이고 필요한 경험을 쌓는 것뿐만 아니라 지속 적인 훈련 및 직업적 능력향상에 전념해야 한다.

• 원칙 4—공정성. CFP 자격인증자는 고객, 본인, 파트너, 종업 원에게 공정하고 합당한 방식으로 전문 서비스를 제공하고, 그러 한 서비스를 제공할 때 이해상충에 대해 공개해야 한다.

공정성은 불편부당, 지적인 정직, 이해상충의 공개 등을 요구한 다. 그것은 상충되는 이해관계의 적절한 균형을 유지하기 위해 개 인의 감정, 편견, 욕망을 배제해야 한다. 공정성은 자신이 대우받 고 싶은 것과 동일한 방식으로 남을 대우하는 것이며, 모든 전문직 업인이 반드시 갖춰야 할 특성이다.

• 원칙 5—비밀유지. CFP 자격인증자는 과실 혐의로부터 자신 을 보호하거나 자신과 고객 간의 민사 분쟁과 관련한 적법한 절차 가 아닌 경우라면, 고객의 명확한 동의 없이는 어떠한 고객의 비밀 정보도 누설하지 않아야 한다.

CFP 자격인증자의 서비스를 원하는 고객은 CFP 자격인증자와 개인적인 신뢰와 비밀을 유지하는 관계를 형성하고 싶을 것이다. 이런 유형의 관계는 CFP 자격인증자에게 제공되는 정보 또는 기타 정보의 비밀이 유지될 것이라는 판단에 따라 성립될 수 있다. CFP 자격인증자는 사려 깊은 서비스를 효과적으로 제공하고 고객의 사 생활을 보호하기 위해서 고객정보의 비밀을 유지해야 한다.

• 원칙 6—전문가정신. CFP 자격인증자의 모든 행동은 전문직 업의 신뢰를 반영한다.

CFP 자격인증자가 제공하는 전문서비스의 중요성 때문에 서비스를 이용하는 모든 사람, 동료, 관련 직종 종사자에게 품위와 예의를 갖추고 행동해야 할 책임이 따른다. CFP 자격인증자는 전문직업의 대중적인 이미지를 향상시키고 유지하기 위해 동료 CFP 자격인증자와 협력하고 서비스의 질을 개선하기 위해 다른 CFP 자격인증자와 함께 노력할 의무가 있다. 모든 CFP 자격인증자의 단합된 노력과 기타 전문직업인과 협력을 통해서 이러한 비전을 실현할 수 있다.

• 원칙 7—근면봉사. CFP 자격인증자는 전문 서비스를 제공할 때 근면·성실하게 행동해야 한다.

근면봉사란 도리에 맞는 신속함과 철저한 자세로 서비스를 제공하는 것을 말한다. 근면봉사는 전문 서비스를 제공하기 위한 올바른 계획수립과 관리감독까지 포함하는 것이다.


## 2장 규칙

1장 원칙에 설명한 바와 같이 원칙은 모든 CFP 자격인증자에게 적용된다. 그러나 CFP 자격인증자가 종사하고 있는 특수한 분야의 성격 때문에 어떤 규칙은 그러한 CFP 자격인증자의 활동에는 적용할 수 없는 경우도 있다. CFP 자격인증자의 활동범위는 너무나 광범위해서 어느 CFP 자격인증자는 재무설계 전문직업인이 제공하는 보편적인 서비스의 전부 또는 일부를 제공하거나 아니면 그중 어떠한 서비스도 제공하지 않을 수도 있다. 따라서 2장의 규칙을 고려할 때 CFP 자격인증자는 반드시 먼저 자신이 어떤 특수한 서비스를 제공하고 있는지 아니면 특수하지 않은 서비스를 제공하고 있는지 인식하고 나서 특정한 규칙이 그러한 서비스에 적용되는지 여부를 결정해야 한다. CFP 자격인증자가 그러한 결정을 내릴 수 있도록 지원하기 위해서, 본 규정은 규정 전반에 걸쳐 사용된 용어를 정의하고 있다. 이러한 정의에 따라서 CFP 자격인증자는 어떠한 서비스를 제공하고 있는지, 따라서 어떤 규칙이 그러한 서비스에 적용되는지 결정할 수 있어야 한다.

성실성 관련 규칙

• 규칙 101. CFP 자격인증자는 허위 또는 오해를 초래할 수 있는 정보전달이나 광고를 통해 고객을 유혹해서는 안 된다.

(a) 오해를 초래할 수 있는 광고: CFP 자격인증자는 CFP 자격인증자의 영업 또는 CFP 자격인증자가 소속된 기관의 규모, 범위 또는 역량 있는 분야 등에 대해 허위 또는 오해를 초래할 수 있는 광고를 해서는 안 된다.

(b) 판매촉진 활동: 판매촉진 활동을 할 때 CFP 자격인증자는 대중에게 허위 또는 오해를 초래할 수 있는 정보를 전달하거나 또는 CFP 자격인증자의 재무설계 또는 전문 활동 및 역량에 관련된 점에 대해 정당하지 않은 기대를 창출해서는 안 된다. '판매촉진 활동'이란 용어는 연설, 인터뷰, 저서, 인쇄출판물, 세미나, 라디오 및 TV 쇼 프로그램, 비디오카세트 등을 포함하나, 반드시 이것들에 한정되는 것은 아니다.

(c) 권한의 대변: CFP 자격인증자는 권한이 부여된 경우를 제외하고는 CFP 보드 또는 기타 단체의 견해를 대변하고 있다는 인상을 줘서는 안 된다. 개인적인 견해는 그 사실을 분명히 밝혀야 한다.

• 규칙 102. 업무수행 과정에서 CFP 자격인증자는 고객, 고용인, 종업원, 동료, 정부 또는 기타 규제당국이나 관료 또는 다른 모든 개인 또는 주체에 대해 부정, 사기, 속임수 또는 허위진술 또는 고의적인 잘못 또는 오해하기 쉬운 진술 등을 포함하는 일체의 언동에 관여되어서는 안 된다.

• 규칙 103. CFP 자격인증자는 고객의 자금, 기타 재산에 대해 다음과 같은 책임을 지닌다.

(a) 고객의 자금, 기타 재산을 보관하거나 그에 대한 재량권을 행사할 때, CFP 자격인증자는 관련된 법률문서(예를 들어 특수한 위임장, 신탁, 유언장 등)에 기재된 권한 내에서 행동해야 한다.

(b) CFP 자격인증자는 보관중인 또는 CFP 자격인증자의 재량권 하에 있는 고객의 모든 자금과 기타 재산을 완벽하게 분류해 기록하고 관리해야 한다.

(c) 고객의 자금 또는 기타 재산을 수령한 경우, CFP 자격인증자는 법률이나 고객과 계약에 따라 정해진 경우를 제외하고는 지체 없이 수령 권한이 있는 고객이나 제3자에게 모든 자금 또는 기타 재산을 인도해야 하며, 고객의 요청에 따라 그러한 자금 또는 기타 재산에 대한 완벽한 회계자료를 제출해야 한다.

(d) CFP 자격인증자는 고객의 자금 또는 기타 재산을 자신의 개인적인 또는 소속한 회사의 자금, 기타 재산과 공동으로 관리해서는 안 된다. 관련법규를 준수하고 개별 고객의 자금 또는 기타 재산에 대한 정확한 기록을 제공하는 경우에 한해서는 한 명 이상의 고객의 자금 또는 기타 재산을 공동으로 관리할 수 있다.

(e) 투자를 목적으로 고객의 자산의 전부 또는 일부를 보관 및 관리하는 CFP 자격인증자는 피신탁인에게 요구되는 주의 의무를

다해야 한다.

#### 객관성 관련 규칙

• 규칙 201. CFP 자격인증자는 전문 서비스를 제공할 때 합당하고 신중한 직업적 판단을 내려야 한다.

• 규칙 202. 재무설계 전문가는 고객의 이익을 위해 행동해야 한다.

#### 능력개발 관련 규칙

• 규칙 301. CFP 자격인증자는 자신이 종사하고 있는 모든 관련 분야의 직무능력 향상을 위해 재무설계 분야의 발전에 따라 훈련을 지속하고 경력기간 내내 계속교육 과정에 참여해야 한다. 이와 관련해 CFP 자격인증자는 최소한의 계속교육을 이수해야 한다.

• 규칙 302. CFP 자격인증자는 전문분야에 대해서 전문가적 의견을 제공해야 한다. CFP 자격인증자가 전문능력이 없는 분야에 대해서는 다른 전문가의 자문을 구하거나 고객을 다른 전문가에게 소개해야 한다.

#### 공정성 관련 규칙

• 규칙 401. 전문 서비스를 제공할 때 CFP 자격인증자는 고객에게 다음과 같은 사항을 통보해야 한다.

(a) 직업적 관계에 관련된 구체적인 정보. 이것은 이해상충, CFP 자격인증자의 사업제휴관계, 주소, 전화번호, 자격증명서, 자격, 면허, 보수체계, 모든 종류의 대리관계, 이러한 관계 속에서 CFP 자격인증자의 권한 등을 포함하며, 반드시 여기 제시한 것에 한정

되지 않는다.

(b) 해당 관계에 적용되는 모든 법률이 그러한 법률을 준수하는
지 여부를 확인하기 위해 요구하는 정보.

• 규칙 402. 재무설계 전문가는 직업적 관계와 관련된 모든 구
체적인 정보를 적시에 서면으로 통보해야 한다. 모든 경우 그러한
공개 내용에는 이해상충, 보수의 근거가 반드시 명시되어야 한다.
다음과 같은 정보를 포함하는 서면에 의한 공개행위는 본 규칙을
준수하는 것으로 간주된다.

(a) 고객과 일하는 CFP 자격인증자(또는 회사)의 기본 철학에 대
한 설명. 여기에는 CFP 자격인증자가 활용하는 철학, 이론, 재무
설계 원칙 등이 포함되어야 한다.

(b) 고객에게 재무설계 서비스를 제공할 예정인 대표이사와 직
원의 이력사항 및 그러한 서비스에 대한 설명, 그러한 공개내용에
는 학력, 직업, 경력, 직업의 직책 및 보유자격, 전문분야 등이 포
함되어야 한다.

(c) 보수, 수수료 약정에 관한 근거와 모든 임시비 또는 기타 구체
적인 사항을 적절한 세부수준까지 공개하는 보상 관련 설명. 예측
수치가 있다면 그 내용을 분명하게 명시해야 하고 합리적인 전제에
따라야 한다. 소개료가 있다면 완전히 공개되어야 한다.

(d) CFP 자격인증자의 보수 약정이 순수업무수수료인지, 순수
판매수수료인지 아니면 업무수수료와 판매수수료의 병용인지를
나타내는 설명. CFP 자격인증자는 관련 당사자로부터 수수료 또
는 기타 형태의 경제적 이익을 받을 경우 순수업무수수료를 받는
재무설계 전문가라고 소개할 수 없다.

(e) CFP 자격인증자가 제3자와 맺고 있는 구체적인 대리 또는

고용관계와 그러한 관계로부터 발생하는 보수 또는 수수료에 대한 설명.

(f) 이해상충에 대한 설명.

• 규칙 403. 재무설계 서비스를 제공하는 CFP 자격인증자는 고객과 계약체결에 앞서 서면으로 CFP 자격인증자의 객관성 또는 독립성을 손상할 가능성이 있는 연고관계를 공개해야 한다.

• 규칙 404. 직업적 계약관계가 개시된 이후 계약관계에 따른 서비스가 종료되기 이전에 이해상충이 발생하는 경우에는 CFP 자격인증자는 고객 또는 기타 필요한 사람에게 이해상충 내용을 즉시 통보해야 한다.

• 규칙 405. 계약 관계를 계속 유지하는 고객을 위해서 재무설계 사업수행 전문가가 규칙 402에 따라 수수료의 근거를 공개하면, 매년 동일한 자료를 통보해야 한다. 연례 자료공개 요건은 고객에게 SEC의 ADV양식 최근 사본을 제공하거나 규칙 402의 사항을 실행하는 것으로 충족된다.

• 규칙 406. CFP 자격인증자의 보수는 공정하고 합리적이어야 한다.

• 규칙 407. 고객과 계약을 체결하기 전에 규칙 501의 비밀유지 요건을 충족시키는 범위 내에서 CFP 자격인증자는 현재, 과거 고객의 추천을 포함하는 참고자료를 제시할 수 있다.

• 규칙 408. CFP 자격인증자가 어떤 본인의 대리인 역할을 할 때는 권한의 범위가 명확하게 규정되어 계약에 명시되었는지 분명히 해야 한다.

• 규칙 409. CFP 자격인증자가 재무설계업체 또는 투자기관에 고용되었거나 또는 그러한 기관의 대리인 역할을 하고 있거나 아

니면 자영업을 하든지 관계없이 모든 CFP 자격인증자는 동일한 정보공개 및 서비스 기준을 지켜야 한다.

•규칙 410. CFP 자격인증자가 종업원인 경우 고용인의 합법적인 목적에 대해 헌신적으로 본 규정을 준수해 재무설계 서비스를 수행해야 한다.

•규칙 411. CFP 자격인증자는 다음 사항을 준수해야 한다.

(a) CFP 자격인증자의 고용주에게 그들에 대한 서비스를 손상할 가능성이 높은 외부 제휴업체에 대해 알린다.

(b) 고용상태나 CFP 보드 면허 자격에 변화가 발생한 경우 계약상 의무로 제외되지 않는 이상, 적시에 고용주와 고객에게 그 사실을 통지한다.

•규칙 412. 재무서비스 업체의 파트너 또는 대표자격으로 업무를 수행하는 CFP 자격인증자는 파트너 또는 공동 대표에 대해 신의·성실의 책임을 진다. 그것은 함께 업무를 수행하는 동안 적절하고 구체적인 재무 정보를 통보해야 할 뿐만 아니라 그 이상을 의미할 수도 있다.

•규칙 413. 재무설계 업체의 대표 또는 파트너로 업무를 수행하는 CFP 자격인증자는 자격증, 능력, 경력, 면허, 법률적 지위, 관련 당사자의 재무상태 등에 대한 적절하고 구체적인 신상정보를 관련 당사자간에 상호 교환해야 한다.

•규칙 414. 재무설계 업체의 파트너 또는 공동대표인 CFP 자격인증자가 회사에서 퇴직하는 경우 관련 계약건을 충실히 이행해야 하며 자신의 사업 지분을 공정하고 합리적으로 처리해야 한다.

•규칙 415. CFP 자격인증자는 고객을 위한 업무수행과 관련해 고용주, 파트너, 공동대표 등으로부터 받은 보수 외에 추가로 발생

하는 보수나 수익이 있는 경우 그 내용을 고용주, 파트너, 공동대
표에게 통보해야 한다.

•규칙 416. CFP 자격인증자가 고객과 거래계약을 체결하는 경
우 그 내용이 고객에게 공정하고 합리적이어야 하며, 해당 계약의
위험, 이해상충, 공정한 거래를 위해 필요한 다른 관련정보를 고객
에게 통보해야 한다.


비밀유지 관련 규칙

•규칙 501. CFP 자격인증자는 고객의 동의가 없이는 고객과
관계 또는 고객의 용무에 관련된 개인적으로 확인 가능한 정보는
어떤 것이라도 누설하거나 자신의 이익을 위해 사용해서는 안 된
다. 다만 다음과 같이 그 정보를 공개하거나 사용하는 것이 합리적
인 필요에 의한 경우는 예외로 한다.

(a) 자문 또는 증권계좌를 개설하기 위해, 고객을 위한 거래를
실행하기 위해 또는 그렇지 않으면 고객의 계약을 실행하기 위해
암묵적으로 권한을 부여받은 경우.

(b) 법률적 요건 또는 절차를 준수하는 경우.

(c) 소송에 대항해 CFP 자격인증자를 방어하기 위한 경우.

(d) CFP 자격인증자와 고객 사이의 민사소송 과정에서 이용되
는 경우.

이 규칙의 목적상 그것이 고객에게 실제로 해가 되건 그렇지 않
건 고객의 정보를 무단으로 사용하는 것은 타당치 않은 일이다.

•규칙 502. CFP 자격인증자는 고객과 마찬가지로 고용주에 대
해서도 동일한 비밀유지 기준을 준수해야 한다.

•규칙 503. 재무서비스 업체의 파트너 또는 대표로서 업무를

수행하는 CFP 자격인증자는 CFP 자격인증자의 파트너 또는 공동대표에게 신의성실의 원칙을 준수할 책임이 있다. 이는 함께 업무를 수행할 때나 또는 그 이후에라도 마찬가지로 비밀유지 원칙을 준수할 것이라는 합당한 기대를 저버리지 않는 것뿐만 아니라 그 이상을 의미할 수도 있다.

전문가정신 관련 규칙

• 규칙 601. CFP 자격인증자는 CFP 보드가 정하는 규정에 따라야 한다.

• 규칙 602. CFP 자격인증자는 공정하고 합리적인 경쟁을 통해 다른 재무설계 전문가, 관련 직업단체에 대해 존중을 표해야 한다. 그러나 CFP 자격인증자 사이의 협조가 본 규정의 시행을 방해해서는 안 된다.

• 규칙 603. CFP 자격인증자는 다른 CFP 자격인증자가 이 규정을 위반해 자격인증자로서 정직성, 신뢰성, 적격성에 중대한 의문을 야기한 위반 행위를 인지한 경우, 본 규정의 비밀유지 원칙에 어긋나지 아니하는 범위 내에서 지체 없이 이를 CFP 보드에 통보해야 한다. 본 규칙은 소송 또는 다른 분쟁조정 메커니즘상 관련되거나 기대되는 컨설턴트 또는 전문가 증언을 통해 얻은 지식에 대해서는 정보공개나 통지를 요구하지 않는다. 본 규칙의 목적상 지식은 중대한 의심의 여지가 없는 것을 의미한다.

• 규칙 604. CFP 자격인증자는 다른 자격인증자 또는 금융전문가가 중대한 비전문가적인 행위나 사기 또는 불법적 행위를 한 사실을 인지한 경우에는 본 규정의 비밀유지 원칙에 어긋나지 않는 범위 내에서 지체 없이 이를 해당 관계당국이나 업계 자율규제

기관에 통보해야 한다. 본 규칙은 소송 또는 다른 분쟁조정 메커니즘상 관련되거나 기대되는 컨설턴트 또는 전문가 증언을 통해 얻은 지식에 대해서는 정보공개나 통지를 요구하지 않는다. 본 규칙의 목적상 지식은 중대한 의심의 여지가 없는 것을 의미한다.

• 규칙 605. CFP 자격인증자는 소속 조직 내에서 위법행위가 있을 경우 이를 직속 상사나 파트너 또는 공동대표에게 관련 증거와 함께 통보해야 한다. 조직 내에 위법행위가 있음에도 불구하고 시정조치가 없을 경우 자격인증자는 CFP 보드를 포함한 업계자율규제기관에 그 사실을 통보해야 한다.

• 규칙 606. CFP 자격인증자는 다음 사항을 충실히 준수해야 한다.

(a) 법령과 관계 당국의 규정 및 지침

(b) CFP 보드의 제반 규정 및 방침

• 규칙 607. CFP 자격인증자는 CFP 자격인증자로서 사용하는 표장 또는 전문직업에 대해 자신의 성실성 또는 적격성을 손상시키는 행위를 해서는 안 된다.

• 규칙 608. 1940년 투자상담사법률에 따라 투자상담사는 미국 증권거래감독원(SEC)에 등록해야 하며, 이와 유사한 주 법률도 증권담당 기관에 등록을 요구할 수 있다. CFP 자격인증자는 고객에게 등록투자상담사로서 회사의 위상에 대해 알려줘야 한다. 현행 기준상 허용된 사업형태의 하나로 CFP 자격인증자는 개인적으로 등록투자상담사로 등록할 수 있다. CFP 자격인증자가 소속된 회사를 통해 등록되어 있다면, CFP 자격인증자는 등록투자상담사가 아니라 투자상담사에 소속된 개인일 뿐이다. 회사가 등록투자상담사인 것이다. 더구나 광고, 편지지 윗부분 인쇄문구, 업무용 명함 등에 CFP 자격인증자의 이름 뒤에 RIA 또는 R.I.A.를 사용하는

것은 오해의 소지가 있을 뿐 아니라 본 규정 또는 SEC 규제사항에서도 허용되지 않는 행위다.

- 규칙 609. CFP 자격인증자는 업무수행 자격을 갖추었거나 주 법률에 따라 허가를 받은 경우가 아니라면 다른 어떠한 전문적인 업무를 취급하거나 그러한 서비스를 제공해서는 안 된다.

- 규칙 610. CFP 자격인증자는 고객이 요구하는 경우 적시에 고객의 원본서류를 반환해야 한다.

- 규칙 611. CFP 자격인증자는 정당한 이유 없이 다른 CFP 자격인증자에 대해 협박하고 악의적으로 명예를 훼손하고, 곤경에 빠뜨리거나 부당한 부담을 지우기 위해 본 규정에 따른 처벌절차를 초래 또는 초래할 것이라거나, 규칙 603, 규칙 604에 따라 CFP 보드에 정보를 공개 또는 공개할 것이라거나 본 규정을 이용하거나 이용할 것이라고 협박해서는 안 된다.

- 규칙 612. CFP 자격인증자는 자격인증비 납부 및 자격인증의 갱신에 따른 윤리규정 준수서약서 제출 등 자격유지 요건을 이행해야 한다.


근면봉사 관련 규칙

- 규칙 701. CFP 자격인증자는 근면하고 성실하게 서비스를 제공해야 한다.

- 규칙 702. 재무설계 전문가는 고객과 업무계약을 체결하기 전에 충분한 정보를 확보하고 검토해 (a) 고객의 니드와 목적을 파악할 수 있어야 하며, (b) CFP 자격인증자는 고객을 위한 업무를 수행하면서 스스로 필요한 능력을 갖추고 있거나 다른 전문가의 협조를 구할 수 있어야 한다.

• 규칙 703. 재무설계 전문가는 고객에게 적절하다고 판단되는 서비스만 제공해야 한다.

• 규칙 704. CFP 자격인증자는 계약의 본질, 적용범위와 일치되도록 고객에게 제안하는 금융상품에 대해 합리적인 조사를 실시해야 한다. CFP 자격인증자 또는 다른 사람에 의해 실시되는 조사는 CFP 자격인증자가 그러한 조사에 근거해 합리적으로 행동했음을 보여준다.

• 규칙 705. CFP 자격인증자는 업무를 수행하면서 보조하는 부하직원을 적절하게 관리·감독하고 본 규정을 준수하도록 해야 한다.

2005년 미국 FAST COMPANY에서 미국노동성자료와 전문가의 설문조사를 통해 향후 5년간 최고의 직업으로 25개를 선정했습니다. 첫 번째가 재무상담사(Personal Finance Adviser)였으며 그 다음이 의사, 컴퓨터 소프트웨어 엔지니어 등의 순이었습니다. 고전적으로 유망직업인 영화배우, 영화감독, 변호사, 공인회계사, 조종사 등도 순위는 떨어지지만 25개 직업군에 포함되었습니다. 2005년 미국 Inc.com의 향후 10년간 가장 유망한 사업 10개에도 재무설계 컨설팅이 당당히 선정되었습니다.

미국에서는 2000년 이후 다양한 기관과 매체 조사결과 재무설계가 가장 유망한 직업으로 거론되고 있습니다. 미국에서 재무설계가 각광을 받기까지 약 25년의 세월이 걸렸습니다. 우리나라는 2000년 한국FP협회가 설립되어 재무설계에 대해 본격적으로 소개되었습니다. 파이낸셜 플래너인 AFPK®, CFP®인증자가 약 1만 5,000명을 넘게 되었습니다. 각 금융회사도 고객에게 재무설계를 서비스하기 위해 웰스매니지먼트나 프라이빗 뱅킹을 속속 선보이고 있습니다. 마치 미국의 30년 동안의 재무설계 역사를 10년 만에 압축해 따라갈 듯한 기세입니다. 재무설계와 관련한 많은 새로운 기회와 변화가 계속적으로 우리나라 시장에 소개되고 도입될 것입니다. 이 책이 이러한 변화와 기회에 좋은 길라잡이가 되었으면 좋겠습니다.

개인재무관리연구소가 설립된 지 만 4년이 지났습니다. 재무계산기를 비롯하여 여섯 번째 책을 개인재무관리신서로 출간하기에 이르렀습니다. 언제나 생각보다 책이 늦어지고 있습니다. 출판사에는 미안하지만 완성도가 높은 책을 낸다는 자세로 게으름을 맘껏 누리고 있습니다. 앞으로도 지금과 똑같이 재무설계에 꼭 필요한 책을 공부하는 자세로 내놓도록 하겠습니다. 나무 중에서 가장 생장 속도가 빠른 것이 대나무라고 합니다. 대나무의 1시간 길이 생장 속도가 소나무의 30년과 비슷하다고 합니다. 이렇게 빨리 자라기 위해 대나무는 지하경(땅속줄기)으로 7년간 땅속에서 인고의 세월을 보내고 있습니다.

독자, 독자를 통해 재무설계 컨설팅을 받을 독자의 현재와 미래 고객, 옮긴이에게 더 나은 세상에 대한 희망과 열정, 영감을 주는 우리의 평생 동반자와 아이들 이민정, 김미르, 김버미, 박숙경, 이준교, 이고운, 송영정, 김혜윤, 김혜민에게 이 책을 바칩니다.

지은이  **제프리 H. 래티너**(CPA, CFP, M.B.A.)

콜로라도 주에 위치한 JR 파이낸셜 그룹(JR Financial Group, Inc.)의 대표로서 소비자에게 세금, 재무설계, 자금관리 서비스를 제공하고, 금융기관을 대상으로 사내 재무설계 교육 및 컨설팅 서비스를 제공하고 있다. 그는 재무설계 업계에서 널리 알려져 있고 관련 출판물에서 자주 인용되고 있으며, 재무설계에 관련된 저서와 논문을 저술하고 온라인 교육프로그램을 개발했으며, 몇몇 잡지의 편집자로 활동하고 있다. 그는 재무설계사에게 더 성공적인 업무수행 방법에 대해 강의하고 있으며, 선아메리카 시큐리티즈, 웰스파고, 퍼스트 테네시 뱅크, 캘리포니아 CPA 교육재단 등의 기관에서 재무상담사를 대상으로 기술 훈련을 실시하고 있다. 많은 대기업에서 초청강사로 인기를 끌었으며 덴버의 메트로폴리탄 스테이트 칼리지에서 재무설계 과정을 강의하고 있다. 또한 래티너는 콜로라도 주 이글우드에 위치한 자산관리회사인 Investing for Retirement Inc.의 대표로 재직하고 있다.


옮긴이  **김선호**, CFP(Certified Financial Planner)

서울대학교 경영대학 경영학과를 졸업했고, 동아생명, 대신생명, 한일생명, 한독약품, 영풍생명에서 일했다. 현재는 PFM연구소 소장으로 '돈과 삶'에 대해 공부하고 있다.
지은 책으로는 『재무계산기』(김선호·조영삼·이형종 공저), 『AFPK 위험관리와 보험설계』(안용운 외 공저), 『CFP 위험관리와 보험설계』(이준승 외 공저), 『개인재무설계 사례집』(임계희 외 공저), 『모기지 컨설팅』(이성제 외 공저), 『Financial Planning Handbook』(김선호·더맵계리컨설팅(주) 공저)이 있다. 옮긴 책으로는 『재무상담사를 위한 스토리셀링』(김선호·조영삼·이형종 공역), 『금융전문가를 위한 고객설득전략』(김선호·조영삼·이형종 공역), 『재무상담사를 위한 고객 재무설계』(김선호·조영삼·이형종 공역), 『재무설계사를 위한 개인재무설계 컨설팅 I』(김선호·조영삼·이형종 공역), 『재무설계사를 위한 개인재무설계 컨설팅 II』(김선호·이형종·강성호 공역), 『금융전문가를 위한 백만불의 마무리 기법』(김선호 옮김), 『금융전문가를 위한 백만 불의 판매 기법』(김선호 옮김) 등이 있다.
E-mail: yahogoma@unitel.co.kr

### 이형종

중앙대학교 문과대학 사학과를 졸업했다. 대신생명, (주)로우시콤, PFM 연구소에서 일했고, 현재 한국 FPSB 수석연구원이다.
지은 책으로는 『재무계산기』(공저)가 있고, 옮긴 책으로는 『재무상담사를 위한 스토리셀링』(공역), 『금융전문가를 위한 고객설득전략』(공역), 『재무상담사를 위한 고객 재무설계』(공역), 『재무설계사를 위한 개인재무설계 컨설팅 I』(공역), 『재무설계사를 위한 개인재무설계 컨설팅 II』(공역)이 있다.
E-mail: acemn@fpsbkorea.org

### 김사헌

연세대학교 경제학과와 한신대학교 경제학 석사를 졸업했다. 한길종합금융, 와이즈인포넷에서 책임연구원으로 일했고, 현재 금융전문뉴스 제공업체 뉴스핌(www.newspim.com) 국제팀장이다.
E-mail: herra79@newspim.com

### PFM연구소(Personal Financial Management Institute)

재무상담사에게 전문적 지식과 기술을 제공하고, 일반 고객에게 개인재무관리에 대한 교육, 상담 등을 지원하기 위해 설립되었다. 연구소의 사명은 고객과 국민이 재무적 자유를 성취해 궁극적으로 가치 있는 삶을 영위하도록 하는 것이다.

## 재무설계사를 위한 개인재무설계 컨설팅 I

ⓒ 김선호·이형종·김사헌, 2005

지은이 ｜ 제프리 H. 래티너
옮긴이 ｜ 김선호·이형종·김사헌
펴낸이 ｜ 김종수
펴낸곳 ｜ 서울엠

초판 1쇄 발행 ｜ 2005년 9월  5일
 2판 1쇄 발행 ｜ 2009년 3월 30일

주소 ｜ 413-832 파주시 교하읍 문발리 507-2(본사)
        121-801  서울시 마포구 공덕1동 105-90 서울빌딩 3층(서울 사무소)
전화 ｜ 영업 02-326-0095, 편집 02-336-6183
팩스 ｜ 02-333-7543
홈페이지 ｜ www.hanulbooks.co.kr
등록 ｜ 2003년 12월 23일, 제406-2003-000053호

Printed in Korea.
ISBN 978-89-7308-151-6   03320

* 가격은 겉표지에 표시되어 있습니다.
** 서울엠은 도서출판 한울의 자회사입니다.